**First
As Tragedy,
Then
As Farce**

처음에는 비극으로

세계금융위기와 자본주의

다음에는 희극으로

슬라보예 지젝 지음 | 김성호 옮김

일러두기

1. 이 책은 슬라보예 지젝의 *First As Tragedy, Then As Farce*(London, New York: Verso 2009)를 완역한 것이다.
2. 본문 내 표기는 다음과 같은 원칙을 따랐다.
   * 원문에서 이탤릭체로 강조한 부분은 고딕체로 표시했다. 단, 원문에서 강조의 의도가 불확실한 라틴어, 불어 등은 따로 표시하지 않았다.
   * 원문에서 대문자로 시작하는 낱말은 굵은 글씨로 표시했다. 단, 고유명사와 관용적으로 대문자를 쓰는 명사는 따로 표시하지 않았다.
   * 괄호 〔 〕는 '옮긴이' 표시가 없는 한 저자 자신에 의해 변경 혹은 삽입된 내용이다.
   * 괄호 ( ) 안의 원어 다음에 덧붙인 우리말은 문맥에서 고려되어야 할 원어의 부차적 혹은 함축적 의미를 나타낸다.
3. 원서의 주(註)는 각주로 처리했다.
4. 옮긴이주는 마찬가지로 각주로 처리했으며, '──옮긴이'로 표시했다.

차례

첫 십년의 교훈

이 책의 제목을 가지고 나는 독자를 상대로 간단한 아이큐 테스트를 해보려고 한다. 만약 이 제목을 보고 곧바로 당신 머릿속에 떠오르는 것이 저 판에 박힌 속류 반공산주의적 관념이라면 ── "그렇고말고 ── 20세기 전체주의의 비극을 겪고 난 오늘날 공산주의로의 회귀 운운하는 말은 그저 희극적일 수밖에 없지!"── 여기서 읽기를 멈출 것을 진심으로 권하는 바다. 실로 이 책은 당신에게서 강제로 압수되어야 마땅한데, 왜냐하면 그것이 다루는 것은 전적으로 다른 종류의 비극과 희극이기 때문이다. 그것은 바로 21세기 첫 십년을 열고 마감하는 두 사건, 즉 2001년 9월 11일의 공격과 2008년의 금융붕괴다.

우리는 9·11 이후, 그리고 다시 금융붕괴 이후 부시 (George W. Bush)대통령이 미국 국민을 상대로 한 연설에 서 썼던 언어의 유사함에 주목해야 한다. 그것은 정말 똑같 은 연설의 두가지 변주처럼 들렸던 것이다. 두 경우에 모두 부시는 미국인의 생활방식에 대한 위협을, 그리고 그 위험에 대처하기 위한 신속하고 단호한 행동의 필요성을 환기했다. 두 경우에 모두 그는 미국적 가치(개인의 자유에 대한 보장, 시장자본주의)의 부분적 보류를, 바로 그 가치를 지켜내기 위해서 요청했다. 이러한 유사함은 어디에서 발원하는가?

맑스는 역사가 필연적으로 반복된다는 헤겔의 생각을 정 정하면서 자신의 저작 『루이 보나빠르뜨 브뤼메르 18일』을 시작했다. "어디에선가 헤겔은 모든 거대한 세계사적 사건 과 인물들은 말하자면 두번 나타난다고 말한다. 그는 이렇 게 덧붙이는 것을 잊었다 —— 처음에는 비극으로, 그 다음에 는 희극으로."[1] 역사의 반복이라는 헤겔의 관념에 대한 이 러한 보충은 이미 수년 전에 맑스를 사로잡았던 수사적 비 유였다. 이 비유는 「헤겔 법철학 비판 서설」에 나오는데 여 기서 맑스는 1830년대와 1840년대에 진행된 독일 구체제의

---

[1] Karl Marx, "The Eighteenth Brumaire of Louis Bonaparte," in *Surveys From Exile*, edited and introduced by David Fernbach, Harmondsworth: Penguin 1973, 146면.

쇠퇴를 프랑스 구체제의 비극적 몰락의 희극적 반복으로 진단한다.

근대국가들로서는 자기네들 나라에서 **비극**을 경험한 구체제가 독일의 유령으로서 **희극적** 역할을 연기하는 것을 구경하는 것은 교훈적이다. 구체제가 세계에 선재(先在)하는 권력이었고 자유는 개인적 변덕이었던 한 — 한마디로 구체제가 자신의 특권을 믿었고 또 믿어야만 했던 한, 구체제의 역사는 **비극적**이었다. 기성 세계질서로서 구체제가 이제 막 출현하고 있던 세계에 대항하여 투쟁하고 있었던 한, 개인적 오류가 아닌 세계사적 오류가 구체제 편에 있었다. 따라서 구체제의 몰락은 비극적이었다.

이에 반해 독일의 현체제 — 하나의 시대착오이자 보편적으로 인정된 공리들에 대한 명백한 모순이며 전세계의 눈앞에 전시된 형편없는 구체제인 — 는 자기는 여전히 자기 자신을 믿는다고 그저 상상하고 있으며 세계가 이 착각을 공유하기를 요구하고 있다. 만일 독일의 현체제가 자신의 고유한 **본질**을 믿고 있다면 그 본질을 어떤 낯선 본질의 **가상** 아래 숨기려들며 위선과 궤변 속으로 도피하려 할까? 오히려 근대적 구체제는 **진정한 영웅**은 죽어버린 세계질서의 **어릿광대**에 불과하다. 역사는 철저하고, 낡은 형태를 무덤으로 보내는 동안 여러 단계를 지나간다. 세계사적 형태의 최후 국면은 그것의 희극이다. 아이스킬로스의 비극 『결박당한 프로메테우스』에서 상처로 이미 한번 죽은 그리스 신들은 루키아노스의 『대화』에서 두번째의 죽음 ── 이번에는 희극적 죽음 ── 을 맞아야만 했다. 역사는 왜 이런 식으로 진행되는가? 인류가 자신의 과거와 즐겁게 결별하도록 하기 위해서다. 우리는 독일의 정치권력들에 대해 이러한 즐거운 역사적 운명을 요구한다.[2]

'자기는 여전히 자기 자신을 믿는다고 그저 상상'하는 체제라는 독일 구체제에 대한 정확한 묘사에 주목하라. 우리는 동일한 시기에 키르케고르가 우리 인간은 결코 믿는다고 확신할 수 없다는 생각을 개진했다는 사실에 담긴 의미를 가늠해볼 수도 있겠다 ── 궁극적으로 우리는 '믿는다고 믿을' 뿐이다. '자기 자신을 믿는다고 그저 상상'하는 체제라는 공식은 지배이데올로기가 지닌 수행적 능력('상징적 효율성')의 소멸을 절묘하게 포착한다. 그것은 사회적 유대

---

2 Karl Marx, "A Contribution to the Critique of Hegel's Philosophy of Right," in *Early Writings*, introduced by Lucio Colletti, Harmondsworth: Penguin 1975, 247~48면.

의 근본구조로서 더이상 효과적으로 기능하지 못하는 것이다. 여기서 이렇게 물을 수 있다 — 우리도 오늘날 동일한 상황에 처해 있지 않은가? 오늘날 자유민주주의를 설파하거나 실행하는 자들 역시 '자기 자신을' — 자신들의 말을 — '믿는다고 그저 상상'하지 않는가? 사실 오늘날의 냉소주의는 맑스의 공식이 정확히 전도된 형태라고 말하는 편이 더 적절할 것이다. 오늘날 우리는 우리 자신의 이데올로기를 '정말로 믿지는' 않는다고 그저 상상한다 — 이 상상적 거리에도 불구하고 우리는 여전히 그 이데올로기를 실천하는 것이다. 우리는 우리가 믿는다고 상상하는 것보다 적게 믿는 것이 아니라 훨씬 많이 믿고 있다. "모든 것은 자신의 믿음을 얼마나 믿느냐에 달렸다"[3]고 말한 벤야민 (W. Benjamin)은 따라서 참으로 선견지명이 있었다.

9·11에 12년 앞선 1989년 11월 9일에 베를린장벽이 무너졌다. 이 사건은 '즐거운 90년대'(happy '90s)의 시작을 알리는 것처럼 보였다 — '역사의 종말'이라는 프랜씨스 푸쿠야마(Francis Fukuyama)의 유토피아, 자유민주주의가 원칙적으로 성공을 거두었다는 믿음, 세계 자유공동체의 도래가 바로 코앞에 있다는 믿음, 이러한 할리우드 식 엔딩의

---

3 Walter Benjamin, *Gesammelte Briefe*, Vol. I, Frankfurt: Suhrkamp Verlag 1995, 182면.

장애물이라야 그저 경험적이고 우연한 것들(자기 시절이 다했다는 사실을 미처 깨닫지 못한 지도자들이 이끄는 고립된 국지적 저항의 지점들)뿐이라는 믿음 말이다. 이와 대조적으로 9월 11일은 클린턴(Bill Clinton) 시대의 종언을 상징했으며 도처에 — 이스라엘과 서안지구(West Bank)[4] 사이에, 유럽연합 주변에, 미국-멕시코 국경을 따라서, 그러나 또한 민족국가들 자체의 내부에 — 새로운 장벽이 세워지는 것을 목도하는 시대를 예고했다.

『뉴스위크』에 실은 기사에서 에밀리 플린 벤캐트(Emily Flynn Vencat)와 쥐낸 브라우넬(Ginanne Brownell)은 오늘날의 상황을 이렇게 전한다.

회원전용 현상이 프라이빗 뱅킹에서부터 초대고객전용 헬스클리닉에 이르기까지 생활방식 전체로 급속히 퍼져나가고 있다. (…) 부자들은 갈수록 생활의 문을 꼭꼭 걸어 잠그고 그 안쪽에서만 지낸다. 시끌벅적하게 매스컴을 타는 행사장에 들락거리기보다는 자기 집에서 비공개(private) 콘써트나 패션쇼, 미술전시회 따위를 마련한다. 폐점 후에 따로 쇼핑을 하면서 자기 이웃들(그리고

---

4 유대인 정착촌이 산재한 요르단강 서쪽 팔레스타인의 분쟁지역. — 옮긴이

친구가 될 만한 사람들)의 계급과 재정 상태를 꼼꼼히 체크한다.

그리하여 "예컨대 인도 여권과 스코틀랜드의 성, 맨해튼의 출장지 숙소, 카리브해의 사유지 섬을 소유한" 새로운 세계적 계급이 출현하고 있다. 역설은 이 세계적 계급의 구성원들이 "식사도 비공개, 쇼핑도 비공개, 미술품 관람도 비공개로 하며, 모든 것이 비공개, 비공개, 비공개"라는 점이다. 그리하여 그들은 자신의 고통스런 해석학적 문제를 해결하기 위해 자기들만의 생활세계를 창조하고 있다 — 토드 밀레이(Todd Millay)의 말처럼 "부유한 가정에서는 무작정 '사람들을 집으로 초대해놓고 3억달러의 재산이 있다는 게 어떤 건지를 그 사람들이 이해하리라고 기대할' 수는 없다". 그러면 도대체 바깥세상과의 어떤 접촉면이 있는가? 두가지 형태가 있으니 곧 사업과 인도주의(환경보호, 질병 퇴치, 예술후원 따위)다. 이 세계시민들은 삶의 대부분을 원시자연 속에서 보낸다 — 빠따고니아에서 트레킹을 하든, 자기가 소유한 섬의 바닥이 훤히 비치는 물에서 수영을 하든. 문을 걸어 잠근 이 갑부들의 태도에 근본적인 한가지 특징이 두려움, 곧 외적인 사회생활 자체에 대한 두려움이라는 사실을 우리는 주목하지 않을 수 없다. '초고소득자들'

(ultrahigh-net-worth individuals)의 최우선적 고려사항은 따라서 어떻게 보안 위험요소 —— 질병, 폭력범죄의 위협에 대한 노출 따위 —— 를 최소화할 것인가에 있다.[5]

오늘날 중국의 신흥부자들은 이상화된 '전형적' 서구 소도시를 본뜬 외딴 공동체를 건설해왔다. 예를 들어 상하이 근방에는 영국 소도시의 '실제' 모형이 있는데, 거기에는 주점이 늘어선 대로, 성공회성당, 쎄인즈버리 슈퍼마켓 등이 있으며, 그 온 지역은 보이지 않는, 그러나 실재하는 것이 분명한 어떤 원형지붕 안에 주변과 단절된 채로 존재하고 있다. 이제 동일한 민족 안에 사회집단들의 위계는 없다. 이 소도시의 주민들이 거하는 우주에 대하여, 그 이데올로기적 상상계의 범위 내에는, 그것을 둘러싸고 있는 '하층계급'의 세계란 전혀 **존재하지 않는** 것이다. 외딴 지역에 사는 이 '세계시민들'이야말로 슬럼가와 그외 공적 영역의 '백반(白斑)들'(white spots)에 사는 자들에 대한 진정한 대극(對極)이 아닌가? 이들은 실로 동전의 양면, 새로운 계급분화의 양극단이다. 이 분화를 가장 잘 구현하고 있는 도시는 룰라(L. I. Lula da Silva) 집권기 브라질의 쌍빠울루인데 이 시의 도심지에는 헬리콥터 이착륙장이 이백오십개나

---

5 Emily Flynn Vencat and Ginanne Brownell, "Ah, the secluded life," *Newsweek*, December 10, 2007.

있다. 보통사람들과 뒤섞일 위험에서 벗어나기 위해 쌍빠울루의 부자들은 헬리콥터 이용을 선호한다. 그들은 도시의 스카이라인을 둘러보면서 정말 「블레이드 러너」(Blade Runner)나 「제5원소」(The Fifth Element) 같은 영화에 등장하는 그런 류의 미래주의적 거대도시에 와 있는 듯한 느낌에 사로잡힌다 ── 보통사람들이 저 아래 위험천만한 거리를 득시글대며 몰려다니는 동안 부자들은 하늘 위 높은 곳을 유유히 떠도는 그런.

그리하여 푸쿠야마의 1990년대 유토피아는 두번 죽어야 했던 것으로 보이는데, 9·11에 발생한 자유민주주의의 정치적 유토피아의 붕괴가 세계 시장자본주의의 경제적 유토피아에는 영향을 미치지 않았기 때문이다. 만일 2008년의 금융붕괴가 역사적 의미를 지닌다면 그것은 푸쿠야마의 꿈이 지닌 경제적 측면의 종말을 알리는 신호로서 그러하다. 여기서 우리는 다시 헤겔에 대한 맑스의 패러프레이즈(paraphrase)로 돌아오게 된다. 우리는 『루이 보나빠르뜨 브뤼메르 18일』의 1960년대 신판 서문에서 허버트 마르쿠제(Herbert Marcuse)가 가한 추가적 변주를 기억해야 한다 ── 때로는 희극의 외피를 쓴 반복이 원래의 비극보다 더 끔찍할 수 있다는 것.

이 책은 현재 진행중인 위기에서 출발하여 그 조건과 함의들을 규명해감으로써 차츰 '연관된 문제들'로 옮아간다. 첫번째 장은 위기 자체와 그에 대한 우리의 인식 및 반응, 이 양자를 규정한 자본주의 이데올로기의 유토피아적 핵심을 개략적으로 서술하면서 우리가 처한 곤경을 진단해본다. 두번째 장은 새로운 형태의 공산주의적 실천을 위한 공간을 여는 지점들이 우리의 상황 가운데 어디에 위치해 있는지를 밝히려 시도한다.

이 책은 중립적 분석이 아니라 참여적이며 대단히 '편파적인' 분석을 제시한다 ── **진리는 편파적**이고, 우리가 어느 쪽을 편들 때에만 접근 가능하나, 이런 이유로 덜 보편적인 것은 또 아니기 때문이다. 여기서 편드는 쪽은 물론 공산주의다. 아도르노(Theodor W. Adorno)는 베네데또 끄로체(Benedetto Croce)의 저서 『헤겔 철학에서 무엇이 살아있고 무엇이 죽었는가?』(*What Is Living and What Is Dead in the Philosophy of Hegel?*)[6]의 제목이 예시하는 헤겔에 대

---

6 이딸리아 철학자 끄로체(1866~1952)는 맑스를 통해 헤겔을 읽기 시작하여 점차 관념론자로서의 헤겔에 대한 공감의 폭을 넓혀갔다. 헤겔과 맑스 외에 비꼬(G. B. Vico)의 영향을 크게 받았다. 자신이 발행한 월간잡지 『비평』(*La Critica*)에 발표한 수많은 글 외에 60여권의 저작을 남겼다. 위에 언급된 끄로체의 저서는 1906년에 처음 출간되었으며 영어권에는 여기 씌어진 제목 외에 『헤겔 철학에서 살아있는 것과 죽은 것』(*What Is Living and What Is Dead of the Philosophy of Hegel*)이라는 제목으로도 알려져 있다. ── 옮긴이

한 전통적 물음을 반박하는 것으로 『헤겔에 대한 세가지 연구』(*Three Studies on Hegel*)[7]를 시작한다. 그러한 물음은 저자가 과거에 대한 판관의 오만한 자리에 들어앉아 있음을 전제한다. 그러나 우리가 진정으로 위대한 철학자를 다루고 있다면, 제기해야 할 물음은 그 철학자가 여전히 무엇을 우리에게 말해줄 수 있는가, 그가 여전히 무엇을 우리에게 의미할 수 있는가가 아니다. 오히려 그것은 정반대의 물음, 즉 그의 눈에 우리는 어떠하며, 우리의 현재 상황은 어떠할 것인가, 그의 사유에 우리 시대는 어떻게 나타날 것인가다. 공산주의에도 같은 원칙이 적용되어야 한다 ── '공산주의 이념이 오늘날 여전히 적실한가, 그것은 여전히 분석과 정치적 실천의 도구로 이용될 수 있는가?'라는 자명한 물음을 묻는 대신 정반대의 물음, 즉 '오늘날 우리의 곤경이 공산주의 이념의 관점에서는 어떻게 보이는가'를 물어야 한다. 여기에 **옛것**과 **새것** 사이의 변증법이 존재한다. 오늘날 진행되고 있는 바를 이해하기 위해 새 용어들('포스트모던 사회' '위험사회' '정보사회' '포스트산업사회' 등)을 끊임없이 창조해내기를 주장하는 이들이야말로 실제로 **새로운**

---

7 원저는 *Drei Studien zu Hegel*, Frankfurt: Suhrkamp 1961로 영문으로 는 *Hegel: Three Studies,* trans. Shierry Weber Nicholsen, Cambridge, MA: MIT 1993 참조. ── 옮긴이

것의 윤곽을 놓치고 있다. **새것**의 진정한 새로움을 이해하는 유일한 방법은 **옛것** 안에 있는 '영구한' 것의 렌즈를 통해 세계를 분석하는 것이다. 만일 공산주의가 정말로 '영구한' 이념이라면 그것은 헤겔의 '구체적 보편성'처럼 작동한다 ─ 그것은 어디에서나 적용될 수 있는 일련의 추상적-보편적 특징들이라는 의미에서가 아니라, 그것이 매번 새로운 역사적 상황 속에서 재발명되어야 한다는 의미에서 영구하다.

　현실 사회주의의 좋았던 옛 시절에 반체제인사들 사이에 널리 회자된 농담이 하나 있는데 이를 통해 그들은 자신들이 벌이는 항거의 무익함을 표현했다. 15세기에 러시아가 몽골에 점령당했을 때 어느 농군과 그 아내가 흙먼지 날리는 시골길을 걸어가고 있었다. 말을 타고 오던 몽골의 한 전사가 그들 옆에 멈추어 서서, 농군에게 자기가 이제 그 아낙을 강간하겠다고 이르고는 이렇게 덧붙였다. "그런데 땅에 흙먼지가 많으니 내가 네 아내를 강간할 동안에 네놈이 내 고환을 받치고 있어야겠다. 거기가 더러워지면 안되니까!" 몽골인이 일을 마친 후 말을 타고 떠나가버리자 농군은 웃음을 터뜨리고 기뻐서 깡충깡충 뛰기 시작했다. 놀란 아내가 물었다. "당신 보는 앞에서 내가 처참히 강간을 당했는데 뭐가 좋다고 그렇게 뛰고 난리요?" 농군이 답했다. "그

놈한테 한방 먹였다고! 그놈 불알이 먼지로 뒤덮였단 말이야!" 이 서글픈 농담은 반체제인사들의 곤경을 잘 보여준다. 그들은 당의 노멘끌라뚜라(nomenklatura)[8]에게 심각한 타격을 입히고 있다고 생각했지만, 지배엘리뜨 계층이 민중을 줄곧 강간하는 동안 반체제인사들이 실제로 한 일이란 기껏해야 노멘끌라뚜라의 고환에 살짝 때를 묻히는 정도였던 것이다……

오늘날 비판적 좌파는 그와 유사한 입장에 있지 않은가? (권력자들을 아주 살짝만 더럽히는 것을 가리키는 우리 시대의 명칭으로는 '해체'라든가 '개인의 자유에 대한 보호' 등이 있을 것이다.) 1936년 쌀라망까대학에서의 유명한 대치상황에서 미겔 데 우나무노(Miguel de Unamuno)는 프랑꼬주의자들에게 이런 경구를 날렸다. "Venceréis, pero no convenceréis"(당신들이 정복은 할 테지만 설득은 못할 것이오) — 오늘날의 좌파가 의기양양한 세계 자본주의에게 할 수 있는 말은 이게 전부인가? 그와 반대로 좌파는 설득은 하지만 그럼에도 불구하고 여전히 패배하는 (그리고 자신들이 패배한 이유를 돌이켜 설명하는 데 유독 설득력이 있는) 자들의 역할을 계속해서 수행하도록 운명지어져 있는가? 우리의 과제는 어떻게 하면 한걸음 더 나아갈 수

---

8 구소련의 특권적 지배계층. — 옮긴이

있는지를 발견하는 것이다. 우리의 제11테제[9]는 이것이어야 한다 — 우리의 사회들에서 비판적 좌파는 지금까지 권력자들에게 때를 묻히는 데에 성공했을 뿐이나, 진정 중요한 것은 그들을 거세하는 것이다……

그러나 어떻게 이 일을 해낼 수 있는가? 여기서 우리는 20세기 좌파정치의 실패에서 교훈을 얻어야 한다. 과제는 절정에 이른 직접적 대치상황에서 거세를 수행하는 것이 아니다. 그것은 끈기있는 이데올로기-비판적 작업을 통해 권력자들의 기반을 허물고, 그리하여 그들이 아직 권력을 쥐고 있기는 하지만, 그 현존 권력자들이 비정상적으로 높은 톤의 목소리 때문에 고생을 하고 있음을 우리가 문득 깨닫게 되는 것이다. 지난 1960년대에 라깡(Jacques Lacan)은 자기 학파[10]의 단명한 부정기 연속간행물을『씰리쎄』

---

9 맑스가 1845년 브뤼셀에서 쓴「포이어바흐에 관한 테제」(*Thesen über Feuerbach*; 이 제목은 후에 엥겔스가 붙인 것으로 맑스 자신은 수고의 맨 앞에 'ad Feuerbach'라고만 적었다)는 총 열한개의 테제로 이루어져 있으며 마지막 테제는 다음과 같다. "철학자들은 지금까지 세계를 다양하게 **해석했을** 뿐이나, 중요한 것은 세계를 **변화시키는** 것이다." — 옮긴이

10 바로 뒤에 언급되는 '빠리프로이트학파'(L'École freudienne de Paris; EFP)를 가리킨다. 1963년 국제정신분석학회가 '프랑스정신분석협회'(Société Française de Psychanalyse; SFP)에 라깡의 제명을 요구하자 라깡은 SFP를 탈퇴하여 1964년 독자적으로 EFP를 설립했으며 1980년에 이를 해체하였다. — 옮긴이

(*Scilicet*)라고 이름 지었다 ── 여기서 메씨지는 오늘날 그 낱말이 지닌 지배적인 의미('말하자면' '즉' '다시 말해')가 아니라 문자 그대로 '아는 것이 허용된다'이다.[11] (무엇을 안다고? ── 무의식에 대해 빠리프로이트학파가 생각하는 것⋯⋯) 오늘날 우리의 메씨지도 동일해야 한다 ── 공산주의를 알고 전면적으로 그에 참여하는 것, 다시 공산주의 **이념**에 전적으로 충실하게 행동하는 것이 허용된다. 자유주의적 관대함(permissiveness)은 '비델리께뜨'(videlicet)의 차원에 있다 ── **보는 것**은 허용되나, 우리가 볼 수 있게 허용된 외설에 대한 매혹 자체는 우리가 **보고 있는 것**이 무엇인지를 **아는 것**을 방해한다.

  이야기의 교훈은 이것이다 ── 자유민주주의적, 도덕주의적 공갈(blackmail)의 시대는 지났다. 우리 편에서는 더이상 변명을 이어갈 필요가 없으나 맞은편에서는 조만간 변명을 시작하는 것이 좋을 것이다.

─────────────

11 'scilicet'(프랑스어로는 '씰리쎄'이나 라틴어로 '스낄리께뜨' 영어로는 '씰러쎄트'로 발음하며 sc.나 scil.로 약함)는 어원상 라틴어 'scire'(알다)와 'licet'(허용된다)의 결합으로 이루어진 단어이다. 뒤에 나오는 'videlicet'(라틴어로 '비델리께뜨' 영어로 '비델러쎄트'로 발음하며 viz.로 약함)는 오늘날 'scilicet'와 마찬가지로 '즉' '다시 말해' 등의 뜻으로 쓰이나 어원상으로는 라틴어 'vidēre'(보다)와 'licet'가 결합된 것으로 'scilicet'와 다른 의미를 함축한다. ── 옮긴이

EXIT

1 >

멍청아,
그건
이데올로기
야!

자본주의적 사회주의?

2008년의 금융붕괴에 있어 진정으로 놀라운 단 하나의 사실은 그 발생이 시장을 난데없이 강타한 예측 불가능한 놀라운 사건이었다는 생각이 얼마나 쉽게 받아들여졌는가 하는 점이다. 2000년대 첫 십년 내내 국제통화기금(IMF)과 세계은행(WB)의 회의에 어김없이 따라붙었던 군중시위들을 돌이켜보자. 시위자들의 주장 가운데에는 늘 등장하는 반세계화의 주제들(제3세계 국가들에 대한 점증하는 착취 등등)뿐만 아니라 어떻게 은행들이 가공의 화폐를 주물러 성장의 환상을 만들어내고 있는지, 어떻게 그 모든 것이 파산으로 끝날 수밖에 없는지가 포함되어 있었다. 앞으로 닥칠 위험을 경고하면서, 지속성장을 약속한 사람들이 자기 눈앞에서 무슨 일이 벌어지고 있는지를 사실은 잘 모르고 있다고 분명한 목소리로 말한 이들은 폴 크루그먼(Paul Krugman)이나 조지프 스티글리츠(Joseph Stiglitz) 같은 경제학자들만이 아니었다. 2004년 워싱턴에서는 금융붕괴의 위험을 두고 엄청난 수의 사람들이 시위를 벌여 경찰은 지역 경찰병력 8천명을 추가동원하고 메릴랜드와 버지니아주에서 6천명을 더 끌어와야 했다. 결과는 최루탄 살포, 곤봉질, 무더기 체포였으며 체포된 사람이 너무 많아 경찰은 버스를 대서 그들을 이송해야 했다. 메씨지는 더할 나위 없이 분명했고 경찰력은 말 그대로 진실을 질식사시키는 데 이용되었다.

의도적 무지를 위한 이러한 지속적 노력을 감안하면, 마침내 위기가 터졌을 때 어느 당사자의 말대로 "어떻게 해야 할지를 그 누구도 진정으로 〔알지 못했다〕"는 것은 놀라운 일이 아니다. 그 이유란 예상이 게임의 일부라는 데 있다. 시장이 어떻게 반응할지는 사람들이 이런저런 개입을 얼마나 신뢰하느냐 하는 데뿐만 아니라 다른 이들이 그것을 얼마나 신뢰할 것이라고 그들이 생각하느냐 하는 데에 더 많이 달려 있다 — 사람들은 자기가 한 선택의 효과를 고려할 수가 없는 것이다. 오래전 존 메이너드 케인즈(John Maynard Keynes)는 주식시장을 어떤 바보 같은 대회에 견주면서 이런 자기지시성을 절묘하게 제시한 바 있다. 대회에서 참가자들은 미녀 사진 100장을 보고 그중 몇명의 미녀를 뽑게되어 있는데 평균적 의견에 가장 근접한 여성들을 선택한 사람이 우승자가 된다. "이는 자신의 최선의 판단에 따라 정말로 가장 예쁜 얼굴을 선택하는 문제가 아니며, 심지어 평균적 의견이 가장 예쁘다고 진정으로 생각하는 얼굴을 선택하는 문제도 아니다. 평균적 의견이 어떤 평균적 의견을 예상하고 있는가를 예견하는 데 지력을 쏟는 세번째 단계에 우리는 도달해 있는 것이다."[1] 그리하여 우리는 훌륭한 선택을 가능하게 할 지식을 구비하지 못한 채 선택을 하도록 강요된다. 혹은 존 그레이(John Gray)의 말대로 "우리는 마치 자유로운 듯이 살도록 강요된다".[2]

금융붕괴가 극에 이르렀을 때 조지프 스티글리츠는 다음과 같은 글을 썼다. 경제학자들 사이에서는 미 재무장관 헨리 폴슨(Henry Paulson)의 안에 기초한 어떠한 구제금융도

1 John Maynard Keynes, *The General Theory of Employment, Interest and Money*, New York: Management Laboratory Press 2009, Chapter 12.

2 John Gray, *Straw Dogs*, New York: Farrar Straus and Giroux 2007, 110면.

성공하지 못하리라는 데 의견일치가 이루어져감에도 불구
하고,

그런 위기상황에 정치인들이 아무 일도 하지 않기란
불가능하다. 그리하여 우리는 그 위기를 창출한 특수한
이해들, 오도된 경제학, 우익 이데올로기들의 유독성 혼
합물로 이루어진 합의가 어떻게든 성공적인 — 아니면
실패하더라도 피해가 너무 크지 않은 — 구조계획을 창
출할 수 있기를 빌어야 할 것이다.[3]

스티글리츠의 말은 옳다. 시장은 사실상 믿음에 (심지어
다른 사람들의 믿음에 관한 믿음에) 기초하고 있어서, 구제
금융에 '시장이 어떻게 반응할지'를 언론이 걱정할 때 문제
는 구제금융의 실제적 결과에 관한 것일 뿐 아니라 그 계획
의 효능에 대한 시장의 **믿음**에 관한 것이기 때문이다. 구제
금융이 경제적으로 방향을 잘못 잡은 것이라 해도 성공할
수 있는 이유가 거기에 있다.[4]

---

3 Joseph Stiglitz, "The Bush administration may rescue Wall Street,
  but what about the economy?" *The Guardian*, September 30, 2008.
4 그러나 신뢰와 믿음이 중요하다는 말을 반복해 듣는 만큼, 우리는 행
  정부 스스로가 전전긍긍하며 부담금을 늘린 것(raising of the stakes,
  판을 키운 것) 자체가 자신이 맞서 싸우려는 바로 그 위험을 초래한 데

여기서 '뭔가 해야 한다'는 압박은 우리가 실질적 영향력을 미칠 수 없는 어떤 과정을 목도하고 있을 때 뭔가 제스처를 취하려고 하는 미신적 강박과 같다. 우리 행위는 종종 그러한 제스처가 아닌가? '말만 하지 말고 뭔가 행하라'는 옛말은 상식의 낮은 기준에 비추어서도 우리가 할 수 있는 말 가운데 가장 어리석은 말에 속한다. 오히려 근래의 문제는 아마도 우리가 자연에 개입하거나 환경을 파괴하거나 하는 등의 너무나 많은 일을 행하고 있었다는 점일 것이다……아마도 이제는 뒤로 물러서서 올바른 일을 생각하고 **말할** 때이리라. 물론 우리는 종종 무엇을 행하는 대신 그에 관해 말하는 것이 사실이다. 그러나 때로 우리는 어떤 것들에 관해 말하고 생각하기를 회피하려고 그것을 행하기도 한다. 어떤 문제가 애초에 어떻게 해서 생겨났는지를 따져보는 대신 그 문제에 7천억달러를 쏟아붓는 것처럼.

현재 진행중인 혼란 속에는 분명 우리로 하여금 문제를 숙고하도록 하기에 충분한 자원이 있다. 지난 2008년 7월 15일 공화당 상원의원 짐 버닝(Jim Bunning)은 연방준비제도이사회(FRB) 의장 벤 버냉키(Ben Bernanke)의 제안이 "미국에 사회주의가 건재하다"는 점을 보여준다고 주장하면서 그에게 공격을 퍼부었다. "이제 연준은 체제위기의

에 얼마나 책임이 있는지를 또한 묻지 않을 수 없다.

관리자가 되고 싶어한다. 하지만 다름 아닌 연준이 체제위기다. 연준에 더 큰 권력을 부여하는 것은 골목에서 야구를 하다 당신 창문을 깨뜨린 동네 아이에게 더 큰 방망이를 주고서 문제가 해결되리라고 생각하는 것과 같다."[5] 9월 23일 그는 재무부가 추진하는, 대공황 이후 최대 규모의 구제금융안을 "비(非)미국적"이라고 부르면서 공격을 재개했다.

누군가는 손실을 떠안아야 한다. 우리는 그릇된 결정을 내린 사람들로 하여금 자기 행동의 결과를 감당하도록 할 수도 있고 아니면 그 고통을 다른 이들에게 확산시킬 수도 있다. 후자가 바로 재무부장관이 제안하는 행동이다 ─ 월스트리트의 고통을 가져다가 납세자들 사이에 퍼뜨리는 것. (…) 이 거대 구제금융은 해결책이 아니며, 그것은 금융사회주의며, 그것은 비미국적이다.

9월 29일 연준 제안의 거부에서 정점에 이른, 구제금융안에 대한 공화당의 반발 이면에 자리한 사고의 윤곽을 공개적으로 제시한 것은 버닝이 처음이다. 그의 주장은 세밀

---

5 Edward Harrison, "Senator Bunning blasts Bernanke at Senate hearing" 참조. 온라인으로 http://www.creditwritedowns.com에서 볼 수 있음.

히 들여다볼 가치가 있다. 구제금융의 기획에 대한 공화당의 저항이 '계급전쟁'의 견지에서, 즉 월스트리트 대 메인스트리트[6]의 대립으로 정식화되었음에 주목하라. 우리가 왜 위기에 책임이 있는 '월스트리트' 쪽 사람들을 도와주면서 '메인스트리트'의 평범한 주택담보 대출자들에게 그 댓가를 치르도록 요구해야 하는가? 이것은 경제학 이론에서 '도덕적 해이'라고 부르는 것 ― '어떤 사람의 행동이 유발할 수 있는 여하한 손실에 대해서도 보험이나 법률, 또는 다른 어떤 기관이 그/녀를 보호해줄 것이기 때문에 그/녀가 비도덕적으로 행동하게 될 위험'으로 정의되는 것으로, 가령 내가 화재보험을 들었다면 나는 화재예방에 덜 신경을 쓰게 될 것이다(극단적인 경우 심지어는 종합보험에 들어 있는, 그런데 손실을 유발하는 나 자신의 건물에 방화를 할 것이다) ― 의 뚜렷한 사례가 아닌가? 거대 은행들의 경우도 마찬가지다. 그들은 거대 손실을 입지 않도록 보호되며 그리하여 이윤을 유지할 수 있지 않은가? 마이클 무어 (Michael Moore)가 어느 공개서한에서 구제금융안을 세기의 강도짓이라고 비난하고 나선 것도 무리는 아니다.

---

6 '메인스트리트'(Main Street)는 '시내 중심가'(high street)를 뜻하기도 하지만 미국에서 중소도시에 거주하는 전형적 중산층을 가리키는 말로도 쓰인다. ― 옮긴이

우리가 잠깐 멈춰 생각해보아야 하는 것은 좌파의 관점과 보수적 공화당원의 관점 사이의 이런 예기치 못한 중첩이다. 두가지 시각이 공유하는 바는 위험한 결정으로 이득을 보지만 실패에 대해서는 '황금 낙하산'(golden parachutes, 고액 퇴직금)으로 보호받는 거대 투기꾼과 기업 경영자들에 대한 경멸이다. 루비취(Ernst Lubitsch)[7] 감독의 「사느냐 죽느냐」(To Be or Not to Be)에 나오는 잔인한 농담을 상기하라. 피점령국 폴란드의 독일 집단수용소에 관해 질문을 받고서 나찌의 책임장교인 '집단수용소 에르하르트'(concentration camp Erhardt)는 이렇게 대꾸한다. "우리는 집결시키기(concentrating)를 하고 폴란드인들은 캠핑(camping)을 한다." 위험사회라는 개념에 대한 일종의 아이러니한 논평으로 해석될 수 있는 2002년 1월의 엔론사 파산사태도 꼭 이와 같지 않은가? 직업과 저금을 잃은 수천명의 직원들은 분명 위험(risk)에 노출되었지만 이 문제에서 그들이 실질적으로 선택할 수 있는 것은 아무것도 없었다 —— 그들에게 위험은 맹목적 운명처럼 나타났던 것이다. 그와 반대로 상황에 개입할 능력이 있으면서 해당 위

---

[7] 1892~1947. 베를린 태생의 유대계 감독. 20대 중후반에 독일에서 활동하면서 영화감독으로 유명세를 탔고 1922년 이후 할리우드로 건너와 영화를 만들었다. 「사느냐 죽느냐」는 1942년 작이다. —— 옮긴이

험을 얼마간 간파했던 자들(즉 최고경영자들)은 파산 전에 자기 주식과 옵션을 현금화함으로써 자신의 위험을 최소화했다. 우리가 위험한 선택의 사회에 살고 있다는 건 분명 사실이지만 그 사회에서는 소수만이 선택하기(choosing)를 하고 나머지 사람들은 위험을 무릅쓰기(risking)를 한다……

그러면 구제금융안은 정말 '사회주의적' 조치, 미국 내 국가사회주의의 탄생에 해당하는가? 만일 그렇다면 그것은 매우 특이한 형태의 사회주의인바, 그 '사회주의적' 조치의 주요 목적은 빈자가 아닌 부자를, 돈을 빌리는 자들이 아니라 빌려주는 자들을 돕는 것이다. 더할 나위 없이 아이러니컬한 일이지만 자본주의의 구원에 복무할 때 은행씨스템의 '사회화'는 용인된다. 사회주의는 나쁘다 ― 자본주의를 안정시키는 데 복무할 때를 제외하고는. (이것이 오늘날의 중국과 대칭을 이룸에 주목하라. 똑같은 식으로 중국 공산당은 자본주의를 자기들의 '사회주의' 체제를 강화하는 데 이용한다.)

하지만 만일 '도덕적 해이'가 자본주의의 구조 자체에 각인되어 있다면? **두가지를 분리시킬 방도가 없다**는 말이다 ― 자본주의체제에서 메인스트리트의 복지는 번영하는 월스트리트에 의존한다. 그리하여 구제금융에 저항하는 공화당 포퓰리스트들은 올바른 이유로 그릇된 일을 행하고 있고 구제금융의 제안자들은 그릇된 이유로 올바른 일을 행하고 있다. 더 지적인 용어로 말하면 그 관계는 비추이적(non-transitive)[8]이다 — 월스트리트에 좋은 것이 꼭 메인스트리트에도 좋은 것은 아닌 반면 월스트리트가 골골할 때 메인스트리트가 쑥쑥 커나갈 수는 없으며, 이러한 비대칭이 월스트리트를 선천적으로 우월하게 만든다.

(높은 수준의 누진과세 등을 통한) 평등주의적 재분배에 반대하는 표준적 논변인 저 '하방침투 효과'(trickle-down)론을 상기하라. 재분배가 빈자를 부유하게 만들어주는 대신 부자를 빈곤하게 만든다는 주장이다. 이러한 태도는 단순히 반개입주의적이기는커녕 실제로는 경제에 대한 국가의 개입에 관하여 아주 정확한 이해를 보여주고 있다. 우리 모두가 빈자가 부유해지기를 바라기는 하지만 그들을 직접 돕는 것은 역효과를 내는데, 왜냐하면 그들은 사회의 역동적이며 생산적인 요소가 아니기 때문이다. 유일하

---

8 수학에서 추이적 관계(transitive relation)는 A가 B에 연관되고 B가 C에 연관되면 A는 C에 연관되는 그러한 관계를 말한다. 가령 A가 B보다 크고 B가 C보다 크면 A는 C보다 큰 경우다. 이런 연관이 성립하지 않는 경우가 비추이적 관계다. 가령 가위바위보에서 보가 바위를 이기고 바위가 가위를 이기지만 그렇다고 보가 가위를 이기지는 않는다. — 옮긴이

게 요구되는 종류의 개입은 부자가 더 부유하게 되도록 돕는 그런 것이며, 그럴 때 이윤은 저절로, 자동적으로 빈자들 사이로 퍼질 것이다…… 이는 현재 다음과 같은 믿음의 형태를 취하고 있다. 만일 우리가 월스트리트에 충분한 돈을 뿌리면 그 돈은 결국 메인스트리트로 하방침투하여 평범한 노동자와 주택보유자들을 돕게 될 것이다. 그러므로 다시 말하지만 만일 당신이 사람들이 집을 지을 돈을 갖게 되기를 원한다면 돈을 그들에게 직접 주지 말고 그들에게 현금을 빌려줄 사람들에게 주어라. 논리에 따르면 이것이 참된 번영을 초래할 수 있는 유일한 방도다. 다른 방식을 취한다면 그저 국가가 진정한 부의 창조자를 희생시키면서 궁핍한 자에게 자금을 분배하는 경우가 될 뿐이다.

결과적으로 금융투기로부터 실제 인간들의 필요를 충족시킬 재화를 생산하는 '실물경제'로 회귀할 필요를 역설하는 자들은 자본주의의 진정한 핵심을 놓치고 있다. 자기추진적이며 자기확대적인 금융순환은 자본주의에 있어 생산의 현실(reality)과 대조되는 유일한 실재(the Real)의 차원인 것이다. 이러한 모호함은 최근의 금융붕괴에서 극명하게 드러났는데, 한편에서는 '실물경제'로의 회귀에 대한 요구가, 다른 편에서는 금융순환, 즉 건전한 금융씨스템이 우리 경제의 생혈(生血)이라는 점을 환기하는 주장들이 동시에 빗발쳤던 것이다. '실물경제'의 일부가 아닌 이것은 도 대체 무슨 괴상한 생혈이란 말인가? '실물경제' 자체는 핏 기 없는 시체와 흡사한가? '월스트리트가 아니라 메인스트 리트를 구하라!'라는 포퓰리즘적 슬로건은 따라서 완전한 기만이며 더할 나위 없이 순전한 형태의 이데올로기다. 그 슬로건은 자본주의하에서 메인스트리트가 돌아가게 만드 는 것이 다름 아닌 월스트리트라는 사실을 간과한다! 저 **벽** (Wall)을 허물어보라, 그러면 메인스트리트에는 패닉과 인 플레이션의 홍수가 밀어닥칠 것이다. 그러므로 현대 자본 주의의 전형적 이데올로그인 기 쏘르망(Guy Sorman)의 다음과 같은 주장은 실로 틀림이 없다. "'가상 자본주의'를 '실물 자본주의'와 구별하는 것은 경제학적 근거가 없다. 실제의 어떠한 것도 먼저 자금이 조달되지 않고서 생산된 적은 없다. (…) 금융위기의 시기에조차 새로운 금융시장의 세계적 편익(benefits)은 비용을 초과했다."[9]

금융붕괴와 위기는 **자본**의 순환이 완벽하게 스스로를 유 지할 수 있는 폐회로가 아니라는 점 —— 그것은 사람들의 필 요를 충족시키는 실제의 재화가 생산되고 팔리는 부재하 는 현실을 전제한다는 점 —— 을 분명히 환기시켜주기도 하

---

9 Guy Sorman, "Behold, our familiar cast of characters," *The Wall Street Journal* (Europe), July 20-21, 2001.

지만, 더 미묘한 교훈은 ('금융투기의 가상공간으로부터 생산하고 소비하는 실제의 사람들에게로 돌아가자'는 그 모든 수사修辭에는 미안한 일이지만) 그 현실로 돌아가기는 불가능하다는 점에 있다. 자본주의의 역설은 실물경제라는 건강한 아기는 그냥 놓아두고 금융투기라는 더러운 물만 내다버릴 수는 없다는 것이다.[10]

이런 식의 논의를 부자에 대한 위선적 변호라고 일축하기는 너무나 쉽다. 문제는 우리가 자본주의적 질서 안에 머무는 한 그 논의 안에 어떤 진실이 있다는 데, 즉 월스트리트를 걷어차면 실제로 평범한 노동자에게 타격이 갈 것이 분명하다는 데 있다. 구제금융을 지지한 민주당원들이 자신들의 좌파적 성향에 어긋나는 일을 하고 있었던 것이 아닌 이유가 거기에 있다. 만일 그들이 다음과 같은 공화당 포퓰리스트들의 전제를 수용했더라면 그 경우에는, 그리고 그 경우에만 그들의 비일관성을 말할 수 있을 것이다 ─ 즉 (참된, 진정한authentic) 자본주의와 자유시장경제는 민중과 노동자계급의 소관(所關, affair)인 반면 국가의 개입은 근면한 보통사람들을 착취하기 위해 고안된 상류계급 엘리뜨의 전

---

10 필요 없는 것을 없애려다 중요한 것까지 잃게 됨을 일컫는 영어 속담으로 "throw the baby out with the bath-water"(목욕물 버리면서 〔목욕통 속의〕 아기까지 버린다)라는 표현이 있다. ─ 옮긴이

략이라는 것. '자본주의 대 사회주의'의 대립은 이렇게 근면한 보통사람들 대 상류계급의 대립이 된다.

그러나 은행씨스템 혹은 경제 일반에 대한 강력한 국가 개입에 새로울 것은 전혀 없다. 최근의 붕괴 자체가 그러한 개입의 결과다. 2001년 ('지적재산권' 문제의 진정한 본질을 드러낸) 닷컴 거품이 터져버리자 성장의 방향을 주택공급으로 돌리기 위해 신용대출을 용이하게 하자는 결정이 내려졌던 것이다. (이런 관점에서 보면 2008년 붕괴의 궁극적 원인은 지적재산권의 교착상태였다.) 세계적 현실을 포괄하도록 시야를 확대하면 정치적 결정들이 이리저리 엮여 국제 경제관계의 구조 자체를 형성함을 알 수 있다. 2년 전 말리(Mali)에 관한 CNN 리포트는 국제적 '자유시장'의 현실을 담아냈다. 말리 경제의 두 기둥은 남부의 면과 북부의 소인데, 서구열강이 빈곤한 제3세계 국가들에 부과하려 하는 바로 그 규칙들을 스스로 어기는 바람에 두가지 모두 곤경에 처해 있다. 말리는 최고급 면을 생산하는데 문제는 미국 정부가 자국의 목화농장주들에게 베푸는 금융지원이 말리의 국가예산 총액을 웃돌고 따라서 말리로서는 당연히 미국의 경쟁상대가 되지 않는다는 사실이다. 북부의 경우 문제를 일으키는 장본인은 유럽연합(EU)이다. 말리의 쇠고기는 엄청난 보조금을 받는 유럽산 우유 및 쇠고기와 경쟁할 수 없다. 유럽연합은 소 한마리당 1년에 약 500유로씩을 보조해주는데 이는 말리의 일인당 GDP보다 많다. 말리 경제부장관은 이렇게 말한다 ― 우리는 과도한 국가규제의 폐지가 가져올 유익한 결과들에 관한 당신들의 설교나 조언, 도움을 필요로 하는 게 아닙니다. 그저 자유시장에 관한 당신들 자신의 규칙이나 잘 지키시오, 그러면 우리를 애먹이는 문제들은 거의 해결된 셈이 될 테니⋯⋯ 자, 공화당의 자유시장 옹호자들은 다 어디로 갔는가? 말리의 붕괴는 미국이 '국가 우선'이라고 할 때 의미하는 것의 실상을 잘 보여준다.

이 모든 것이 분명히 가리키는 바는 중립적 시장 같은 것은 없다는 사실이다. 특정한 모든 상황에서 시장의 형세(configurations)는 언제나 정치적 결정들에 의해 규정된다. 따라서 진정한 딜레마는 '국가가 개입해야 하는가?'가 아니라 '어떤 종류의 국가개입이 필요한가?'다. 그리고 이것이 진정한 정치가 다루는 문제, 즉 우리 삶의 기본적인 '무정치적'(apolitical) 좌표를 규정하려는 투쟁에서 다루는 문제다. 모든 정치적 사안들은 어떤 면에서 비정파적이다 ― 그것은 '우리나라는 대체 어떤 나라인가?'(What *is* our country?)라는 문제에 관여한다. 그러므로 구제금융에 관한 논쟁은, 그것이 우리의 사회적·경제적 삶의 근본적 특징들에 관한 결정을 다루며 그 과정에서 심지어 계급투쟁의 유령들을 동원하는 한, 바로 **진짜** 정치다. 여기에 그저 적용되기를 기다리는 '객관적', 전문가적 입장은 없으며, 우리는 정치적으로 필히 이 편 아니면 저 편을 택해야 한다.

실행 가능한 전지구적 대안을 제시하지 못하는 좌파의 무능력이 또다시 만천하에 드러난 이상, 현위기의 주된 희생자는 자본주의가 아니라 좌파 자신이 될 가능성이 현실적으로 존재한다. 사실상 덜미를 잡힌 쪽은 좌파였다. 최근의 사건들은 마치 치명적 위기가 닥쳤을 때조차 자본주의에 대한 실행 가능한 대안은 없다는 것을 증명하기 위해, 계산된 위험을 안고 연출된 것처럼 보인다. '섬씽'(Thamzing)은 문화대혁명 시기로부터 유래한 티베트 용어로 자유주의자에게는 불길한 느낌을 준다. 그 의미는 '비판투쟁대회'(struggle session)[11]로 어떤 개인에 대한 인민의 집단 청문과 비판을 가리키는데, 그/녀의 자기 잘못에 대한

---

11 마오 쩌둥이 이끄는 중국 공산당 치하에서 빈번히 개최된 민중집회로 흔히 '비투대회'(批鬪大會)로 약칭되었다. 집회에서 자기비판의 주체는 정신적 곤욕을 치른 후 처형되곤 했는데 명목상으로는 그 주체의 '정화'가 목적이나 정적의 숙청과 대중의 결집이라는 다른 목적에 대회가 이용되었음은 물론이다. 비판투쟁대회를 지칭하는 티베트어의 알파벳 표기가 'Thamzing'으로 라싸(拉薩) 방언으로는 '섬씽'/tʰʌ́msiŋ/, 와일리(Wylie) 음역으로는 '삽찡'/'thab-'dzing/으로 발음한다. — 옮긴이

고백과 지속적 자기비판을 통한 정치적 재교육을 이끌어내기 위해 공격적 심문이 이루어진다. 오늘날의 좌파에게 어쩌면 장시간의 '섬씽'이 필요할지 모르겠다.

칸트(I. Kant)는 '생각하지 말고 복종하라!'는 보수적 모토에 '복종하지 말고 생각하라!'는 명령이 아니라 '복종하라, 그러나 생각하라!'는 명령으로 맞섰다. 우리가 구제금융안 같은 사건들로 옴짝달싹 못하게 될 때 기억해야 할 것은 이것이 사실상 공갈의 한 형태이므로, 우리의 분노를 행동화(act out)하여 스스로에게 상처를 입히는 포퓰리즘적 유혹을 거부해야 한다는 점이다. 그런 무기력한 행동화에 굴복하는 대신 우리는 격분을 제어하고서, 생각하려는 차가운 결의로 그 격분을 변화시켜야 한다 ── 진정으로 급진적인 방식으로 철저히 생각하며, 그러한 공갈을 가능케 하는 것이 도대체 어떤 종류의 사회인지를 물으려는 결의로.

충격요법으로서의 위기

그렇다면 금융붕괴는 정신을 차리게 만드는 계기, 꿈에서 깨어나는 계기가 될 것인가? 그것은 금융붕괴가 어떻게 상징화되느냐, 어떤 이데올로기적 해석 혹은 이야기가 나서서 위기에 대한 일반적 인식을 결정하느냐에 전적으로 달려 있다. 일들의 정상적 흐름이 트라우마를 초래할 만큼 가로막힐 때 '담론적인' 이데올로기적 경쟁의 장이 열린다. 예컨대 1930년대초 독일에서 그러했는데, 유대인 음모론을 제기하면서 히틀러는 바이마르공화국에 닥친 위기의 원인에 대해 최상의 설명을 제공하고 그 위기에서 벗어날 최상의 길을 제시할 서사를 둘러싼 경쟁에서 승리했던 것이다. 마찬가지로 1940년 프랑스에서는 뻬땡(Philippe Pétain) 원수의 서사가 프랑스의 패배 이유를 설명하는 투쟁에서 성공을 거두었다. 그러므로 현재의 금융·경제위기가 필연적으로 급진적 좌파를 위한 공간을 펼쳐주리라는 그 어떤 순진한 좌파적 기대도 위험천만하게 근시안적임이 분명하다. 그 위기의 주요한 직접적 효과는 급진적 해방정치의 부상이 아니라 오히려 인종차별적 포퓰리즘의 부상, 전쟁의 증가, 제3세계 극빈국가들에서의 가난의 증대, 모든 사회들 내부에서의 부자와 빈자 간 격차의 심화가 될 것이다.

위기들은 사람들을 뒤흔들어 자족성에서 벗어나게 하고 그들로 하여금 자기 삶의 근본원리에 의문을 제기하도록 강제하는 게 사실이나 가장 자발적인 최초의 반응은 패닉이며 이는 '기본으로 돌아가기'로 이어진다. 지배이데올로기의 기본적 전제들은 의문에 붙여지기는커녕 훨씬 더 극렬하게 재언명된다. 그러므로 위험스러운 점은 현재 진행되는 붕괴가 나오미 클라인(Naomi Klein)이 말한 '충격원리'(shock doctrine)와 비슷한 방식으로 이용될 것이라는 데 있다. 실로 클라인의 최근 저서에 대한 저 압도적으로 적대적인 반응에는 놀라운 데가 있다. 그것은 예상할 수 있는 것보다 훨씬 더 극렬한 반응이며, 저자의 분석 일부에 공감하는 호의적인 좌파 자유주의자들조차 — 윌 허튼(Will Hutton)이 『옵저버』(Observer)지에 실린 서평에서 표현한 대로 — 얼마나 "저자의 고함소리가 논리를 가려버리는지"를 개탄한다. 클라인은 자신의 핵심명제로써 아주 민감한 어떤 신경을 건드렸음에 틀림없다.

현대 자유시장의 역사는 충격 속에 씌어졌다. 지난 35년간 가장 악명 높은 인권침해 사례 가운데 몇몇은 반민주적 체제에 의해 수행된 가학행위로 간주되는 경향이 있었으나 사실은 대중에게 공포를 심어주려는 고의적 목적을 가지고 행해졌거나 아니면 급진적 자유시장 개혁 도입의 초석을 놓는 데 적극적으로 활용되었다.[12]

---

12 Naomi Klein, *The Shock Doctrine*: *The Rise of Disaster Capitalism*, London: Penguin Books 2007, iii면.

이 명제는 일련의 구체적 분석들을 통해 전개되는데 그중 핵심은 이라크전쟁에 관한 분석이다. 이라크에 대한 미국의 공격은 "충격과 공포"(shock and awe) 군사전략에 따라 이라크가 자유시장 천국으로 조직될 수 있으며 그 국민들은 트라우마에 사로잡혀 저항을 하지 못할 것이라는 등의 발상에 의존했다. 전면적 시장경제의 강제적 도입은 그처럼 모종의 (자연적·군사적·경제적) 트라우마가 그에 이르는 길을 닦아준다면 한결 쉬워지는데, 이 트라우마는 말하자면 사람들로 하여금 '낡은 습성들'을 털어버리도록 강요하고, 모든 장애물이 제거되었으니 새로운 질서를 수용할 태세가 된 이데올로기적 백지상태이자 자기 자신의 상징적 죽음에서 살아남은 자로 그들을 변화시킨다. 클라인의 충격원리는 환경문제에서도 효력이 있다고 확신할 수 있다. 널리 퍼진 환경재앙은 자본주의를 위험에 빠뜨리기는커녕 이제껏 들어보지 못한 새로운 자본주의적 투자공간을 펼쳐놓아 자본주의에 새 힘을 불어넣으리라고 보아도 무방하다.

그렇다면 경제붕괴 역시 추가적인 자유주의적 요법의 이데올로기적 조건을 창출하는 하나의 '충격'으로 이용될 수 있지 않은가? 그러한 충격요법의 필요성은 신자유주의 경제학의 (종종 간과되는) 유토피아적 핵심에서 나온다. 시장 근본주의자들이 자신들의 처방을 실제로 이행했을 때 초래되는 파괴적 결과에 반응하는 방식은 유토피아적 '전체주의자'에 전형적이다 ── 그들은 모든 실패의 탓을 그들의 구상을 실현하는 자들에 의한 타협에 돌리고 (여전히 국가개입이 너무 많다는 둥), 자신들의 원리를 더욱더 급진적으로 실행할 것을 주문하기까지 한다.

따라서, 맑스주의의 구식 어법으로 표현하자면, 현재의 위기에 있어 지배이데올로기의 중심과제는 붕괴의 책임을 세계자본주의 체제 **자체**가 아니라 부차적이며 우연적인 일탈들(지나치게 느슨한 법적 규제들, 거대 금융기관들의 타락 등등)에 돌리는 서사를 강요하는 것이다. **현실 사회주의** 시절에도 그처럼 친사회주의 이데올로그들이 사회주의 이념을 구해내려고 노력했는데 그때의 주장은 '인민민주주의'의 실패가 사회주의 이념 자체의 실패가 아니라 사회주의의 비정통(非正統, non-authentic) 판본의 실패라는 것, 그리하여 기존 사회주의 체제는 전복과 철폐라기보다 급진적 개혁을 요구한다는 것이었다. 한때 사회주의에 대한 그러한 절실한 방어를 망상에 불과하다고 조롱하면서 그 이념 자체에 책임을 돌려야 한다고 단언했던 이데올로그들이 이제 어떻게 똑같은 식의 방어에 폭넓게 의존하는지를 주목하면 아이러니가 느껴진다. 파산한 것은 자본주의 자체가 아니라 그 왜곡된 실현일 뿐이라는 것이다……

　이러한 경향에 맞서 우리는 핵심적 질문을 고집스럽게 제기해야 한다 — 그러한 위기와 붕괴의 가능성을 열어놓는 체제 **자체** 내의 '결함'은 무엇인가? 여기서 무엇보다 명심할 것은 위기가 '선한'(benevolent) 동기에서 출발했다는 점이다. 이미 살펴보았듯이 닷컴 거품이 터져버린 후 초당적으로 내려진 결정은 경제를 살리고 불황을 막기 위해 부동산 투자를 용이하게 한다는 것이었다. 따라서 오늘날의 붕괴는 수년 전 미국에서 불황을 막기 위해 취해진 조치들에 따르는 댓가일 뿐이다. 이렇게 보면 진정한 위험은 우리를 꿈에서 깨어나게 하는 대신 우리가 **계속해서 꿈꾸는** 것을 가능하게 할 서사가 그 붕괴에 관한 지배적 서사가 되리라는 데 있다. 우리가 염려할 것도 바로 이 지점에 있다 — 붕괴의 경제적 결과들뿐만 아니라, 경제의 모터가 계속 돌아가게 하기 위해, 아니면 적어도 위기를 이용해 '구조조정'의 가혹한 조치들을 더 밀어붙이기 위해 '테러와의 전쟁'과 미국의 개입주의에 다시 불을 지피고자 하는 명백한 유혹이 문제인 것이다.

　경제의 붕괴가 이미 이데올로기-정치적 투쟁에서 이용되고 있는 모범적 사례는 제너럴 모터스(GM)를 어떻게 처리할지를 둘러싼 갈등에서 찾아볼 수 있다. 국가는 이 기업의 파산을 용인할 것인가 말 것인가? GM은 아메리칸드림을 구현하는 기업 가운데 하나이므로 파산은 오랫동안 생각조차 못할 일로 여겨져왔다. 그러나 이제 경제의 붕괴가 우리로 하여금 그 생각조차 못할 일을 수용하도록 추가적 압력을 가하고 있다고 말하는 사람들이 늘고 있다. "GM의 파산을 상상하다"라는 제목을 단 『뉴욕타임즈』의 한 칼럼은 다음과 같은 불길한 말로 시작된다. "제너럴모터스가 차기년도의 현금부족 사태를 피하려 안간힘을 씀에 따라 한때 생각조차 못할 일이었던 GM의 파산신청의 전망은 이제 충분히 생각해볼 만한 일이 되고 있다."[13] 일련의 빤한 주장들(파산이 곧 실업을 의미하지는 않을 것이며 다만 구조조정을 통해 GM을 오늘날의 혹독한 경제 여건에 더 잘 적응하는 경쟁력있는 기업으로 만들 것이라는 등등)을 늘어놓은 후 칼럼은 글을 마무리하는 대목에서 신중해지는데 여기서 "GM과 그 조합 노동자 및 퇴직자들 사이의" 균형이 강조된다. "파산은 판사가 승인하는 한 GM이 **단체협약을 일방적으로 거부할 수 있도록 허용**할 것이다." 다시 말해 파산은 미국에 얼마 남지 않은 강성노조 중 하나의 기반을 무너뜨리고 수천명을 저임금에, 다른 수천명을 낮은 퇴직소득에

---

13 "Imagining a G.M. bankruptcy," *New York Times*, December 2, 2008 ("DealBook" in the Business section). \

묶어두는 데 이용되어야 한다. 이것이 거대 은행을 구해내야 할 긴박한 필요성과 얼마나 큰 대조를 이루는지 다시 주목하라. 수만명의 현직·퇴직 노동자들의 생존이 걸려 있는 GM의 경우 위급상황이랄 것은 당연히도 전혀 없고 오히려 자유시장이 잔인한 폭력을 발휘하며 작동할 수 있도록 허용할 기회만 있는 것이다. 마치 GM의 곤경에 대해 경영전략의 실패가 아니라 조합에 책임을 추궁해야 한다는 듯이 말이다! 이런 방식으로 불가능한 것이 가능하게 된다 — 지금까지 양호한 노동조건에 대한 확립된 기준의 범위 내에서는 생각조차 못할 일로 여겨졌던 것이 이제 수용 가능하게 된다.

『철학의 빈곤』에서 맑스는 부르주아 이데올로기는 역사화하기를 좋아한다고 쓴 바 있다. 즉 사회, 종교, 문화의 모든 형태는 역사적이고 우연하며 상대적이라는 것이다 — 그 이데올로기 자신의 형태만 제외하고는. 한때 역사가 있었으나 이제는 더이상 어떤 역사도 없다.

경제학자들에게는 특이한 연구방법이 있다. 그들에게는 단지 두가지 제도만이 존재하는데, 인위적 제도와 자연적 제도가 그것이다. 봉건주의 제도들은 인위적 제도이며 부르주아지의 제도들은 자연적 제도다. 이 점에서 경제학자들은 신학자들을 닮았는데 이들은 마찬가지 방식으로 두가지의 종교를 설정한다. 자신들의 것이 아닌 모든 종교는 인간의 발명품이며 자신들의 종교는 신에게서 나온 것이다. 경제학자들이 오늘날의 관계들 ― 부르주아 생산관계들 ― 은 자연적이라고 말할 때 의미하는 바는 그 관계들 안에서는 자연의 법칙에 따라 부가 창출되며 생산력이 발전한다는 것이다. 그러므로 그 관계들 자체가 시간의 영향에서 자유로운 자연적 법칙이다. 그들은 필연적으로 항상 사회를 지배해야 하는 영원한 법칙인 것이다. 그리하여 이제까지는 역사가 있었으나 더 이상은 어떤 역사도 없다. 이제까지 역사가 있었던 이유는 봉건주의 제도들이 있었기 때문인데, 이 제도들에서는 경제학자들이 자연적인, 따라서 영원한 것으로 슬그머니 속여 넘기려는 부르주아사회의 생산관계와는 판이하게 다른 생산관계가 발견된다.[14]

---

14 Karl Marx, *The Poverty of Philosophy*, Chapter 2, "Seventh and last observation," Moscow: Progress Publishers 1955.
　이와 같은 입장의 반향들을 우리는 모든 사회적·이데올로기적 존재를 우연한 담론적 헤게모니투쟁의 산물로 보는 (에르네스또 라끌라우Ernesto Laclau에서 주디스 버틀러Judith Butler에 이르는) 오늘날의 담론적인 '반(反)본질주의적' 역사주의에서 발견하지 않는가? 프레드릭 제임슨이 이미 지적했듯이 보편화된 역사주의에서는 몰역사적인 희한한 맛이 난다 ― 우리가 우리 정체성의 근본적 우연성을

'봉건주의'를 '사회주의'로 바꿔보면 이는 자유민주주의
적 자본주의에 대한 오늘날의 옹호자들에게 딱 들어맞는
말이 된다.

자유주의 이데올로기의 한계에 관한 논쟁이 프랑스에
서 활발히 진행되고 있는 것도 놀라운 일이 아니다. 이유
는 자유주의를 불신하는 그 장구한 국가주의 전통에 있지
않으며, 그보다는 프랑스가 앵글로쌕슨 계열의 주류에 대
해 취하는 거리가 비판적 입장을 가능케 할 뿐 아니라 자유
주의 이데올로기의 근본구조에 대한 더 선명한 인식을 가
능케 한다는 데 있다. 만일 우리가 현대 자본주의 이데올로
기의 임상적으로 순수한, 실험실에서 증류되어 나온 판본

전면적으로 수용하고 실천하는 순간 모든 진정한(authentic) 역사적
긴장들은 영원한 현재의 끝없는 수행놀이 속에 어느새 증발되어버리
고 만다. 여기에는 절묘한 자기지시적 아이러니가 작동하고 있다 —
'몰역사적' 본질주의의 잔여물이 끈질기게 존속하는 한에서만 역사
가 있다는 것. 급진적 반본질주의자들이 우연성들의 탈근대적 '위험
사회'로 보이는 것 속에서 '본질주의'의 숨은 흔적들을 찾아내기 위
해 그들의 해석학적-해체적 기술을 총동원해야만 하는 이유가 거기
에 있다. 만일 그들이 우리가 이미 '반본질주의적' 사회 안에 살고 있
다고 인정한다면 그들은 오늘날 지배적인 급진적 역사주의 그 자체의
역사적 성격에 관한 참으로 난감한 문제, 다시 말해 '포스트모던' 세
계자본주의의 이데올로기적 형태로서의 급진적 역사주의라는 논제
와 대면해야만 할 것이다.

을 찾고자 한다면 기 쏘르망에게로 가보면 된다. 최근에 그가 아르헨띠나에서 행한 대담의 제목만 해도 ─ "이번 위기는 무척 짧을 것이다"[15] ─ 금융붕괴와 관련해 자유주의 이데올로기가 채워줘야 할 근본적 요구, 즉 상황을 재정상화해야 한다는 요구를 쏘르망이 충족시키고 있음을 시사한다. "상황이 어려워 보일 수 있지만 위기는 짧을 것입니다. 이 위기는 그저 자본주의가 전진하기 위한, 창조적 파괴의 정상적 순환의 한 부분일 따름이지요." 혹은 쏘르망 자신이 다른 글에서 말한 것처럼 "창조적 파괴는 경제성장의 엔진이다": "새것에 의한 옛것의 이러한 끊임없는 대체 ─ 이는 기술혁신과 기업가정신에 의해 추동되며 다시 이는 좋은 경제정책들로 고무되는바 ─ 는 번영을 가져온다. 이 과정에서 자신들의 일자리가 불필요하게 되어 쫓겨나는 사람들은 당연히 그에 반대하겠지만 말이다".[16] (이러한 재정상화는 물론 그 반대항과 공존한다. 광범위한 대중들 사이에 충격을 불러일으키기 위해 당국자들이 조장하는 공포 ─ "우리 생활방식의 기반 자체가 위협받고 있다!" ─ 는 그들 앞

---

15 "Esta crisis sera bastante breve," interview with a Guy Sorman, *Perfil* (Buenos Aires), November 2, 2008, 38~43면.

16 이 인용문과 그에 이은 이 절(節) 안의 모든 인용문의 출처는 다음과 같다. Guy Sorman, "Economics does not lie," *City Journal*, Summer 2008. 온라인으로 http://www.city-journal.org에서 볼 수 있음.

에 제안된 명백히 부당한 해결책을 불가피한 것으로 수용
하도록 대중을 준비시킨다.) 쏘르망의 전제는 지난 수십년
에 걸쳐 (정확히 말해 1990년의 사회주의 몰락 이후) 경제
학은 마침내 완벽하게 검증된 과학이 되었다는 것이다. 즉
실험실 상황에 근접한 방식으로 하나의 나라가 둘로 갈라
졌으며 (서독과 동독, 남한과 북한) 각 부분은 서로 대립하
는 경제체제에 속하게 되었고 결과는 분명했다는 것이다.

하지만 경제학이 정말로 하나의 과학인가? 쏘르망은 시
장이 비합리적인 행동과 반응들로 가득 차 있다는 사실을
인정하지만, 그의 처방은 — 심리학조차 아니고 — '신경
경제학'(neuroeconomics)이다.

경제행위자들은 합리적으로도 비합리적으로도 행동
하는 경향이 있다. 우리 뇌의 한쪽 부분은 경제적으로 잘
못된 단기적 결정 가운데 많은 것에 책임이 있는 반면 뇌
의 다른 쪽 부분은 대개 더 장기적인 관점을 취하면서 경
제적으로 타당한 결정을 내린다는 사실이 실험을 통해
입증되었다. 국가가 내부자 거래를 금지함으로써 애컬로
프(George A. Akerlof)의 비대칭[17]으로부터 우리를 보호

---

17 애컬로프(1940~)는 2001년 스펜스(A. Michael Spence), 스티글리츠
와 더불어 노벨경제학상을 공동 수상한 미국의 경제학자이자 버클리

하듯이 또한 우리 자신의 비합리적 충동으로부터 우리를 보호해야 할까?

물론 쏘르망은 재빨리 이렇게 덧붙인다.

과도한 국가규제의 부활을 정당화하는 데 행동경제학을 이용한다는 것은 가당치 않다. 따지고보면 국가는 개인만큼이나 비합리적이며 국가의 행위는 엄청나게 파괴적인 결과를 초래할 수 있다. 신경경제학은 우리로 하여금 시장을 더 규제되게 만드는 것이 아니라 더 투명하게 만들도록 고무해야 한다.

경제학(economic science)을 신경경제학이 보완하는 이 신나는 쌍두체제와 더불어 ── 가령 맑스가 예시하는 ── 과학으로 가장한 이데올로기적 몽상의 시대는 갔다. 맑스의 저작은 "성경의 유물론적 고쳐쓰기라고 할 수 있다. 거기에는 메시아 역할을 맡은 프롤레타리아를 포함해 모든 인물이 등장한다. 19세기의 이데올로기적 사유는 말할 것도 없

대 교수로, 판매자와 구매자 사이, 사업가와 투자자 사이 등에서의 정보의 비대칭이 가격의 왜곡을 초래하며 이는 시장 붕괴로까지 이어질 수 있다는 '정보 비대칭 이론'을 내놓아 주목을 받은 바 있다. ── 옮긴이

이 유물론화한 신학이다". 그러나 설사 맑스주의가 죽었다 하더라도 벌거벗은 황제는 새 의상을 입고 여전히 우리 주위를 배회하는데 그 의상 가운데 주된 것은 생태주의다.

범상치 않은 폭도인 녹색당원들은 자연을 인류보다 상위에 놓는 새로운 종교의 사제들이다. 생태운동은 '사랑과 평화'의 점잖은 압력단체가 아니라 하나의 혁명세력이다. 많은 현대종교들과 마찬가지로 그것은 자신이 지정하는 악, 즉 지구온난화, 동식물의 멸종, 생물다양성의 소실, 슈퍼잡초 등을 과학적 지식에 기초하여 비난하는 모양새를 취한다. 이런 모든 위협들은 사실상 녹색 상상력이 만들어낸 허구다. 녹색당원들은 자기들의 용어를 과학에서 빌려오면서 과학의 합리성을 자기들 것으로 삼으려 하지는 않는다. 그들의 방법은 새롭지 않다 — 맑스와 엥겔스 역시 당대의 과학인 다윈주의를 자기들 세계관의 원천으로 삼는 시늉을 했던 것이다.

따라서 쏘르망은 생태운동이 "21세기 공산주의"라는 친구 호세 마리아 아스나르(José María Aznar)의 주장을 수용한다.

생태주의는 공산주의의 재창조이자 반자본주의의 실제〔형태〕라는 점은 분명하다. (⋯) 그러나 생태주의의 다른 반쪽, 거기서 다시 반은 맑스주의보다 훨씬 오래된 이교도적 유토피아 혹은 자연숭배로 이루어져 있으며, 자연주의와 이교도 전통을 지닌 독일에서 생태주의가 그토록 강력한 것은 그 때문이다. 그러므로 생태주의는 반기독교적 운동이다 ── 자연이 인간에 우선한다. 생태주의에서 마지막으로 남은 4분의1은 합리적인 부분으로서 여기에는 진짜 문제들이 있고 그에 대해서는 기술적 해결책들이 있다.

'기술적 해결책'이라는 용어에 주목하라 ── 합리적 문제들은 기술적 해결책을 지닌다. (이 역시 뻔뻔한 오류를 담고 있는 주장인데, 생태적 문제들과의 대면은 선택과 결정 ── 무엇을 생산하고 무엇을 소비할지, 무슨 에너지에 의존할지에 대한 ── 을 요구하며 궁극적으로 그 선택과 결정은 한 민족의 생활방식 자체에 관여한다. 그래서 이 선택과 결정은 기술적이지 않을 뿐 아니라, 사회의 기본적 선택들이 연루된다는 가장 근본적인 의미에서 현저히 정치적이다.) 그렇다면 자본주의 자체가 기술적 견지에서 제시된다는 것, 심지어 과학도 아니고 그저 작동하는 무엇으로서 제시된다는 것도 놀라운 일이 아니다. 자본주의는 이데올로기적 정당화를 필요로 하지 않는데 이는 그것의 성공 자체가 충분한 정당화가 되기 때문이다. 이 점에서 자본주의는 "매뉴얼이 있는 사회주의와는 정반대다"—"자본주의는 철학의 시늉을 내지 않는 체제, 행복을 찾아나서지 않는 체제다. 자본주의가 하는 말은 오로지 이것이다: '자, 이건 제대로 작동한답니다.' 만일 사람들이 더 잘 살기를 원한다면 이 메커니즘을 이용하는 편이 나을 텐데 이는 그것이 제대로 작동하기 때문이다. 유일한 기준은 효율성이다".

물론 이러한 반이데올로기적 서술은 분명한 거짓이다. 중립적 사회장치로서의 자본주의라는 관념 자체가 더할 나위 없이 순전한 이데올로기(심지어는 유토피아적 이데올로기)인 것이다. 그럼에도 불구하고 그 서술에 깃들어 있는 진리의 계기란, 알랭 바디우(Alain Badiou)가 말했듯이 자본주의는 사실상 삶을 의미있게 만드는 특정한 방식을 지닌 고유의 문명이 아니라는 것이다. 자본주의는 **의미를 탈전체화(de-totalize)하는** 최초의 사회-경제적 질서다 — 그것은 의미의 차원에서 세계적이지 않다. (세계적인 '자본주의 세계관'이라든지 본래의 '자본주의 문명'이란 없다. 세계화의 근본적 교훈은 바로 자본주의가 기독교 문명에서 힌두와 불교 문명에 이르는 모든 문명에 적응할 수 있다는 점이다.)

자본주의의 세계적 차원은 오로지 의미-없는-진리의 차원에서만, 즉 세계시장 메커니즘의 '실재'(the Real)로서만 정식화될 수 있다. 여기서 문제는 쏘르망의 주장처럼 항상 현실이 불완전하고 항상 사람들이 불가능한 완전함에 대해 몽상을 품고 있어야 한다는 것이 아니다. 문제는 의미에 관한 것이며, 바로 이 지점에서 종교는 지금 자기 역할을 재발명하고 있다. 즉 자본주의 기계의 의미없는 작동에 참여하고 있는 사람들에게 의미있는 삶을 보장해야 할 그 사명을 재발견하고 있는 것이다. 자본주의 이데올로기의 근본적 난점에 관한 쏘르망의 서술이 그토록 부적절한 이유는 바로 그것이다.

지적·정치적 관점에서 보았을 때 자본주의 체제를 관리하는 데 따르는 커다란 난점은 이 체제가 꿈을 불러일으키지 않는다는 점이다. 거리로 달려나가 그 체제를 찬양하는 사람은 아무도 없다. 자본주의 경제는 인간의 생활조건을 완전히 바꾸어놓고 인류를 비참한 상태에서 구해냈지만 아무도 그 체제의 순교자로 전향하려 들지는 않는다. 아무도 원치 않는 체제, 사랑을 불러일으키지 않기에 아무도 원치 않는 체제, 매혹시키지 않는, 유혹자가 아닌 체제의 이 역설을 다루는 법을 우리는 배워야 한다.

이 서술도 분명한 허위다. 만일 자기에게 속한 주체들을 몽상들 — 자유에 관한, 어찌 사람의 성공은 그 자신에게 달렸는지에 관한, 바로 코앞에 있는 행운에 관한, 맘껏 누릴 수 있는 쾌락에 관한 — 로 매혹하는 체제가 지상에 존재한 적이 있다면 그건 바로 자본주의다. 진정한 문제는 다른 데 있다. 즉, 위기의 가혹한 현실이 그런 몽상들을 참혹하게 짓밟아놓았을 때 어떻게 자본주의에 대한 사람들의 믿음이 꺼져버리지 않도록 할 것인가? 이 지점에서 '성숙한' 현실주의적 실용주의의 필요성이 제기된다 — 우리는 완전함과 행복에 대한 몽상에 영웅적으로 저항하고 쓰디쓴 자본주의적 현실을 모든 가능한 세계들 가운데 최상의 (아니면 가장 덜 나쁜) 것으로 받아들여야 한다. 여기에는 어떤 절충이 필요하다. 즉 환상에 불과한 유토피아적 기대와의 싸움을, 자본주의 체제를 수용하기에 충분한 생활보장을 사람들에게 제공하는 일과 결합할 필요가 있는 것이다. 그러니 쏘르망은 시장자유주의 근본주의자 혹은 극단주의자가 아니다 — 그는 밀턴 프리드먼(Milton Friedman)[18]의 정통 추

---

18 1912~2006. '통화주의'(monetarism)를 제창한 미국의 경제학자. 케인즈의 거시경제학적 관점을 수용했으나 정부의 개입과 규제에 반대하며 통화정책과 세제에 있어 자유방임주의를 옹호하는 반케인즈주의의 대표적 인물이다. 1976년 노벨경제학상을 수상했다. — 옮긴이

종자 몇몇이 복지국가에 대한 (온건한) 지지를 이유로 자신을 공산주의자라고 비난했던 일을 자랑스럽게 언급한다.

　국가와 경제적 자유주의 사이에는 아무런 모순이 없으며 오히려 둘 사이에는 복잡한 동맹이 있다. 나는 자유사회가 복지국가를 필요로 한다고 보는데 이는 우선 지적 정당성에 관련된다 ── 필요불가결한 최소한도의 사회보장이 존재한다면 사람들은 자본주의적 모험을 수용할 것이다. 그외에 더 기계적인 차원에서, 우리가 자본주의의 파괴적 창조성이 제대로 작동하기를 원한다면 우리는 그것을 관리해야 한다.

　이보다 더 명확한 말로 이데올로기의 기능이 묘사된 적은 별로 없다 ── 그 어떤 진지한 비판에서도 기존 체제를 방어하며 그것을 인간 본성의 직접적 표현으로서 정당화하는 기능 말이다.

　경제의 순환과 정치적 압력에 직면했을 때 민주적 정부와 여론형성 집단이 지니는 본질적 임무는 인류에게 그토록 훌륭하게 봉사해온 체제를 보호하며, 그것의 불완전함을 구실로 그 체제를 더 나쁜 체제로 대체하지 않는 것이다. (…) 하지만 이러한 교훈은 여론이 수용할 만한 언어로 옮기기에 가장 어려운 축에 속한다는 데는 의심의 여지가 없다. 가능한 모든 경제체제 가운데 최상의 것도 실로 불완전하다. 경제학이 무슨 진리를 캐냈건 결국 자유시장은, 그 자체가 완전하게 만들기는 난망한 인간 본성의 반영일 따름이다.

대적 선전(對敵 宣傳)의 구조

이와 같은 이데올로기적 정당화는 또한 대적 선전의 기본적 역설에 관한 바디우의 정확한 정식을 완벽하게 예시한다. 대적 선전은 그 자신도 의식하지 못하는 무엇, 그것이 구조적으로 보지 못하는 무엇과 싸운다 ── 실제의 반대세력(정치적 적수들)이 아니라, 상황에 내재하는 **가능성**(유토피아적인 혁명적-해방적 잠재력)과.

모든 대적 선전의 목표는 현존 세력의 절멸이 아니라 (이 기능은 일반적으로 경찰력에 일임되어 있다) 상황의 어떤 간과된 가능성의 절멸이다. 이 가능성은 대적 선전을 수행하는 자들에 의해서도 간과되는데, 왜냐하면 그 특

징들은 상황에 내재하면서 동시에 그 안에 나타나지 않아야 하기 때문이다.[19]

급진적 해방정치에 대한 대적 선전이 정의상 냉소적인 — 자기 말을 스스로 믿지 않는다는 단순한 의미에서가 아니라 훨씬 더 근본적인 차원에서 냉소적인 — 것은 이 때문이다. 정확히 그것은 자기 말을 **믿는** 한 냉소적인데, 왜냐하면 그것의 메씨지는 우리가 살고 있는 세계가 비록 모든 가능한 세계들 가운데 최상은 아니더라도 가장 덜 나쁜 것이고, 그래서 어떤 급진적 변화도 그저 사태를 악화시킬 뿐이라는 체념어린 확신이기 때문이다. (효과적 선전이 늘 그렇듯이, 이러한 정상화는 그 정반대, 즉 경제위기를 종교적 견지에서 읽어내는 것과 쉽게 결합할 수 있다 — 기회주의적 기동(機動)에 관한 한 언제나 명민한 베네딕또 16세는 그러한 노선을 따라 금융위기를 이용하는 데 신속했다. "이는 모든 것이 헛되며 오직 하나님의 말씀만이 영원하리라는 것을 증명합니다!") 그러므로 2008년의 금융붕괴가 또한 자끄 알랭 밀러(Jacques-Alain Miller)로 하여금 패닉을 막기 위해 그토록 '건설적인' 방식으로 개입하도록 부추겼음은 놀라울 것이

---

19 Alain Badiou, Seminar on Plato at the ENS, February 13, 2008 (미출간).

없다.

화폐의 기표는 외양의 기표이며 이는 사회관습에 의
존한다. 금융의 세계는 허구들로 이루어진 건축물이며
그 이맛돌은 라깡이 "안다고 가정되는 주체"— '왜' 그
리고 '어떻게'를 안다고 가정되는 주체 — 라고 부른
것이다. 누가 이 역할을 수행하는가? 그것은 당국자들
의 협화음으로, 이따금씩 거기서 하나의 목소리가 떨어
져 나오기도 하는데 가령 재임기의 앨런 그린스펀(Alan
Greenspan)이 그러하다. 금융인들의 행동은 여기에 기
초하고 있다. 그 허구적이며 초반사적(超反射的, hyper-
reflexive)인 구조물은 당국자들에 대한 '믿음'으로써, 즉
안다고 가정되는 주체로의 전이(transference)로써 지탱
된다. 이 주체가 비틀대면 위기가 오고 토대가 흔들리며
이는 당연히 패닉효과를 수반한다. 그러나 안다고 가정
되는 금융 주체는 규제철폐로 인해 이미 상당히 기가 죽
은 상태였다. 그리고 이는 금융계가 망상에 푹 빠져서, 안
다고 가정되는 주체가 기능하지 않아도 자신이 일을 잘
처리할 수 있다고 믿었던 결과였다. 먼저 부동산자산[20]이

20 밀러와 지젝이 모두 'real state assets'로 적고 있으나 문맥상 부동산
자산을 뜻하는 'real estate assets'의 오기로 보인다. — 옮긴이

쓰레기가 된다. 다음으로 오물이 점차 모든 것에 배어든다. 그 다음에는 당국자들을 향한 거대한 부정적 전이가 일어난다 — 폴슨과 버냉키 안(案)의 전기충격이 사람들의 분노를 불러일으킨다. 위기는 신뢰의 위기이며, 이는 안다고 가정되는 주체가 재건될 때까지 지속될 것이다. 장기적으로 그 재건은 새로운 브레튼우즈 협정, 곧 진실에 관한 진실을 말할 의무를 지닌 평의회 방식을 취할 것이다.[21]

여기서 밀러의 참조대상은 앨런 그린스펀이다 — 레이건(R. W. Reagan)시대부터 최근의 재난에 이르는 경제성장의 오랜 기간 동안 "안다고 가정되는 주체"로 있었던 바로 그 초당적 인물 말이다. 2008년 10월 23일 그린스펀이 의회 청문회에 불려갔을 때, 그가 이자율을 너무 오랫동안 너무 낮게 유지함으로써 주택가격의 거품을 조장했으며, 위험하고 종종 기만적이기도 한 주택담보대출의 폭발적 성장을 억제하는 데 실패했다고 주장하는 비판자들에게 답변하는 중에 그는 몇가지 흥미로운 점들을 인정했다.[22] 감독위

---

21 Jacques-Alain Miller, "The financial crisis." 온라인으로 http://www. lacan.com에서 볼 수 있음.
22 Elizabeth Olson, "Greenspan under fire" 참조. 온라인으로 http:// www.portfolio.com에서 볼 수 있음.

원회 의장인 캘리포니아주 하원의원 헨리 왝스먼(Henry A. Waxman)이 개입했을 때 청문회는 최고조에 달했다.

제가 말씀을 좀 끊어야겠군요. 당신에게 하고 싶은 질문은 이겁니다. 당신에게는 어떤 이데올로기가 있었지요. 당신은 이렇게 진술했습니다. "제게 이데올로기가 있는 건 맞습니다. 자유경쟁시장은 경제를 조직함에 있어 비할 데 없이 뛰어난 방식이라는 것이 제 판단입니다. 우리는 규제를 시도했지만 어떤 것도 의미있는 효과를 내지 못했습니다." 당신이 했던 말입니다. 당신에게는 써브프라임[23] 주택담보대출 위기를 몰고 온 무책임한 대출 관행을 막을 수 있는 권한이 있었습니다. 많은 사람들이 당신에게 그런 관행을 막으라고 조언했지요. 지금 우리 경제 전체가 그 댓가를 치르고 있습니다. 당신이 이제 와서 후회하는 결정을 내리도록 당신의 이데올로기가 당신을 몰

---

23 이 용어는 2007년 신용경색 기간에 언론매체가 만들어낸 것으로, 간혹 '저(低)금융이용자'(under-banked, 비제도권 금융 이용자)로도 불리는, '써브프라임'(비우량)으로 간주되는 대출자들, 그러니까 채무불이행 고위험군에 속하는 이들 — 가령 대출금 체납경력이나 파산기록을 지닌 이들, 혹은 차입실적이 적은 이들 — 에게 신용거래를 제공하는 금융기관들을 지칭한다.

아붙였다고 보십니까?[24]

이에 그린스펀은 답했다. "저는 제가 세계가 돌아가는 방식을 규정하는 결정적 작동구조로 보았던 모델에서 결함을 발견했습니다." 다시 말해 그린스펀은 "백년에 한번 찾아올 만한 신용 쓰나미"가 금융시장을 덮쳤을 때 규제를 멀리하려는 자신의 자유시장 이데올로기가 결함을 지닌 것으로 판명되었음을 인정한 것이다. 나중에 그린스펀은 금융회사들이 불어나는 손실을 막기에 충분한 "감독"을 자신의 거래 상대방들에 대해 지속적으로 수행하지 못했다는 "믿지 못할 사실의 충격"(shocked disbelief)을 거듭 표명했다. "저 자신을 포함하여 우리 가운데 대출기관들이 그들 자신의 이익을 위해 주주들의 지분을 보호하리라 기대했던 사람들은 믿지 못할 사실의 충격에 사로잡혀 있습니다."

이 마지막 말은 얼핏 보이는 것보다 더 많은 것을 드러낸다. 그것은 대출기관들이 자기이익을 자각하고 있어서, 언젠가는 거품처럼 터지게 되어 있는, 무모한 투기의 자기추진적 단기 주기를 피하기 위해 더 책임있게, 더 윤리적으로

---

24 Online NewsHour, October 23, 2008, Transcript, "Greenspan admits 'flaw' to Congress, predicts more economic problems" 참조. 온라인으로 http://www.pbs.org/newshour에서 볼 수 있음.

행동하리라고 기대한 데에 그린스펀의 착오가 있었음을 알려준다. 바꿔 말하면 그의 착오는 사실들, 객관적인 경제 데이터 혹은 메커니즘에 관한 것이 아니며, 그보다는 시장투기가 창출해내는 윤리적 태도에 관한 것이다. 특히 착오는 시장 과정이 자연스럽게 책임감과 신뢰를 창출해낼 것인데 이는 그에 따른 행동이 참여자들 자신의 장기적 자기이익에 부합하기 때문이라는 전제에 있다. 분명 그린스펀의 오류는 오로지 그리고 단순히 시장대리자들(market agents)의 합리성, 그러니까 무모한 투기로 이익을 얻을 유혹에 저항할 수 있는 그들의 능력을 과대평가한 사실에만 있는 것이 아니다. 그가 깜박 잊고 계산에 넣지 않은 것은, 금융붕괴가 발생할 시에는 국가가 자신들의 손실을 보상해줄 테니 위험은 감수할 만한 가치가 있으리라는 금융투기꾼들의 매우 합리적인 기대였다.

잠시 화제를 돌리면, 금융붕괴와 그에 대응하기 위해 취해진 조치들이 몰고온 야릇한 결과들 중 하나는 "탐욕은 선하다" 식의 급진 자본주의를 옹호하는 이데올로그에 가장 가까운 인물인 아인 랜드(Ayn Rand)[25]의 저작이 다시금 사

---

25 1905~82. 러시아 태생 미국 소설가, 극작가, 철학자. 일체의 집단주의에 거부감을 드러내는 자유의지론적 개인주의자이자 자유시장의 적극적 옹호자로서 앨런 그린스펀을 포함한 미국의 우파 진영에 적잖은 영향을 미쳤다. 랜드의 초기 소설 『원천』(*The Fountainhead* 1943)과

람들의 관심을 불러일으켰다는 사실이다. 랜드의 대작『아틀라스가 어깨를 으쓱했다』(*Atlas Shrugged*)는 다시 한번 불티나게 팔려나갔다. 이러한 성공의 이유를 어떤 이는 이렇게 설명했다. 곤란을 겪는 은행들에 대한 오바마(B. H. Obama)정부의 지원은

강인하고 성공적인 사람들로 하여금 허약하고 무책임하며 무능력한 사람들을 떠받치도록 강제하는 것으로서 독재적 사회주의의 냄새를 풍긴다. 최근『월스트리트 저널』에서 논평인 스티븐 무어(Stephen Moore)는 "현재의 경제전략은『아틀라스가 어깨를 으쓱했다』에 그대로 나와 있다"고 썼다. "당신이 사업에서 무능하면 무능할수록 정치가들은 당신에게 더 많은 구호물자를 베풀 것이다".[26]

『아틀라스가 어깨를 으쓱했다』(1957; 국내에서는 2003년 정명진 등의 역자가 민음사에서『아틀라스』라는 제목의 번역서를 낸 바 있음)는 세계적 베스트셀러가 되었으며, 특히 '객관주의'(Objectivism)로 명명된 랜드의 사상이 잘 나타난 1957년의 작품은 가상의 경제마비 상황을 묘사한 덕에 최근의 금융붕괴 사태 이후 다시 각광을 받고 있다. ─ 옮긴이

[26] Oliver Burkeman, "Look out for number one," *Guardian*, March 10, 2009, 3면.

몇몇 리포트에 따르면 『아틀라스가 어깨를 으쓱했다』에 묘사된 씨나리오 — 창의적 자본가들 자신이 파업을 벌이는 — 가 현실화하고 있다는 징후들이 이미 존재한다. 공화당 의원 존 캠벨(John Campbell)은 말한다. "업적을 이룬 이들이 파업을 벌이고 있다. 일자리를 창출하는 사람들 (…) 자신의 야망 때문에 어떤 벌을 받을지를 알기 때문에 야망을 접는 사람들에게서 나오는 일종의 항의를 나는 소규모로나마 목격하고 있다."[27] 이러한 반응의 부조리함은 그것이 상황을 완전히 잘못 읽고 있다는 사실에 있다. 구제금융 자금의 대부분은 바로, "창의적" 사업안을 가지고 실패하여 경제를 곤두박질치게 한 탈규제화된 랜드적 "거물들"에게 어마어마한 규모로 전달되고 있다. 지금 게으른 보통사람들을 위대한 창의적 천재들이 구원해주고 있는 것이 아니라 오히려 평범한 납세자들이 실패한 "창의적 천재들"을 구원해주고 있다. 금융붕괴로 귀결된 오랜 경제적 과정의 이데올로기-정치적 아버지가 앞서 언급한 앨런 그린스펀, 곧 손색없는 랜드적 "객관주의자"라는 사실을 상기하는 것만으로도 충분하다.

그러나 여기서 밀러에게로 돌아가자. 그의 야릇한 텍스트가 전하는 메씨지는 분명하다 — "안다고 가정되는 주

---

27 같은 글.

체"가 새로이 나타나기를 차분히 기다리자는 것. 밀러의 입장은 순전한 자유주의적 냉소주의다. '안다고 가정되는 주체'가 전이에 의한 환영(幻影)임을 우리 모두는 알고 있다 — 하지만 우리는 이것을 '사적으로', 정신분석가로서 알고 있다. 공적으로 우리는 패닉 반응을 제어하기 위해서 '안다고 가정되는 주체'의 새로운 출현을 장려해야 한다……

최근에 밀러는 정신분석에 국가의 규제를 가하려는 유럽 전역의 시도에 맞선 투쟁에 참여한 적이 있다. 그러한 규제는 사실상 정신분석을 '과학적'인 인지주의적·생화학적 요법의 거대한 영역에 편입시키게 될 터였다. 유감스럽게도 밀러는 새처주의 성향의 신자유주의자 빌렘 뷔터(Willem H. Buiter)의 저작[28]을 대놓고 언급하면서, 개인이 국가의 사회주의적·가부장주의적 통제와 규제에서 자유로워야 한다고 주장하는 우파 자유주의의 견지에서 예의 투쟁을 규정한다. 밀러가 무시하는 점은 그가 그토록 맹렬하게 반대하는 바로 그 국가규제가 개인의 자율과 자유의 보호를 위해 법제화된다는 것이다. 따라서 그는 자신이 의존하는 바로 그 이데올로기의 결과들에 대항해 싸우고 있는 셈이다.

---

28 Willem H. Buiter, "Le nouveau Paternalisme: attention, danger!" *Le Nouvel Ane*, September 9, 2008, 34~35면 참조.

역설적인 것은 국가뿐 아니라 거대기업들이 유례없는 정도로 개인의 삶에 침투하고 그 삶을 통제할 수 있는 오늘날의 디지털화된 사회에서는 국가규제 때문에 위태로워진다고 가정되는 바로 그 자율을 유지하기 위해 국가규제가 요구된다는 사실이다.

2009년 4월 중순에 나는 씨러큐스의 한 호텔방에 앉아 두 가지 TV프로그램을 번갈아 보고 있었다. 하나는 미국의 위대한 좌파 포크송 가수 피트 씨거(Pete Seeger)에 관한 다큐멘터리였다. 다른 하나는 텍사스 오스틴에서 열린 반(反)과세 '티 파티'(tea party)[29]에 관한 '폭스 뉴스' 리포트였는데, 여기에는 컨트리송 가수가 등장해 어떻게 워싱턴이 부유한 월스트리트 금융인들에게 자금을 대주기 위해 근면한 보통사람들에게 세를 물리고 있는지에 대해 불만을 한껏 늘어놓는 반(反)오바마 노래를 부르고 있었다. 두 프로그램 사이의 단락(短絡, short-circuit)은 내게 짜릿한 느낌을 주었는데 특히 두가지 특징이 눈에 들어왔다. 첫째, 두 음악인 사이에는 야릇한 유사성이 있었는데, 둘 다 사람들을 착취

---

29 고유명사로서의 '티 파티'(Tea Party)는 2009년 초부터 전개된 대중 항의집회로 구제금융 및 과세에 대한 반대를 조직화해내고 있으며 최근에는 오바마의 건강보험 개혁안까지 문제삼고 있다. 그 명칭은 1773년 영국의 '대의(代議) 없는 과세'에 반대하여 일어난 보스턴 차 사건에서 따온 것이다. ― 옮긴이

하는 부자와 그들의 국가에 대한 포퓰리즘적이고 반체제적인 비판을 정식화해내고 있었으며, 또한 둘 다 시민불복종까지 포함하는 급진적 조치를 요구하고 있었다 ─ 조직의 형식과 관련하여 오늘날의 급진 포퓰리즘적 우파가 희한하게 그 옛날 급진 포퓰리즘적 좌파를 상기시키는 바가 있음을 보여주는 또다른 고통스런 잔여물에 해당한다. 둘째로 우리는 그 '티 파티' 시위의 근본적 비합리성에 눈감을 수 없다. 오바마는 사실상 근면한 보통사람들의 95% 이상에 대해서 세금을 줄일 계획으로 있으며 단지 상위 2%, 그러니까 '사람들을 착취하는 부자'에 대해서만 세금을 늘릴 것을 제안하고 있다. 그런데 어째서 사람들은 정말로 자기 이익에 반하는 행동을 하고 있을까?

토머스 프랭크(Thomas Frank)는 오늘날의 미국 내 포퓰리즘 보수주의의 이러한 역설을 적절히 기술한 바 있다.[30] 경제적 계급적대(빈곤한 농민과 블루칼라 노동자 대 변호사, 은행가, 대기업)는 정직하고 근면한 기독교도 미국인 대 까페라떼를 마시고 외제차를 몰며 낙태와 동성애를 옹호하고 애국적 희생과 순박한 '지방적'(provincial) 생활방식을 조롱하는 등의 행위를 하는 퇴폐적 자유주의자의 대립

---

30 Thomas Frank, *What's the Matter with Kansas? How Conservatives Won the Heart of America*, New York: Metropolitan Books 2004 참조.

으로 환치되거나 재약호화(re-coded)된다. 그리하여 적은 '자유주의적' 엘리뜨로 인식되는데 이들은 연방국가의 개입 — 스쿨버스 정책[31]에서 다윈의 이론과 도착적 성관행을 교실에서 가르치게 하는 법안의 제정에 이르는 — 을 통해 진정한(authentic) 미국적 방식을 훼손하기를 원한다. 그러므로 보수주의자들의 주요한 경제적 요구는 사람들에 대한 과세로 규제성 개입의 재원을 마련하는 강한 국가를 타도하는 것이며, 그들의 최소한의 경제적 강령은 '더 적은 세금, 더 적은 규제'다. 자기 이익을 자각하고 합리적으로 추구하는 입장의 표준적 관점에서 보았을 때 그러한 이데올로기적 입장의 모순은 자명하다 — 포퓰리즘적 보수주의자들은 문자 그대로 자기 자신을 경제적 파멸로 몰아넣기로 결

---

31 인종차별의 뿌리가 깊은 미국에서 스쿨버스의 노선에 어느 지역을 포함시키느냐 하는 것은 민감한 사회·정치적 사안이다. 1954년 '브라운 대 교육위원회'(Brown vs. Board of Education) 사건에서의 미 대법원 판결로 공립학교 입학에 있어서의 인종차별은 공식적으로 철폐되었으며, 1970년대 이후로는 백인 거주지역과 소수민족 거주지역의 학생들이 한데 섞이도록 근거리 원칙을 무시하고 학교를 배정하고 스쿨버스가 학구(school districts)의 경계를 넘어 다니면서 학생을 실어나르게 하는 강제조치 —지젝이 말하는 '스쿨버스 정책'(school-busing)은 이를 일컫는다—가 시행되었다. 그러나 백인 학부모들의 저항은 소송, 탄원, 혹은 이사 등의 형태로 지금까지 계속되고 있으며 이에 따라 스쿨버스 정책이 노리는 학교 인종철폐의 실효성은 점차 약해지는 형국이다. — 옮긴이

의하고 있다. 더 낮은 과세와 탈규제는 빈곤한 농민을 폐업으로 내몰고 있는 거대기업들의 자유가 더 커짐을 의미하며, 더 적은 국가개입은 영세업자와 영세기업가들에 대한 연방정부의 보조가 더 적어짐을 의미한다.

'지배계급'은 비록 포퓰리스트들의 도덕적 의제에 동의하지는 않을지라도 하층계급을 억제하는 수단으로서 '도덕적 전쟁'을 용인하기는 한다. 다시 말해 지배계급은 하층계급이 경제의 현상태를 교란하지 않으면서 자신의 분노를 표현할 수 있게 한다. 이것의 의미는 이렇다 ── 문화전쟁은 전치된 양식의 계급전쟁이다. 우리가 탈계급사회에 살고 있다고 주장하는 이들에게는 미안한 말이지만 말이다……그러나 이는 수수께끼를 더 알쏭달쏭하게 만들 뿐이다. 어떻게 이러한 전치가 가능한가? '어리석음'과 '이데올로기적 조작'은 적절한 답이 아니다. 다시 말해 원시적인 하층계급이 이데올로기적 장치에 깊이 세뇌당해서 자신의 진정한 이익을 식별할 수 없다거나 더이상 그럴 수 없다고 주장하는 것으로는 분명 충분치 않다. 다른 건 제쳐두고라도 우리는 프랭크의 책에서 보수주의의 요새로 확인된 바로 그 캔자스주가 수십년 전 한때는 미국 내 진보적 포퓰리즘의 온상이었음을 기억해야 한다 ── 그리고 사람들이 지난 몇십년에 걸쳐 더 멍청해진 것은 분명 아니다. 이데올로기의 물질적 힘에 대한 증거는 넘쳐난다. 가령 2009년 6월 유럽에서의 선거에서 투표자들은 신보수주의적 자유주의 정치에 대대적 지지를 보냈는데, 이는 현재의 위기를 몰고온 바로 그 정치였다. 닭이 제 발로 도축장에 걸어 들어가도록 설득할 수 있는데 실로 누가 노골적 억압을 필요로 한단 말인가?

자본주의 이데올로기의 쏘르망 식 판본은 자기맹목화의 이 필수적 과정을 무시하고 있으며 따라서 헤게모니적인 것으로 승인되기에는 너무 거칠고 뻔뻔하다 ─ 거기에는 '과잉동일시' 성격의 어떤 측면, 밑에 깔린 전제를 너무 드러내놓고 진술하여 관련자 모두를 당혹시키는 어떤 면이 있다. 그보다는, 현재의 위기로부터 정말로 헤게모니적인 것으로서 출현하고 있는 자본주의의 이데올로기적 판본은 '사회적으로 책임있는' 생태자본주의라는 것이다. 과거와 현재에 자유시장 체제가 과도한 착취로 파국적 결과를 가져오는 일이 빈번하다는 점을 인정하면서, 사회적 생산력의 자본주의적 동원은 생태적 목표, 빈곤에 대한 투쟁, 그리고 다른 가치있는 목적들에 봉사하게끔 만들 수도 있다는 것을 깨닫고 있는 어떤 새로운 정향의 징후가 포착된다는 주장이 이제 제기되고 있다. 대개 이러한 판본은 전체론적이며 탈유물론적이고 정신적인 새로운 패러다임을 향한 더 거대한 변화의 일부로서 제시된다. 지구상 모든 생명의 통일성과 우리 모두가 맞닥뜨린 공통의 위험에 대한 깨달음이 확산되면서 더이상 시장과 사회적 책임을 대립시키지 않는 ── 그 둘이 상호이익을 위해 재결합할 수 있다는 ── 새로운 접근법이 출현하고 있다. 피고용자들과의 협동과 그들의 참여, 소비자와의 대화, 환경에 대한 존중, 상거래의 투명성이 이제 성공의 열쇠다. 자본가들은 이윤을 창출하는 기계에 머물러서는 안되는데, 그들의 삶은 더 깊은 의미를 지닐 수 있기 때문이다. 그들이 선호하는 모토는 사회적 책임과 감사(感謝)가 되었다. 그들은 사회가 자신들의 재능을 펼치고 큰 부를 축적하게 허용함으로써 자신들을 말할 수 없이 잘 대해주었으며, 따라서 사회에 뭔가를 돌려주고 보통사람들을 돕는 것이 그들의 임무라는 것을 처음으로 인정한 사람들이다. 오직 사회를 배려하는 이런 종류의 접근법만이 사업의 성공을 가치있게 만든다…… 전지구적 책임감의 새로운 기풍은 그리하여 자본주의를 공익의 가장 효율적인 수단으로 작동하게 만들 수 있다. 자본주의의 근본적인 이데올로기적 **장치**(dispositif) ── '도구적 이성', '기술적 착취', '개인주의적 탐욕', 혹은 그밖의 무엇으로 불리든 ── 는 그 구체적인 사회-경제적 조건(자본주의적 생산관계)과 분리되어, **이 자본주의적 관계 자체는 손상되지 않게 놓아둔 채** 어떤 새로운, 더욱 '정신적인' 관점에 의해 극복되어야 할 (그리고 극복될 수 있는) 하나의 자율적 삶 혹은 '실존적' 태도로 이해된다.

그럼에도 불구하고 2008년의 금융붕괴는 정신화된 (spiritualized), 사회적으로 책임있는 생태자본주의에 대한 이러한 꿈의 이데올로기적 본질에 대한 아이러니한 논평이 아니었는가? 우리 모두가 알다시피 2008년 12월 11일에 월 스트리트의 매우 잘 나가는 투자자산운용사이자 박애주의 자인 버너드 메이도프(Bernard Madoff)가 500억달러 규모의 폰지(혹은 피라미드) 사기[32]를 벌인 혐의로 구속·기소되었다.

외관상 메이도프의 펀드들은 위험도가 낮은 투자로 보였다. 그의 최대 펀드는 보통 한달에 1~2% 포인트씩 꾸준한 수익을 올렸다. 펀드들의 공언된 전략은 대형주를 사고 이 투자를 연관 스톡옵션 전략들로 보완하는 것이었다. 이 결합투자는 안정적 수익을 생산하는 동시에 손실을 막는 것으로 추정되었다.

---

32 폰지 사기(Ponzi scheme)는 투자자에게 그 사람 자신이나 신규 투자자의 돈으로 수익을 배당하는 금융사기로 그 명칭은 1920년대초 이러한 방식으로 막대한 자금을 끌어모은 미국 이민자 찰스 폰지(Charles Ponzi)의 이름에서 비롯되었다. 이하의 글에서 'scheme'은 맥락에 따라 '계략'이라는 말로도 옮긴다. ─ 옮긴이

그러나 증권거래위원회 소송에 따르면 메이도프의 투자상담 업무는 2005년의 어느 시점에 투자자들로부터 신규자금을 취해 현금화를 원하는 기존 고객에게 지불하는 폰지 사기로 변형되었다. (…) 그의 수익에도 불구하고 점점 더 많은 투자자들이 메이도프에게 자금환수를 요구하기 시작했다. 증권거래위원회 소송에 따르면 12월 첫 주에 메이도프는 어느 중역에게 고객들로부터 70억달러의 상환 요구가 있었다고 보고했다. (…) 메이도프는 자기 두 아들을 만나 그의 상담 업무는 사기(fraud) — 그가 썼다고 보고된 용어는 '거대한 폰지 계략'(a giant Ponzi scheme)이다 — 이며 거의 파산지경이라고 말했다.[33]

이 이야기를 놀라운 것으로 만드는 특징이 두가지 있다. 하나는 기본적으로 그토록 단순하며 잘 알려진 전략이 고도로 복잡하고 잘 통제된다고 주장되는 오늘날의 금융투기 영역에서 성공을 거둘 수 있었다는 점이다. 다른 하나는 메이도프가 사회 변두리의 별종이 아니라 미국 금융계의 심장(나스닥) 출신이고 수많은 자선활동에 참여한 인물이라는

---

33 Stephen Gandel, "Wall Street's latest downfall: Madoff charged with fraud," *Time*, December 12, 2008.

점이다. 따라서 우리는 메이도프를 타락한 악당, 싱싱한 푸른 사과 속에 자리한 썩은 벌레로 묘사하면서 그를 병리적 인물로 만들려는 수많은 시도에 저항해야 한다. 차라리 메이도프의 경우는 다름 아닌 금융붕괴를 초래한 원인의 극단적이지만 그래서 순수한 예를 우리에게 선사하지 않는가?

여기서 우리는 순진한 질문 하나를 던져야 한다. 메이도프는 자신의 계략이 결국은 무너지리라는 사실을 몰랐을까? 어떤 힘이 그로 하여금 이 자명한 사실을 보지 못하게 했을까? 그것은 메이도프 자신의 개인적 악덕이나 비합리성이 아니라 자본주의적 관계의 체제 자체에 내재된 어떤 압력으로서 앞으로 밀고 나아가려는, 즉 기계를 계속 돌아가게 하기 위해 순환영역을 팽창시키려는 내적 추진력이다. 다시 말하면 합법적 업무를 피라미드 사기로 '변형'시키려는 유혹은 자본주의적 순환과정의 본질 자체에 속한다. 루비콘강을 건너는 정확한 지점, 합법적 업무가 비합법적 계략으로 변형되는 정확한 지점은 없다. 자본주의의 원동력 자체가 '합법적' 투자와 '무모한' 투기 사이의 경계를 흐리는데, 왜냐하면 자본주의적 투자란 그 핵심에 있어 어떤 계략이 돈벌이가 될 것이라는, 실패의 위험을 무릅쓰는 내기이며 미래로부터의 차용행위이기 때문이다. 상황의 어떤 통제 불가능한 갑작스런 변화가 '안전한' 투자로 간주된 것을 파산으로 이끌 수 있다 —— 이것이 자본주의적 '위험'의 핵심이다. 그리고 파산의 잠재력을 지닌 투기는 '포스트모던' 자본주의에서 이전 시기에 상상할 수 있던 것보다 훨씬 높은 차원에 이르게 된다.[34]

지난 몇달간 교황에서 그 아래로 이어지는 공인들은 과욕과 소비의 문화에 대항해 싸우라는 명령을 우리에게 폭탄처럼 퍼부었다. 값싼 도덕화의 이런 역겨운 광경이야말로 이데올로기 공작이라는 범주에 딱 들어맞는다. 체제 자체에 내재한 (팽창의) 강박은 사적인 심리 성향, 개인적 죄의 문제로 변형된다. 그리하여 **자본**의 자기추진적 순환은 그 어느 때보다도 우리 삶의 궁극적 실재(Real)로서 존속한다 —— 우리로 하여금 우리가 자초하는 가장 명백한 위험에 대해서조차 맹목이 되도록 만들면서 우리 활동을 통제하는 주체이기에 규정상 통제될 수 없는 어떤 짐승으로서. 이는 하나의 거대한 물신적 부정이다 —— '나는 내가 자초하는 위험을 아주 잘 알고 있고 심지어 궁극적 붕괴의 불가

---

34 그런데 금융위기에 대한 미국 대중의 반응에 반유대주의의 흔적이 전혀 없었다는 사실은 그들의 성숙함을 말해준다. 다음과 같은 반응이 나오기가 쉬웠을 텐데 말이다. "유대인들, 유대계 금융인들이 어떻게 우리 근면한 미국인들로 하여금 자기네들의 어리석은 행동이 초래한 손실을 보상하기 위해 7천억달러를 지불하게 만들었는지 잘 보셨지요!"

피성도 알고 있다. 하지만 그럼에도 불구하고 (…) 〔나는 그 붕괴를 조금 더 연기할 수 있고, 조금 더 위험을 무릅쓸 수 있고, 하는 식으로 끝없이 이어진다〕'. 이는 자기 자신의 이익에 반하여 투표하는 하층계급의 '비합리성'과 엄밀한 상관관계에 있는 자기맹목화의 '비합리성'이며 이데올로기의 물질적 힘에 대한 또 하나의 증거다. 사랑처럼 이데올로기도 맹목적이다 ─ 비록 그에 사로잡힌 사람들은 그렇지 않을지라도.

인간적인, 너무나 인간적인…

오늘날의 시대는 끊임없이 자신을 탈이데올로기적인 것으로 선포하지만 이데올로기의 이러한 부정은 우리가 그 어느 때보다 이데올로기에 깊숙이 파묻혀 있다는 데 대한 궁극적 증거를 제공할 뿐이다. 이데올로기는 언제나 투쟁 ─ 무엇보다 과거의 전통을 전유하기 위한 투쟁 ─ 의 장이다. 우리 곤경의 가장 뚜렷한 표지 가운데 하나는 마틴 루서 킹(Martin Luther King Jr.)에 대한 자유주의적 전유인데 이는 그 자체로 전형적인 이데올로기 공작이다. 최근에 헨리 루이스 테일러(Henry L. Taylor)는 이렇게 말한 바 있다. "모든 사람이, 심지어 아주 어린 꼬마조차 마틴 루서 킹에 대해 알고 있고, 그의 인생에서 가장 유명한 순간은 「나는 꿈이 있습니다」라는 그 연설이었다고 말할 수 있다. 그런데 한 문장에서 더 나아갈 수 있는 사람이 없다. 우리가 아는 것이란 이 사람에게 꿈이 있었다는 사실뿐이다. 그것이 무슨 꿈이었는지 우리는 알지 못한다."[35] 킹 목사는 그가 "우리 민족의 정신적 지도자"로 소개되었던 1963년 3월의 워싱턴 행진 당시 그를 연호했던 군중들에서 한참 더 앞으로 나아갔다. 단순히 인종차별에 국한되지 않는 문제들과 씨름하는 가운데 그는 군중의 지지를 많이 잃었으며 그를 이단아로 간주하는 사람들이 늘어갔다. 하바드 쎗코프 (Harvard Sitkoff)의 표현대로, "그는 빈곤과 군국주의 문제를 파고들었는데 이는 '평등을 어떤 실제적인 것, 인종적 형제애만이 아니라 사실적 평등으로 만드는 데'에 그 문제들이 핵심적이라고 생각했기 때문이다". 바디우의 용어로 표현하면 킹 목사는 '평등의 공리'를 인종차별이라는 단일한 주제를 한참 넘어서까지 추구했다 ─ 죽음 당시 그는 빈곤퇴치 및 반전운동을 벌이고 있었던 것이다. 그는 베트남

---

35 이 인용문과 이어지는 (쎗코프와 해리스–레이스웰의) 두 인용문은 "MLK's legacy is more than his 'Dream' speech"라는 연합통신 기사에서 따온 것이다. 온라인으로 http://wcbstv.com에서 볼 수 있다.

전쟁을 거리낌 없이 비판했으며, 1968년 4월 멤피스에서 살해되었을 때 그는 그곳에서 파업중인 환경미화원들을 지원하던 참이었다. 멜리싸 해리스-레이스웰(Melissa Harris-Lacewell)이 말한 대로 "킹 목사를 따른다는 것은 인기있는 길이 아니라 인기없는 길을 따라감을 의미했다".

더욱이 오늘날 우리가 자유 및 자유민주주의와 동일시하는 모든 특징들(노동조합, 보통선거, 무상 보편교육, 언론의 자유 등)은 19세기와 20세기에 걸친 하층계급의 길고도 험난한 투쟁을 통해 얻어진 것이다 — 다시 말하면 그 특징들은 자본주의적 관계의 '자연적' 산물과는 거리가 멀다. 『공산당선언』의 결미를 장식하는 요구사항들을 상기해보라. 생산수단의 사적 소유 철폐를 제외한 그 요구들의 대부분은 오늘날 '부르주아' 민주주의에서 광범위하게 수용되고 있지만 오직 민중적 투쟁의 결과로서만 그러하다. 종종 무시되는 또다른 사실 하나가 강조될 만하다. 오늘날 백인과 흑인 사이의 평등은 아메리칸드림의 일부로 상찬되며 자명한 정치-윤리적 공리로 다루어진다. 그러나 1920년대와 30년대에는 미국 공산당이 인종간의 완전한 평등을 주장한 유일한 정치세력이었다.[36] 자본주의와 민주주의 사이의 자연

---

36 Glenda Elizabeth Gilmore, *Defying Dixie: The Radical Roots of Civil Rights*, New York: Norton 2007 참조.

적 고리를 주장하는 자들은 이런 사실들을 놓고 사기를 치고 있는데, 그 방식이란 가톨릭교회가 전체주의의 위협에 대항하는 민주주의와 인권의 '자연적' 수호자로 자처할 때의 사기 방식과 똑같다 — 가톨릭교회가 19세기말에 와서야 민주주의를 수용했으며, 그마저도 이를 악물고, 필사적 타협으로서, 자신은 군주제를 선호한다는 것과 새로운 시대에 마지못해 양보를 하고 있다는 점을 분명히 하는 가운데 그러했다는 것이 마치 사실이 아니라는 듯이 말이다.

구석구석 침투하는 성질로 인해 이데올로기는 그 자신의 정반대로서, 비(非)이데올로기로서, 모든 이데올로기적 딱지들(labels) 아래 있는 인간 정체성의 핵심으로서 나타난다. 조너선 리텔(Jonathan Littell)[37]의 걸작 『다정한 이들』(*Les bienveillantes*; 영문판 *The Kindly Ones*)[38]이 그토록 트라우마적인 이유, 특히 독일인들에게 트라우마적인 이유는 그것이다. 이 책은 일인칭 시점으로 소설화된 홀로코스트 이야기를 친위대 중령(SS *Obersturmbannführer*) 막

---

37 1967~ . 소설가, 뉴욕에서 태어나 프랑스와 미국에서 자란 이중언어자이자 이중국적자. 2차대전의 경험을 다룬 『다정한 이들』은 그가 프랑스어로 쓴 첫번째 소설로 2006년 프랑스 갈리마르(Gallimard) 출판사에서 처음 출간되었다. — 옮긴이

38 Jonathan Littell, *The Kindly Ones*, New York: Harper Book Club 2009.

시밀리안 아우에(Maximilian Aue)라는 독일 참여자의 시각으로 펼쳐낸다. 문제는 이것이다 — 나찌 사형집행관들이 자신의 곤경을 경험하고 상징화한 방식을 어떻게 그들에 대한 공감을 자아내거나 심지어 그들을 정당화하지 않으면서 보여줄 것인가? 리텔이 선사하는 것은 다소 밋밋하게 표현하자면 소설로 만든 쁘리모 레비(Primo Levi)[39] 이야기의 나찌 측 판본이다. 그리하여 그는 우리에게 하나의 핵심적인 프로이트적 교훈을 전달한다 — **타자**를 악마로 재현하는 데 대한 적절한 싸움의 방식은 **타자**를 주체화하고 그의 이야기에 귀 기울이며 그는 상황을 어떻게 보는지를 이해하는 것이라는 생각을 우리는 거부해야 한다. (또는, 어느 중동회담 지지자의 말을 빌리면, "적이란 아직까지 들어본 적이 없는 이야기를 하는 사람이다".) 이 절차에는 뚜렷한 한계가 있다. 리텔의 막시밀리안 아우에는 스스로 나서서 자기 이야기를 하는 셈인데, 실제로 그와 같은 잔인한 나찌 흉악범에게 당신의 이야기를 들려달라고 청하는 것을 상상이나 할 수 있는가? 또 히틀러가 적이었던 것

---

39 1919~87. 유대계 이딸리아인, 화학자, 작가. 1947년 이딸리아에서 출간된 그의 저서 『만일 이것이 인간이라면』(*Se questo è un uomo*; 1958년 울프Stuart Woolf가 번역한 영문판 제목은 *Survival in Auschwitz: The Nazi assault on humanity*)은 그가 2차대전 기간에 몸소 겪은 아우슈비츠 강제수용소의 실상을 묘사하고 있다. — 옮긴이

은 단지 그가 자기 이야기를 들려주지 않았기 때문이었다는 데에 우리는 쉽게 동의할 수 있는가? 그의 개인적 삶에 관한 세세한 묘사들이 그의 지배에서 비롯된 참상들을 '대속'(代贖, redeem)할 수 있는가, 그것들이 그를 '더 인간적'으로 만들어주는가? 내가 즐겨 드는 예 가운데 하나를 말하자면, 홀로코스트를 구상한 장본인 라인하르트 하이드리히(Reinhard Heydrich)는 한가한 저녁시간에 친구들과 더불어 베토벤의 후기 현악사중주를 연주하기를 좋아했다. 주체성에 대한 가장 기본적인 경험은 '나의 내면생활의 풍요로움'에 대한 경험이다 ─ 그것이 내가 (아버지, 교수 등등으로서) 공적 생활에서 떠안고 있는 상징적 결정들과 책임들에 대비되는 나의 '진정한 존재'다. 이에 관한 정신분석학의 첫번째 교훈은 이 '내면생활의 풍요로움'은 근본적으로 가짜라는 사실이다 ─ 그것은 하나의 막, 혹은 거짓 간격인데, 그 기능은 말하자면 체면을 유지하는 것, 나의 진정한 사회적-상징적 정체성을 감지 가능한(나의 상상적 나르시시즘이 접근할 수 있는) 것으로 만드는 것이다. 이데올로기 비판을 실천하는 방식 중 하나는 그러므로 '내면생활'과 그 '진실한' 감정의 이 위선을 까발리는 전략을 고안해내는 것이다. 우리가 자신의 삶에 대해 내부로부터 지니는 경험, 자신이 하고 있는 일을 설명하기 위해 우리 자신에 관해 스스로에게 들려주는 이야기는 거짓말이다 ── 진실은 오히려 외부에, 우리가 하는 일에 있다. 리텔의 책이 주는 어려운 교훈은 바로 그 점에 있다. 이 책에서 우리는, **분명** 우리에게 자기 이야기를 충분히 들려주지만 그럼에도 불구하고 **변함없이** 우리의 적이어야 할 어떤 사람을 만난다. 나찌 사형집행관들에 있어 정말로 참아주기 힘든 것은 그들이 행한 그 끔찍한 일들이라기보다 그 일들을 하는 내내 그들이 얼마나 '인간적인, 너무나 인간적인' 존재였던가 하는 점이다. '우리가 우리 자신에 관해 스스로에게 들려주는 이야기'는 우리 행위의 진정한 윤리적 차원을 흐리는 역할을 한다. 윤리적 판단을 내릴 때 우리는 이야기에 맹목이 되어야 한다 ── 극작가들에게 주는 엘프리데 옐리네크(Elfriede Jelinek)의 충고가 미학적으로 옳바를 뿐 아니라 심오한 윤리적 정당성을 지니는 이유가 여기에 있다.

무대 위의 인물은 패션쇼의 의상처럼 평면적(flat)이어야 한다 ── 보이는 것 이상의 것을 주어서는 안되는 것이다. 심리적 리얼리즘은 혐오스러운데, 왜냐하면 그것은 우리가 개인적 성격의 심층에 넋을 잃고 인성의 '호화로움' 속으로 대피함으로써 불쾌한 현실을 피할 수 있도록 허용하기 때문이다. 작가의 임무는 이러한 술책을 차단

하고, 참혹한 것을 덤덤한 눈으로 볼 수 있는 지점까지 우리를 몰아가는 데 있다.[40]

('실수는 인간적이다'라는 금언에 담긴 의미에서의) 이데올로기적 '인간화' 전략은 이스라엘 방위군(IDF)의 이데올로기적 (자기)표상의 주요 구성요소다. 이스라엘의 언론 매체는 이스라엘 군인들을 완벽한 군용 기계로도, 초인적 영웅으로도 표상하지 않고 **역사**와 전쟁의 트라우마에 사로잡혀 때로는 실수도 하고 길을 잃기도 하는 평범한 사람들로 표상하면서 그들의 불완전함과 정신적 트라우마에 대해 이야기를 늘어놓기를 즐긴다. 예를 들어 2003년 1월 이스라엘 방위군이 '테러리스트' 혐의자 가족의 집을 파괴했을 때 그들은 눈에 띄는 친절을 베푸는 가운데 일을 수행했는데, 심지어는 불도저로 집을 허물기 전에 가족들이 가구를 집 밖으로 옮기는 것을 돕기도 했다. 약간 이른 시점에 이스라엘 언론은 유사한 사례를 보고했다. 어느 군인이 범죄 혐의자를 찾아 팔레스타인인의 집을 수색하던 중 그 집의 어머니는 자기 딸을 진정시키기 위해 딸의 이름을 불렀는데, 이때 공포에 질린 아이의 이름이 자기 딸의 이름과 같

---

40 Elfriede Jelinek; Nicholas Spice, "Up from the Cellar," *London Review of Books*, June 5 (2008), 6면에서 재인용.

음을 발견하고 놀란 군인은 감정이 감상적으로 북받쳐올라 지갑을 꺼내 자기 딸의 사진을 그 팔레스타인 딸의 어머니에게 보여주었다. 이러한 감정이입의 제스처에 담긴 허위를 분별해내기란 어렵지 않다. 정치적 차이에도 불구하고 밑바탕에 있어 우리는 모두 동일한 사랑과 염려를 지닌 인간들이다 하는 생각은 그 군인이 수행하던 일의 충격을 중화시킨다. 그러므로 팔레스타인 어머니의 유일하게 적실한 대답은 다음과 같은 것이어야 했다. "당신이 정말 나와 같은 인간이라면 왜 당신은 지금 하고 있는 그런 일을 하고 있나요?" 그러면 군인은 물화된 임무 속으로 피신할 수밖에 없었을 것이다. "나도 그 일을 하기는 싫지만 그게 내 임무요……"——이렇게 자기 임무의 주체적 수임(受任)을 회피하면서 말이다.

이러한 인간화의 핵심은 개인의 복잡한 현실과 그가 자신의 진정한 본성을 거슬러 수행해야 하는 역할 사이의 간극을 강조하는 것이다. 끌로드 란츠만(Claude Lanzmann)[41]의 영화 「차할」(Tsahal, 1994)에서 인터뷰 대상 군인들 중 하나가 자신이 직업군인이 된 사실이 놀랍다며 "저의 가족 유전자

---

41 1925~ . 프랑스 영화감독, 잡지 『현대』(Les Temps Modernes)의 편집장.—옮긴이

가 군인 성향은 아니지요"라고 말하는 것처럼 말이다.[42] 아이러니컬하게도 여기서 란츠만은 그가 극도로 경멸하는 스필버그가 수용한 것과 똑같은 인간화의 기법을 수용하고 있다. 「쇼아」(Shoah, 1985)에서처럼 「차할」에서도 란츠만은 얼마간의 역사적 맥락을 제공해줄 사료적 전투장면이나 내레이션을 완전히 거부하고 전적으로 현재시제로 영화를 진행한다. 영화가 시작하자마자 우리는 돌연 이야기 한복판에 와 있다 ── 여러 장교들이 1973년 전쟁의 참사를 회상하고 있고, 동시에 수에즈운하 동편의 이스라엘 부대가 이집트 군사들에 의해 괴멸되던 패닉의 순간에 일어났던 일들의 믿을 만한 녹음기록을 뒤편의 오디오기계가 재생하고 있는 것이 보인다. 이 '소리풍경'(soundscape)은 인터뷰한 (예비역) 군인들을 트라우마적 경험 속으로 다시 끌어들이는 장치로 쓰인다. 그들은 수많은 자기 동료들이 죽어나가는 상황을 땀을 흘리며 다시 경험하고, 자신의 인간적 허약함, 공포, 두려움을 전적으로 인정함으로써 그에 반응한다. 그들 가운데 여럿이 자신들은 자기 목숨뿐 아니라 이스라엘의 존재 자체가 사라질까 두려워했음을 공공연히 인정한다. 이러한 인간화의 또다른 측면은 무기, 특히 탱크와의 내

───────────────

42 '차할'은 '이스라엘 방위군'에 해당하는 히브리어의 아크로님(두문자어)이다.

밀한 '물활론적' 관계다. 가령 인터뷰한 군인 중 한명은 이렇게 말한다. "탱크에는 영혼이 있어요. 당신이 탱크에게 애정을, 관심을 주면 그놈은 당신에게 받은 것을 고스란히 되돌려줄 겁니다."

대개 사람들은 란츠만이 영구 비상사태와 소멸의 위협에 대한 이스라엘 군인들의 경험을 강조하는 점을 들어 영화에서 팔레스타인인들의 시각이 배제된 사실을 정당화한다. 팔레스타인인들은 영화 뒤쪽에 가서야 등장하는데 그것도 주체가 못되는 배경의 역할에 국한된다. 영화는 그들이 사실상 최하층민의 대우를 받으며 군대와 경찰의 통제를 받고 관료적 절차에 의해 발이 묶이는 모습을 보여주기는 한다. 하지만 영화에 나오는 이스라엘 정치에 대한 유일한 비판은 이스라엘의 작가와 변호사들(아비그도어 펠드먼Avigdor Feldman, 데이비드 그로스먼David Grossman, 아모스 오즈Amos Oz)을 통해 정식화된 비판뿐이다. 호의적으로 해석해준다면, (재닛 머슬린Janet Maslin이 『뉴욕타임즈』에 실은 「차할」에 관한 평에서 말했듯이) 팔레스타인인들에 대한 탄압이 배경에 현존하는 사실로 나타나 그 침묵으로 인해 더더욱 우리를 압도하게 만들면서 "란츠만은 이 얼굴들로 하여금 스스로 말하게 한다"고 주장할 수도 있을 것이다. 그러나 정말 그러한가? 영화가 끝나갈 무렵 등장하는 중요한 장면에서 란츠만은 이스라엘의 한 건축업자와 논쟁을 벌이는데 그에 대한 머슬린의 서술은 이렇다.

"유대인들이 영원토록 이곳을 떠나지 않으리라는 것을 아랍인들이 알게 될 때 그들은 그 사실을 받아들이는 법을 배우게 되겠지요." 이렇게 이 사람은 주장하는데 점령지구에는 그가 건축하는 새 주택들이 들어서고 있다. 그가 말하는 중에 뒤편으로는 아랍인 노동자들이 부지런히 일하는 모습이 보인다. 그의 정착촌 건설공사가 제기하는 골치 아픈 문제들을 들이대자 그는 거리낌 없이 자기 말을 뒤집는다. 그는 입장을 양보하지 않는다. "이건 이스라엘땅이에요"── 그는 이 땅과 이스라엘 민족의 관계를 탐구하는 것을 자기 사명으로 삼은 란츠만씨가 그 숱한 해답 없는 질문들 가운데 하나를 제기할 때마다 그런 주장으로 슬쩍 받아넘긴다. 그러다 마침내 감독은 논쟁을 포기하고 철학적인 미소를 지으며 두 팔로 건설업자를 껴안는다. 그순간 감독은 「차할」에서 보여주는 그 모든 비애와 좌절을 단 하나의 제스처로 표현한다.[43]

---

43 Janet Maslin, "Tsahal: Lanzmann's meditation on Israel's defense," *New York Times*, January 27, 1995.

만일 배경에 있는 팔레스타인인 노동자가 자기 자신의 땅을 몰수당하는 데 도구로 쓰이는 임노동자의 처지로 자신을 전락시킨 데 대해 이스라엘인들을 향해 파괴적 분노를 표출한다면, 란츠만은 역시 "철학적인 미소를 지으며 두 팔로 〔그를〕 껴안"을 것인가? 여기에 「차할」의 이데올로기적 애매함이 있다. 인터뷰한 군인들은 그들의 '평범한 인간적 자아'의 역할을 연기하며, 자신의 행위를 인간화하기 위해 만들어낸 가면을 체현한다. 이러한 이데올로기적 신비화는 아리엘 샤론(Ariel Sharon)[44]이 평화로운 농부로 등장할 때 아이러니의 절정에 이른다.

이와 유사한 '인간화'의 과정이 슈퍼히어로가 등장하는 블록버스터들의 새로운 조류(「스파이더맨」 「배트맨」 「핸콕」……)에서 점차 늘고 있는 양상을 주목해보면 흥미롭다. 비평가들은 이 영화들이 어떻게 원작만화의 평면적 인물들을 넘어서는지에 관해 목청껏 떠들어대며, 초자연적 히어로의 불확실성, 약점, 의혹, 두려움, 불안에 대해 그리고 내면의 악마와의 싸움, 자기 자신의 어두운 면과의 대면

---

44 1928~ . 이스라엘의 군인, 정치인. 국방장관 등의 요직을 거쳐 11대 총리직 수행(2001~06). 팔레스타인에 대해 강경보수 입장을 취하다가 2003년에 UN, EU, 러시아, 미국이 제안한 중동평화 로드맵을 수용하여 가자지구와 서안지구 북부의 이스라엘 정착촌을 철수시키는 데 동의함으로써 보수진영의 비난에 직면하기도 했다. ─ 옮긴이

따위에 대해 상세히 이야기를 늘어놓는다 — 마치 이 모든 것이 초대형 상업영화를 뭔가 더 '예술적'인 것으로 만들어주는 듯이 말이다. (이 계열에서 예외는 샤말란M. Night Shyamalan 감독의 걸작 「언브레이커블」이다.)

현실에서는 이러한 인간화의 과정이 북한의 최근 대언론 발표에서 극에 달했는데, 그에 따르면 북한 최초의 골프장에서 열린 개막 경기에서 친애하는 수령 김정일이 18홀의 경기를 19타로 끝내는 뛰어난 성적을 거두었다. 선전담당 관료가 어떻게 머리를 굴렸을지는 상상하고도 남는다 — 김정일 동지가 매번 홀인원을 달성했다고는 아무도 믿지 않을 것이다, 따라서 그럴 듯한 상황을 만들자면 단 한번은 홀인에 2타가 필요했다고 하자……

불행히도 이와 동일한 종류의 '인간화'가 「바더 마인호프 콤플렉스」(The Baader Meinhof Complex, 2008)를 망치고 있는데, 그 점을 제외하면 이 영화는 독일 '적군파' 제1세대(울리케 마인호프Ulrike Meinhof, 구드룬 엔슬린Gudrun Ensslin, 안드레아스 바더Andreas Baader)의 운명에 대한 흥미로운 묘사라 할 수 있다. 영화의 주관적 관점, 즉 관객에게 동일시 지점으로서 암묵적으로 주어지는 입장은 마인호프의 관점이다. 그는 '테러리스트'이나 그럼에도 불구하고 시종 '인간적'이며 두려움과 의혹에 사로잡히고 줄곧 자신의 곤경에 대해 골똘히 생각하는데 이 점에서 '천상의' 완벽함을 지닌 잔인하도록 비인간적인 인물로 그려지는 엔슬린과 바더와 대조된다. 이들을 가르는 간극은 그들 각각의 자살에서 가장 극명하게 드러난다. 마인호프는 자신의 윤리-정치적 세계가 무너져내림에 따라 절망 속에 목을 매는 반면, 엔슬린과 바더는 냉정하게 계획된 정치적 주장으로서 스스로 목숨을 끊는다. (이 점에서 마인호프는 테러리스트 추적을 지휘하는 브루노 간츠Bruno Ganz 분의 경찰 수사주임에 대응하는 인물이다. 테러리스트들을 없애버리기를 원할 뿐인 동료들과 대조적으로 주임은 테러의 원인에 대해 숙고하며 광범위한 이데올로기-정치적 맥락을 고려하는 모습을 보이는 것이다.)

우리는 거짓된 '인간화'의 문제틀에 대한 이러한 통찰을 '우리 자신에 관해 이야기하기'의 가장 근본적인 집단적 형식으로, 즉 (인종ethnicity, 생활방식, 성, 종교 등의) 공동체의 기반을 제공하는 상징적 직조물(texture)로 과감히 확장해야 한다. 여기서 이성의 공적 사용과 사적 사용을 나눈 칸트의 구별은 큰 도움이 될 수 있다. 소위 '정체성 정치'의 여러 형태가 지니는 주요한 문제점은 그것이 '사적' 정체성에 초점을 둔다는 사실이다 — 궁극적 지평은 그러한 정체성들의 관용과 혼합이라는 지평이며, 모든 보편성, 전영역을 가로지르는 모든 특징은 억압적인 것으로서 거부된다. 사도 바울적인 보편성은 그와 달리 투쟁의 형식이다. 바울이 "그리스인이나 유대인이나 남자나 여자나 아무런 구별이 없다……"고 했을 때[45] 그것은 우리 모두는 하나의 행복한 인류 가족이라는 말이 아니라, 이 모든 특수한 정체성들을 가로지르는 하나의 커다란 분할선이 있어 그 정체성들을 궁극적으로 의미없게 만든다는 의미다. "그리스인이나 유대인이나 남자나 여자나 아무런 구별이 없다. (…) **오직 기독교인들과 기독교의 적들이 있을 뿐이다!**" 아니면 오늘날에는 이렇게 말해야 할 것이다 ── 오직 해방을 위해 싸우는 자들과 그들의 반동적 적대자들, 민중과 민중의 적들이 있을 뿐이다.

근래에 '독성 주체'(toxic subjects)[46]라는 주제가 퍼져가고 있는 것도 놀라운 일이 아니다. 『독성 인간』(*Toxic People*)이라는 책에서 릴리언 글래스(Lillian Glass)는 서른가지 유형의 독성 인간을 구별하는데 어떤 유형은 '**미소**

---

45 성경의 바울 서신 중 갈라디아서 3장 28절의 일부로, 전체 구절은 다음과 같다. "유대인이나 그리스인이나 종이나 자유인이나 남자나 여자나 아무런 차별이 없습니다"(공동번역). 지젝의 본문에서 곧이어 기술되는 "오직 기독교인들과 기독교의 적들이 있을 뿐이다!"는 지젝 자신의 말이다. ── 옮긴이

46 영어권에서 'toxic subjects'는 '독성 **주제**'(불편한 주제)의 의미로 쓰이기도 하는데 지젝은 여기서 이 말을 '독성 **주체**'의 의미로 국한하여 사용한다. ── 옮긴이

짓고 있는, 두 얼굴의 엉큼한 배신자' 같은 익살스런 꼬리표를 달고 있다.[47] 글래스는 '**독성 인간 퀴즈**'를 제공하여 독자로 하여금 독성 테러로 의심되는 대상이 어느 범주에 속하는지 확인해보도록 하고 있다. 또 독성 인간을 다루는 열가지 기술을 제안하는데 그중에는 **유머, 정면대응, 차분한 이의제기, 고함쳐 혼내주기, 사랑과 친절, 대리환상**(Vicarious Fantasy) 따위가 포함된다. 우리 모두가 어느정도 독성이 있음을 인정하면서 글래스는 우리가 자신의 파괴적 행동유형을 식별할 수 있도록 해주는 '독성 이미지 목록'을 제시하기도 한다.

앨버트 번스타인(Albert J. Bernstein)은 여기서 (수사적으로) 한단계 더 나아가는데, 그는 공포신화를 동원하여, 평범한 사람으로 행세하고 다니면서 우리를 덮치는 감정의 뱀파이어들에 대해 대놓고 말한다. 이들은 당신의 사무실, 가정, 친구들 사이에 숨어 있을지 모르며 심지어 당신과 잠자리를 같이할 수도 있다.[48] 총명하고 유능하며 카리스마가 있는 그들은 당신의 신뢰와 애정을 사며, 그러고는 당신의 감정적 에너지를 빨아대어 고갈시킨다. 그들의 주요 범

47 Lillian Glass, *Toxic People*, New York: Simon & Schuster 1995 참조.
48 Albert J. Bernstein, *Emotional Vampires: Dealing With People Who Drain You Dry*, New York: McGraw-Hill 2002.

주로는 자기만 위하는 **나르씨시스트**, **쾌락주의적 반사회인**, 사람을 지치게 하는 **편집증 환자**, 그리고 과장 연기의 대가 **드라마퀸**(Drama Queen)[49] 등이 있다. 예상할 수 있는 대로 번스타인은 피를 빨아먹는 그러한 어둠의 존재가 당신의 피를 한방울도 안 남을 때까지 빨아먹지 못하도록 확실하게 막아주는 일련의 방어전략도 제시한다.

'독성 주체'라는 주제는 그것이 직접 관련을 맺는 대인관계의 영역을 넘어 훨씬 멀리까지 확장되고 있다. 전형적인 '탈근대적' 방식으로, '독성'이라는 술어는 이제 전혀 다른 차원(자연적·문화적·심리적·정치적 차원)에 속할지 모르는 일련의 속성들을 포괄한다. 그리하여 '독성 주체'는 치명적 질병을 지녀 격리되어야 마땅한 이민자이거나, 저지되어야만 할 치명적 음모를 꾸몄기에 관타나모로 보내야 할 테러리스트이거나, 증오를 퍼뜨리고 있으므로 입을 못 열게 해야 할 근본주의적 이데올로그이거나, 혹은 아이들을 학대하고 타락시키는 어버이나 교사나 사제가 될 수도 있다.

그러나 보편화의 헤겔적 제스처를 통해 우리는 여기서 술어에서 주어(subject)로의 이행을 수행해야 한다. 자율적이며 자유로운 주체(subject)의 관점에서 볼 때, 어

---

49 조그만 일에도 호들갑을 떨고 드라마 여주인공처럼 과장된 행동을 보이는 여성을 가리킨다. — 옮긴이

버이(parent) — 이는 주체를 자유롭고 자율적인 것으로 정립하는 바로 그 과정 속에서 주체를 어떤 권위에 종속 (subject)시키는 기생적 매개자인데 — 라는 발상 자체에 '독성'의 무언가가 있지 않은가? 어버이 역할(parenthood) 에 관해 배워야 할 임상적 교훈이 있다면 그것은 청결한, 비독성의 어버이는 있을 수 없다는 것이다 — 이상적인 어버이 형상에는 언제나 리비도적인 때가 들러붙을 것이다. 우리는 이러한 일반화를 끝까지 밀고 나아가야 한다. 독성인 것은 궁극적으로 **이웃** 그 자체, 그 욕망과 외설적 향유의 심연이다. 대인관계를 지배하는 모든 규칙의 궁극적 목적은 그러므로 이 독성의 차원을 격리하거나 중화하는 것, **이웃** 을 동료 인간으로 격하하는 것이다. 그러므로 (다른) 주체 안에 우연히 있는 독성 성분을 찾아나서는 것으로는 충분 치 않은데, 그것은 주체 **자체**가 바로 그 형식에 있어, **타자성** 의 그 심연에 있어 독성이기 때문이다 — 주체를 독성으로 만드는 것은 주체의 일관성이 의존하고 있는 '오브제 쁘띠 아'(objet petit a)다. 우리가 친한 친구나 친척을 진정으로 안다고 생각하고 있을 때 갑자기 그 사람이 우리가 그를 진정으로 알지는 못한다는 사실을 우리로 하여금 깨닫게 하는 어떤 일 — 예상치 않게 속되거나 잔인한 말을 내뱉는다 든지, 외설적 제스처를 한다든지, 동정심이 기대될 때 차갑고 무관심한 눈길을 보낸다든지 — 을 하는 수가 종종 있으며, 그때 우리는 우리 앞에 전혀 낯선 사람이 있음을 의식하게 된다. 이 지점에서 동료 인간은 **이웃**으로 변한다.

마치 예외상태에 관한 조르조 아감벤(Giorgio Agamben)의 이론을 향해 아이러니에 찬 표정으로 고개를 끄덕이듯이, 2008년 7월 이딸리아정부는 전형적인 현대적 형식으로 제기된 **이웃**의 문제, 곧 북아프리카와 동유럽 출신 이민자들의 불법입국에 대처하기 위해 이딸리아 전역에 비상사태를 선포했다. 8월초에 정부는 시위 차원에서 이 방향으로 한걸음 더 나아가, 4천명의 무장군인을 배치하여 대도시의 민감한 지역들(기차역, 상업중심지 등)을 통제하고 그럼으로써 치안의 수준을 격상시켰다. 이제는 군대를 동원해 여성을 강간범들로부터 보호할 계획까지 세우고 있다. 여기서 중요하게 주목할 만한 점은 비상사태가 크게 야단법석 떠는 일 없이 도입되었다는 사실이다 — 삶은 정상적으로 계속된다…… 세계 각지의 선진국 — 여기서는 (테러리즘의 위협, 이민자, 기타 등등에 대항해 전개되는) 이런저런 형식의 비상사태가 단순히 일들의 정상적 흐름을 보장하는 데 필요한 조치로서 받아들여진다 — 에서 우리는 점차 이러한 상태에 다가서고 있지 않은가?

그러면 이 비상사태의 실제는 어떤가? 그것은 2007년 9

월 20일의 한 사건 ─ 일곱명의 튀니지 어부들이 그대로 두면 바다에 빠져죽을 것이 확실한 마흔네명의 아프리카 이주난민을 구해준 죄로 씨칠리아에서 재판에 처해진 사건 ─ 을 보면 분명해질 것이다. '불법이민 교사'의 죄목으로 기소될 경우 그들은 1년에서 15년 형을 언도받을 수 있었다. 8월 7일에 그 어부들은 씨칠리아 근방의 람뻬두자 섬 남방 30마일 지점에서 얕은 곳에 닻을 내린 채 잠이 들어 있었다. 비명소리에 깨어나보니 여자와 어린애들을 포함해 굶주린 사람들로 꽉 찬 고무보트 하나가 거친 파도에 휩쓸려 가라앉기 직전에 있었다. 선장은 람뻬두자의 가장 가까운 항구로 그들을 데려가기로 결정했고, 그곳에서 선장과 선원들 전원이 체포되었다. 관측자들은 이 부조리한 재판의 진짜 목표가 다른 배의 선원들로 하여금 동일한 행동을 하지 못하도록 겁주는 데 있다는 것에 의견이 일치한다. 유사한 상황에서 이주난민들을 막대기로 쳐서 쫓아버려 결국 물에 빠져죽게 내버려두었다고 알려진 다른 어부들에 대해서는 아무 조치도 취해지지 않았다.[50] 이 사건이 증명하는 바는 자신을 미국 및 '테러와의 전쟁'의 그 난폭한 행동과

50 Peter Popham, "Tunisian fishermen face 15 years' jail in Italy for saving migrants from rough seas," *Independent*, September 20, 2007, 30면 기사.

대조를 이루는, 인권과 인도주의적 원조의 마지막 보루라고 여기는 바로 그 유럽의 한가운데에서, 죽임을 당해도 살인자가 처벌받지 않는, 시민사회에서 배제된 존재 '호모 싸께르'(homo sacer)에 관한 아감벤의 관념이 완전한 실효성을 지니고 있다는 사실이다. 이번 사건의 유일한 영웅은 튀니지의 선원들로서, 선장 압델카림 바유드(Abdelkarim Bayoudh)는 그저 "난 내가 한 행동에 후회가 없습니다"라고 진술했다.

'합리적 반유대주의'라는 공식이 가장 잘 표현된 것은 1938년 로베르 브라지야끄(Robert Brasillach)에 의해서인데 그는 자신이 '온건한' 반유대주의자라고 생각했다.

우리는 영화에 나오는 유대계 혼혈 찰리 채플린에게 갈채를 보내는 것, 유대계 혼혈 프루스트에 경탄하는 것, 유대인 예후디 메뉴인(Yehudi Menuhin)에게 갈채를 보내는 것을 스스로에게 용납한다. 히틀러의 목소리는 유대인인 헤르츠(Hertz)의 이름을 딴 라디오파를 타고 전송된다. (…) 우리는 그 누구도 죽이기를 원치 않으며 어떤 조직적 학살도 계획하기를 원치 않는다. 그러나 또한 우리는 본능적 반유대주의의 언제나 예측 불가능한 행동을 막는 최선의 방법은 합리적 반유대주의를 조직화하는

것이라고 생각한다.[51]

우리의 정부들이 '이민자 위협'을 다루는 방식에는 이와
동일한 사고방식이 작동하고 있지 않은가? 이들은 대중적
인종차별은 '비합리적'이며 우리의 민주주의적 기준에 따
를 때 용인할 수 없다고 정의롭게 거부하고 나서는 '합리적
으로' 인종차별적인 보호대책을 승인한다…… 마치 현대의
브라지야끄인 양 몇몇 정부들, 심지어 사회민주당원들은
말한다. "우리는 아프리카와 동유럽의 선수들, 아시아의 의
사들, 인도의 쏘프트웨어 프로그래머들에게 갈채를 보내는
것을 스스로에게 용납한다. 우리는 그 누구도 죽이기를 원
치 않으며 어떤 조직적 학살도 계획하기를 원치 않는다. 그
러나 또한 우리는 폭력적 반(反)이민시위의 언제나 예측 불
가능한 행동을 막는 최선의 방법은 합리적 반이민 보호책
을 조직화하는 것이라고 생각한다." **이웃**의 해독에 대한 이
러한 전망은 노골적 야만상태에서 인간의 얼굴을 한 베를
루스꼬니적(S. Berlusconian)[52] 야만상태로의 분명한 이행

---

51 Radbod, "Challenging Mind"에 인용됨. 온라인으로 http://www.
  europa-landofheroes.com에서 볼 수 있음.

52 베를루스꼬니(Silvio Berlusconi, 1936~)는 이딸리아 중도우파 연합
  의 수장으로 1994년 이후 세번째로 총리직을 수행하고 있다. 이딸리
  아 최대의 미디어그룹을 소유하고 있는 사업가이자 축구구단 AC밀란

을 보여준다.

'인간적인, 너무나 인간적인' 지도자로서의 베를루스꼬니의 모습은 여기서 결정적인데 이는 오늘날의 이딸리아가 실로 우리의 미래에 대한 일종의 실험실이기 때문이다. 우리의 정치적 풍경이 관대하고 자유주의적인 테크노크라시와 근본주의적 포퓰리즘 사이에서 분열되어 있다면, 베를루스꼬니의 위대한 업적은 이 둘을 통합해낸 데에, 둘을 동시에 붙잡은 데에 있다. 그를 적어도 당분간 무적의 인물로 만들어주는 것은 그러한 결합이라고 주장할 수 있다. 이딸리아 '좌파'의 잔존세력은 이제 그를 **운명**으로서 체념한 듯 받아들인다. 베를루스꼬니에 대한 그러한 **운명**으로의 묵인은 그의 집권이 지닌 가장 유감스러운 측면일 것이다. 그의 민주주의는 말하자면 부전승하는 자들, 냉소적 의기저하를 이용해 지배하는 자들의 민주주의다.

베를루스꼬니를 정치적 현상으로서 그토록 흥미롭게 만드는 것은 그가 자기 나라에서 가장 강력한 정치인으로서 갈수록 뻔뻔스럽게 행동한다는 사실이다. 그는 자신의 사적인 사업이익을 도모하면서 벌인 것으로 전해진 범죄활동

―――――――――――

의 구단주이기도 하며 이딸리아 제1의 부자로 알려져 있다. 포퓰리즘적 정치 스타일과 언론장악, 부정축재 등으로 구설수에 오르기를 반복하는 인물이다. ― 옮긴이

에 대한 모든 법적 수사를 모른 척하거나 무력화시킬 뿐 아니라 국가수장이라는 자리에 어울리는 기본적 위엄을 조직적으로 훼손한다. 고전적 정치의 위엄은 그것이 시민사회에서의 특수한 이해들의 작용을 넘어선다는 점에 근거한다. 정치는 시민사회에서 '소외'되는바, 부르주아를 특징짓는 이기적 이해관계의 충돌에 대비되는 씨뚜아양(citoyen, 공적 시민)의 이상적 영역으로서 자신을 제시한다. 베를루스꼬니는 사실상 이러한 소외를 없애버렸다. 오늘날의 이딸리아에서는 자신의 경제적 이익을 보호하는 수단으로서 국가권력을 거침없이, 대놓고 이용하며, 천박한 리얼리티쇼에서처럼 TV 화면을 보고 있는 수백만명의 사람들 앞에서 자신의 사적 결혼문제의 더러운 세탁물을 빨아대는 천한 부르주아가 국가권력을 직접 행사하고 있다.

진정으로 비극적인 미국 대통령 가운데 가장 최근의 인물은 리처드 닉슨(Richard Nixon)이었다. 그에 관한 두편의 뛰어난 영화(올리버 스톤 감독의 「닉슨」과 최근 개봉된 「프로스트 vs 닉슨」)가 보여주듯이, 닉슨은 사기꾼(crook)이지만[53] 자신의 이상 및 야망과 자기 행위의 실제 사이

---

53 워터게이트 사건으로 사임하기 전 닉슨은 400여 언론인을 앞에 두고 "나는 사기꾼이 아닙니다"(I'm not a crook)라고 말한 적이 있다. ─ 옮긴이

의 간극에 희생된, 따라서 진정으로 비극적인 몰락을 경험한 사기꾼이었다. 로널드 레이건(그리고 아르헨띠나의 까를로스 메넴Carlos Menem)과 더불어 그와는 상이한 대통령 형상이 등장하는데 그것은 포스트 오이디푸스적(post-Oedipal)이라고 규정하고 싶은 유혹을 느끼게 하는 '테플론' 대통령[54]이다 ── 이제 자신의 선거강령을 일관되게 따르리라고는 기대조차 할 수 없는, 비판이 통하지 않게 된 '탈근대적' 대통령 말이다. (레이건이 공개석상에 모습을 드러내고 이어 기자들이 그의 실수를 열거할 때마다 그의 인기가 치솟았던 사실을 기억하라.) 이 새로운 종류의 대통령은 자연발생적이고 순진한 감정표출(로 보이는 것)과 극도로 거침없는 조작을 뒤섞는다.

베를루스꼬니의 추잡하고 천박한 행동이 노리는 효과는 물론 그가 평균적 이딸리아인이라는 그 근거 없는 이미지를 체현하거나 연기하는 한 사람들이 그와 자신을 동일시할 것이라는 점이다. "나도 당신들과 같아요, 약간 타락하고, 법도 어기고, 다른 여자들한테 눈길을 줘서 아내와 사이가 틀어지고 말이지요……" 그의 과장된 귀족정치인 연

─────────────

54 '테플론'(teflon)은 원래 열에 강한 합성수지로 음식물이 들러붙지 않도록 프라이팬에 칠하기도 한다. '테플론 정치가'는 스캔들이나 비판에 아랑곳하지 않거나 자기 잘못으로 인한 위기를 잘 피해가는 정치가를 일컫는다. ── 옮긴이

기, 그 '기사'(騎士, Il Cavaliere)[55] 연기조차도 초라한 인간이 우스꽝스럽게 오페라 흉내를 내며 위대함을 꿈꾸는 것에 더 가깝다. 그러나 '그냥 우리처럼 평범한 자'라는 그러한 겉모습에 속아서는 안된다. 광대의 가면 뒤에는 국가권력을 장악하여 그것을 거침없이, 그리고 효율적으로 휘두르는 자가 있다. 베를루스꼬니가 위엄이 없는 광대라 해도 그를 너무 비웃는 것은 금물이다. 그렇게 한다면 아마도 우리는 이미 그의 게임에 놀아나는 셈이 될 테니 말이다. 그의 웃음은 「배트맨」이나 「스파이더맨」에 나오는 슈퍼히어로의 적수의 그 외설적이고 광기어린 웃음에 가깝다. 그의 지배의 본질이 어떤지 감을 잡으려면 「배트맨」의 조커 같은 자가 권력을 잡았을 때를 상상해보아야 한다. 문제는 광대의 외양을 한 테크노크라시적 통치만으로는 부족하다는 점이다 ― 무언가가 더 필요한데, 그것은 바로 두려움이다. 베를루스꼬니의 머리 둘 달린 짐승, 이민자와 **'공산주의자'**라는 머리를 둔 짐승은 그래서 등장한다. (**'공산주의자'**란 영국의 중도우파 자유주의 주간지 『이코노미스트』를 포함하여 자기를 공격하는 모든 이에게 그가 일반적으로 붙이는 이름이다.)

---

55 '기사'는 이딸리아인들이 베를루스꼬니에게 붙여준 별명이다. ― 옮긴이

(다른 면에서는 베를루스꼬니에게 호의적인 편이었던) 오리아나 팔라치(Oriana Fallaci)[56]는 언젠가 이렇게 썼다. "진짜 권력은 오만을, 긴 수염과 짖어대는 목소리를 필요로 하지 않는다. 진짜 권력은 씰크 리본들로, 매력과 지성으로 당신의 목을 조른다." 베를루스꼬니를 이해하기 위해서는 이 씨리즈에다 바보 같은 자조의 재능을 덧붙이기만 하면 된다. 2008년에 히트한 애니매이션 「쿵푸 팬더」는 현대 이데올로기 작동의 기본 좌표를 제공한다. 뚱뚱한 팬더는 신성한 쿵푸 전사가 되기를 꿈꾸고, 전적인 우연(그 뒤에는 물론 **운명**의 손이 숨어 있다)에 의해 자기 도시를 구하는 영웅으로 선택되자 그는 뜻을 이룬다…… 그러나 영화 전체에 걸쳐 이 의사(擬似)동양적 정신주의는 저속하고 냉소적인 유머감각 때문에 계속해서 손상된다. 놀라운 점은 이러한 지속적인 자조가 동양적 정신주의의 효능을 결코 해치지 않는다는 사실이다 — 영화는 그 끝없는 농담의 대상을 결국에는 진지하게 받아들이는 것이다. 내가 즐겨 거론하는 닐스 보어(Niels Bohr)에 관한 일화와 비슷한 식이다. 동료 과학자가 보어의 시골집 문 위쪽으로 말의 편자가 달려 있는 것을 보고 놀라 소리쳐 말하기를, 편자가 집에 악령이 들어오지 못하게 막아준다는 미신을 자신은 믿지 않는다고

---

56 1929~2006. 이딸리아의 언론인, 작가. — 옮긴이

했다. 이에 보어는 대꾸했다. "나도 믿지 않는다네. 내가 그걸 거기 둔 까닭은 사람이 그걸 믿지 않아도 그게 효험이 있다는 말을 들어서일세." 실로 이것이 오늘날 이데올로기가 작동하는 방식이다. 아무도 민주주의나 정의를 진지하게 받아들이지 않으며 그런 것들의 본질은 썩어 있다는 것을 모두가 알고 있지만, 우리가 민주주의나 정의를 믿지 않아도 그것들은 작동한다고 가정하기 때문에 우리는 그것들에 참여하고 그에 대한 믿음을 표현하는 것이다. 베를루스꼬니가 우리 시대의 몸집 큰 쿵푸 팬더인 이유는 그것이다. 어쩌면 막스 형제(Marx Brothers)[57]의 옛적 재담, "이 자는 부패한 얼간이처럼 보이고 행동도 그렇게 하지요, 하지만 거기 속아서는 안돼요 ─ 이 사람 부패한 얼간이 맞거든요"는 여기서 극한에 달한다 ─ 베를루스꼬니는 겉으로 드러나는 것이 전부이지만 그래도 그 겉모습은 여전히 우리를 속이는 것이다.

---

[57] 1900년대부터 1950년대까지 활약한 미국의 코미디배우 형제들. 처음에는 치코(Chico) 등 다섯명의 형제가 무대에 올랐으나 1920년대 이후 영화배우의 길로 들어선 것은 네명이며 1930년대 중반 이후로는 다시 한명이 다른 길을 택하여 세명만이 배우로 활동했다. 「오페라의 밤」(A Night at the Opera, 1935) 등 영화사에 남는 작품들을 다수 남겼다. ─ 옮긴이

자본주의의 '새로운 정신'

이처럼 '독성 **타자**에 대한 두려움은 '동료 인간으로 격하된 타자'에 대한 감정이입의 앞면(이자 진리)이다. 그런데 이러한 씬드롬은 어떻게 일어났을까? 볼땅스끼(Luc Boltanski)와 쉬아뻴로(Eve Chiapello)의 저서『자본주의의 새로운 정신』은 이 과정을 특히 프랑스와 관련하여 상세히 고찰한다. 이 책은 베버적 방식으로 연이어 등장하는 자본주의의 세가지 '정신'을 구별한다. 첫번째는 기업가적 정신으로 1930년대의 대공황에 이르기까지 지속되었다. 두번째 정신은 기업가가 아니라 대기업의 고용이사를 그 이상으로 삼는다. (이러한 변화와, 개인주의적인 프로테스탄트윤리 자본주의에서 '조직인'organization man의 기업경영 자본주의로의 그 유명한 이행 사이의 밀접한 병행관계는 쉽게 알아볼 수 있다.[58]) 1970년대 이후로는 새로운 형상이 나타났다 ─ 자본주의는 생산과정에 있어 위계적인 포드주의적 구조를 포기하기 시작했고 그 대신 작업장에서의 피고용인의 주도력과 자율성에 기초한 네트워크 기반 조직형태

---

[58] 이 이행에 관한 상세한 서술은 Luc Boltanski and Eve Chiapello, *The New Spirit of Capitalism*, London: Verso 2005 참조.

를 발전시켰다. 위계적·중앙집중적 명령체계 대신 이제 다수가 참여하는 네트워크를 보게 되는바, 여기서 노동은 팀이나 프로젝트 형태로 조직되고 리더의 비전에 따라 소비자 만족에 심혈을 기울이는 노동자들이 총동원된다. 이러한 방식으로 자본주의는 평등의 기획으로 변형되고 정당화된다. 자기생산적(auto-poetic) 상호작용과 자발적 자기조직화를 강조하는 가운데 자본주의는 심지어 노동자 자주관리라는 극좌파 수사까지 탈취하여 그것을 반자본주의 슬로건에서 자본주의적 슬로건으로 변질시킨다.

이러한 68년 이후의 자본주의 정신이 하나의 특정한 경제·사회·문화적 통일체를 구성하는 한, 바로 이 통일체는 '포스트모더니즘'이라는 명칭을 정당화한다. 그런 까닭에, 비록 새로운 형태의 이데올로기로서의 포스트모더니즘에 대해 정당한 비판도 많았지만, 장 프랑쑤아 리오따르(Jean-françois Lyotard)가 『포스트모던 상황』(*The Postmodern Condition*)에서 이 용어를 단지 (특히 글쓰기와 건축에서의) 어떤 새로운 예술적 경향들을 부르는 말에서 하나의 새로운 역사적 시대를 지칭하는 말로 격상시켰을 때 그 행위에는 진정한(authentic) **명명**의 요소가 있었다. 이후로 '포스트모더니즘'은 사실상 역사적 경험의 혼잡한 다양성 안에 가해성(intelligibility)의 새로운 질서를 도입하는 새로운 주인 기표로서 기능했다.

소비의 차원에서 이 새로운 정신은 소위 '문화적 자본
주의'의 정신이다. 우리는 일차적으로 상품의 유용성 때문
에, 또는 지위의 상징으로서 상품을 구매하지 않는다. 우리
는 상품이 제공하는 경험을 얻기 위해 그것을 구매하며 우
리의 삶을 유쾌하고 의미있게 만들기 위해 그것을 소비한
다. 이 삼원구조에서 우리는 라깡의 삼원구조 RSI를 떠올릴
수밖에 없다 ── 직접적 유용성이라는 실재(몸에 좋은 건강
식, 자동차의 품질 등), 지위라는 상징계(나는 나의 지위를
표현하기 위해 어떤 자동차를 구매한다 ── 솔스타인 베블
런Thorstein Veblen적[59] 시각이다), 유쾌하고 의미있는 경
험이라는 상상계. 폴 버호벤(Paul Verhoeven) 감독[60]의 디
스토피아 영화「토털 리콜」(Total Recall)에서 한 회사는 이
상적인 휴일의 기억을 뇌에 인스톨하는 써비스를 제공한

---

59 베블런(1857~1929)은 노르웨이계 미국 경제학자이자 사회학자
로 그의 첫 저작이자 그에게 명성을 가져다준 책『유한계급론』(*The
Theory of the Leisure Class*, 1899)에서 사람들이 '과시적 소비'
(conspicuous consumption)를 통해 사회적 우위를 점하려 하는 양
태를 비판적으로 묘사한 바 있다. ── 옮긴이

60 1938~ . 네덜란드 출신 할리우드 영화감독, 씨나리오 작가, 영화 제작
자. 그의 작품으로 지젝이 언급하는「토털 리콜」(1990) 외에「로보캅」
(1987),「원초적 본능」(1992),「스타쉽 트루퍼스」(1997),「할로우맨」
(2000) 등이 있다. ── 옮긴이

다 — 우리는 이제 다른 장소로 실제의 여행을 떠날 필요조차 없으며, 그저 여행의 기억을 구매하는 것이 훨씬 더 실용적이고 저렴하다. 동일한 원리가 관철되는 다른 방식은 원하는 휴일을 가상현실 속에서 경험하는 것이리라 — 정말로 중요한 것은 경험인데 현실 사이로 나 있는 그 불편한 우회로를 지나쳐서 곧장 경험을 얻으러 가지 않을 이유가 어디 있는가? 소비는 삶의 질(quality)을 지탱하는 것으로 상정된다. 소비의 시간은 '소중한 시간'(quality time)이어야 한다 — 소외의 시간, 사회가 강요하는 모델을 모방하는 시간, '주위 사람에게 뒤지지 않는' 생활을 못할까봐 두려운 시간이 아니라 나의 참된 **자아**를 그것답게 실현하는 시간, 경험의 감각적 작용이 이뤄지는 시간, 그리고 자선이나 생태활동 등에 참여하는 방식으로 타인을 배려하는 시간이다. '문화적 자본주의'의 전형적 예가 하나 있으니, 곧 스타벅스의 광고캠페인 "구매하고 계신 것만이 아닙니다. 투자하고 계시는 것입니다"이다. 스타벅스 커피 자체의 품질에 대해 찬사를 늘어놓은 후 광고는 이렇게 이어진다.

하지만 스타벅스 커피를 구매하실 때 고객께서는 혹시 모르고 계실 수도 있지만 커피 한잔보다 더 큰 무엇에 투자하고 계십니다. 바로 커피 윤리에 투자하고 계시는 것입니다. '스타벅스 지구 나눔 프로그램'을 통해 우리는 공정무역 커피를 세계 어느 기업보다 다량으로 구매하며 커피 원두를 재배하는 농부들이 힘써 일한 데 대해 정당한 댓가를 받도록 보장합니다. 또한 우리는 전세계에 걸친 커피 재배업과 관련 지역사회에 투자하며 그 개선을 도모합니다. 커피의 좋은 업(業, karma)이지요. (…) 아, 그리고 스타벅스 커피 한잔 가격에서 일부는 매장에 편안한 의자, 멋진 음악, 꿈꾸고 일하고 이야기를 나누기에 딱 좋은 분위기를 제공하는 데 쓰입니다. 요즘 우리 모두는 그런 장소가 필요하지요. (…) 스타벅스를 선택할 때 고객께서는 배려하는 기업에서 커피 한잔을 구매하시는 것입니다. 맛이 좋은 데는 다 이유가 있지요.[61]

'문화적' 잉여의 관념이 여기에 잘 표현되어 있다. 다른 곳보다 가격이 높은 이유는 당신이 실제로 구매하는 것이 환경에 대한 배려, 생산자에 대한 사회적 책임, 게다가 당신 자신이 공동체의 삶에 참여할 수 있는 장소(처음부터 스타벅스는 자신들의 커피 매장을 공동체의 대용으로 내세웠다)를 포함하는 '커피 윤리'이기 때문이란다. 그래도 충분치 않다면, 당신의 윤리적 필요가 여전히 채워지지 않고 제

---

61 *USA Today*, May 4, 2009, A9면에 실린 전면광고에서 인용.

3세계의 참상이 계속 염려된다면, 그때 당신이 살 수 있는 상품이 또 있다. 자신들의 '에토스 워터'(Ethos Water) 프로그램에 대한 스타벅스 측의 설명을 보자.

'에토스 워터'는 사회적 사명을 지닌 브랜드입니다 ─ 전세계 아동이 깨끗한 물을 마실 수 있도록 도우며 세계 수자원 위기에 대한 인식을 높이고자 하는 것. 에토스 워터는 2010년까지 최소한 1천만달러를 조성할 목표를 세우고 당신이 Ethos™ 상표 물 한병을 구매할 때마다 0.05 미국달러(캐나다에서는 0.10캐나다달러)를 기부할 것입니다. 에토스 워터는 스타벅스재단을 통해 아프리카와 아시아, 라틴아메리카에서 인도주의적 수자원 프로그램들을 지원합니다. 지금까지의 에토스 워터 지원금은 620 만달러를 초과합니다. 이러한 프로그램들은 42만명의 사람이 안전한 물과 위생설비, 그리고 위생교육의 혜택을 받을 수 있도록 도울 것입니다.[62]

(스타벅스에서는 유사한 다른 곳들보다 에토스 워터 한 병을 5센트 더 비싸게 판다는 사실에 대해서는 여기에 아무런 언급이 없다……) 이것이 소비 차원에서 자본주의가 68

---

62 http://www.starbucks.com에서 인용.

년의 유산, 즉 소외된 소비에 대한 비판을 통합해낸 방식이다 — **진정한**(authentic) 경험은 중요하다. 최근의 힐튼호텔 홍보는 단순한 주장을 담고 있다. "여행은 우리를 장소 A에서 장소 B로 데려다주기만 하는 것은 아닙니다. 여행은 동시에 우리를 더 나은 사람으로 만들어주어야 합니다." 불과 10년 전만 해도 우리가 그런 광고를 보리라고 상상을 했었겠는가? 우리가 유기농식품을 사는 이유도 그런 것이 아닌가? 반쯤 썩은 데다 값은 너무 비싼 '유기농' 사과가 다채로운 비유기농 과일보다 정말 더 건강에 좋다고 진정으로 믿는 사람이 누가 있을까? 요는 유기농 사과를 살 때 우리는 구매하고 소비하는 데 그치는 것이 아니라 동시에 어떤 의미있는 일을 하고 있다는 것, 즉 우리에게 있는 배려의 능력과 세계의식을 보여주며 집단적 기획에 참여하고 있다는 것이다…… 이 '새로운 정신'의 최신의 과학적 표현은 '행복학'(Happiness Studies)이라는 새로운 학문분과의 등장이다. 그러나 삶의 목표는 행복이라고 단도직입적으로 정의되는 우리의 정신화된 쾌락주의 시대에 불안과 우울증으로 고생하는 사람의 수가 폭발적으로 늘고 있는 것은 어찌된 일일까? 프로이트의 메씨지를 그 어느 때보다 더욱 적실하게 만드는 것은 행복과 쾌감의 이러한 자기파괴(self-sabotaging)라는 수수께끼다.

종종 그러하듯이 제3세계의 어느 개발도상국, 그러니까 부탄(Bhutan)이라는 나라가 이러한 행복 관념의 우스꽝스런 사회-정치적 결과를 순진하게 드러내 보여준다. 이미 십년 전에 부탄 왕국은 국민총생산(GNP) 대신 국민총행복(GNH, Gross National Happiness)을 측정하는 데 주력하기로 결정했다. 이러한 발상은 부탄의 독특한 정체성을 보존하는 가운데 그 나라를 근대세계 속으로 이끌어가려 한 전 국왕 지그메 씽예 왕추크(Jigme Singye Wangchuck)의 머리에서 나온 것이었다. 세계화의 압력과 물질주의가 도를 더해가고 그 작은 나라가 최초의 선거를 치르는 상황이 되면서, 옥스퍼드에서 교육을 받고 대대적 인기몰이를 하고 있는 27세의 새 국왕 지그메 케싸르 남기엘 왕추크(Jigme Khesar Namgyel Wangchuck)는 한 국가기관으로 하여금 67만의 왕국 신민들이 정말로 얼마나 행복한지를 계산하도록 명을 내렸다. 관리들은 이미 약 천명의 사람들을 대상으로 표본조사를 실시했으며 (유엔에서 작성하는 개발지수와 비슷한) 행복 변수들의 목록을 작성했다고 보고했다. 주요 관심사는 심리적 복지, 건강, 교육, 훌륭한 통치, 생활수준, 공동체의 활력, 생태다양성 등인 것으로 밝혀졌다…… 이것이야말로 문화 제국주의의 범주에 딱 들어맞

는다.[63]

자본주의의 새로운 정신에 발맞추어 사회주의가 보수적, 위계적, 행정적으로 보이게 되는 하나의 완결적인 이데올로기-역사적 서사가 구축된다. 그리하여 68년의 교훈은 "잘 가시오, 사회주의씨"(Goodbye Mr. Socialism)[64]가 되고 진정한 혁명은 ── 68년 반란의 논리적 결과이자 실로 그 '진리'인 ── 디지털 자본주의 혁명이 된다. 더욱 급진적으로는 68년의 사건들이 '패러다임 전환'이라는 인기 주제 안에 자리를 잡는다. 여기서 신경과학에서의 뇌의 모델과 지배적 이데올로기에서의 사회의 모델 사이에 존재하는 병행관계는 시사적이다.[65] 오늘날의 인지주의와 '포스트모던' 자본주의 사이에는 분명한 공명이 있다. 가령 대니얼 데넷(Daniel Dennett)[66]은 정신적 삶을 통제하는 중심적 작인(agency)으로서의 **자아**(Self)라는 데까르뜨적 관념에서 다

---

63 "Bhutan tries to measure happiness," ABC News, March 24, 2008.

64 2006년 로마에서 출간된 네그리(A. Negri)의 대담집 제목. 이 책은 뒤에 명시적으로 언급된다. ── 옮긴이

65 Catherine Malabou, *Que faire de notre cerveau?*, Paris: Bayard 2004 참조.

66 1942~ . 미국의 분석철학자, 터프츠대학교 교수. 진화생물학과 인지과학에 관심을 두고 두뇌와 마음의 관계를 깊이 탐구했으며 주저로 『내용과 의식』(*Content and Consciousness*, London: Routledge 1969) 등이 있다. ── 옮긴이

수의 경쟁하는 동인들(agents) 사이의 자기생산적 상호작용이라는 관념으로의 전환을 옹호하는데, 그것은 관료적 중앙통제 및 계획에서 네트워크 모델로의 전환을 상기시키지 않는가? 그리하여 우리의 뇌가 사회화될 뿐 아니라 사회 자체가 뇌 속에서 자연화되기도 한다.[67] 이 점에서 말라부(Catherine Malabou)[68]가 다음과 같은 핵심적 문제를 다루어야 할 필요성을 강조한 것은 올바르다. "뇌의 의식이 자본주의의 정신과 직접적으로, 간단히 일치하는 것을 막으려면 어떻게 해야 하는가?"

하트(M. Hardt)와 네그리(A. Negri)조차 이러한 병행관계를 승인한다. 어째서 중심적 **자아**란 없는지를 뇌과학이 가르쳐주는 바로 그대로, 스스로를 다스리는 다중의 새로운 사회는 오늘날 인지주의적으로 이해되는 이고(ego), 즉 상황을 조종하는 중심적 권위의 부재 속에 상호작용하는 동인들의 아수라장으로서의 이고와 같을 것이다…… 네그리가 생각하는 공산주의가 '포스트모던' 디지털 자본주의와 기이하게 비슷해지는 것도 이상한 일이 아니다.[69]

---

67 같은 책 88면.

68 1969~ . 프랑스의 철학자, 빠리제10대학(낭떼르) 교수. 데리다의 지도하에 논문을 썼으며 신경과학과 정신분석학을 철학과 접합시키려 시도해왔다. — 옮긴이

69 M. Hardt & A. Negri, *Multitude*, London: Penguin Press 2004 참조.

이데올로기적으로 ── 바로 이 점이 핵심이다 ── 이러한 전환은 (빠리의 68년 5월에서 독일 학생운동과 미국 히피들에 이르는) 1960년대의 반란에 대한 반동으로 일어났다. 60년대의 반자본주의 항거는 문화 비판의 새로운 주제들로 사회–경제적 착취에 대한 표준적 비판을 보완했다 ── 일상생활상의 소외, 소비의 상품화, 우리가 '가면을 쓰도록' 강요되고 성적 억압과 그밖의 억압을 당하며 사는 대중사회의 비(非)진정성 따위 말이다. 자본주의의 새로운 정신은 1968년의 평등주의적·반위계적 수사를 의기양양하게 회복시켰으며, 자신을 기업 자본주의 그리고 **현실 사회주의** 양자에 특징적인 억압적 사회조직에 대한 성공적인 자유의지론적(libertarian) 반란으로 제시했다 ── 빌 게이츠(Bill Gates)나 벤앤제리(Ben and Jerry) 아이스크림의 창업자들처럼 수수하게 차려입은 '쿨한' 자본가들로 대표되는 새로운 자유의지론적 정신인 것이다.

이제 우리는 왜 그토록 많은 사람들이 68년의 상징들 가운데 하나인 체 게바라가 모든 것을 의미하면서 아무것도 의미하지 않는, 다시 말해 사람들이 그가 의미하기를 바라는 것은 무엇이든 의미하는 '전형적 포스트모던 아이콘'이 되었다고 주장하는지 이해할 수 있다 ── 권위주의에 대한 젊은 층의 반발, 가난한 자와 착취당하는 자와의 연대, 성스

러움, 심지어 만인의 복리를 위해 일하는 자유주의-공산주의적 기업가정신까지 포함하여 무엇이든지. 2년 전에는 어느 고위급 바띠깐 의원조차, 체 게바라에 대한 찬미는 타인들의 복리를 위해 자신의 목숨을 걸고 내준 사람에 대한 경탄을 표현하는 것으로 이해되어야 한다고 공언했다. 늘 그렇듯이 악의없는 시복(諡福)은 그 정반대, 즉 추잡한 상품화와 뒤섞인다 ── 호주의 한 기업은 최근 '체리 게바라' 아이스크림을 출시했는데 선전은 당연히도 '먹는 경험'에 초점을 맞추었다. "체리의 혁명적 투쟁은 두겹의 초콜릿 사이에 끼어 짓밟혔다. 체리의 기억이 그대 입속에 살아남기를!"[70] 그럼에도 불구하고 체 게바라가 중립적 상품 로고가 되었다는 이 주장에는 어딘가 절박한 데가 있다. 그가 1959년 꾸바에서의 숙청을 진두지휘한 냉혈 살인마이기도 하다는 등의 경고를 보내는, 최근 간행된 일련의 저서들을 보라. 의미심장하게도 이런 경고들은 전세계에서 새로운 반자본주의적 저항이 일기 시작하여 체 게바라의 아이콘이 다시금 잠재적 위험을 드러내던 바로 그 시점에 튀어나왔다. 2009년 4월 23일 『유럽 뉴스』는 "폴란드 장관, 레닌과 게바라 티셔츠의 금지를 원하다"라는 제목하에 "폴란드의 평등부장관

---

[70] Michael Glover, "The marketing of a Marxist," *Times* (London), June 6, 2006 참조.

이 파시즘이나 전체주의 선전의 금지를 서적이나 의복, 그 외의 물품들로 확대하기를 원하고 있다"고 보도했다.

엘쯔비에따 라찌셉스까(Elzbieta Radziszewska) 장관은 파시즘이나 전체주의 선전물의 생산을 금하는 법을 확대하기를 원하고 있다. 이 입법은 전세계에 걸쳐 티셔츠와 포스터, 벽화에 널리 사용되는 체 게바라의 이미지를 금하게 될 것이다. 보이찌에흐 로쉬꼽스끼(Wojciech Roszkowski) 교수는 일간지『제쮜뽀스뽈리따』(*Rzeczpospolita*, 공화국)와의 인터뷰에서 "저는 그런 해결을 지지합니다"라고 말했다. "공산주의는 백만의 희생자를 낸 끔찍한 살인적 체제입니다. 국가사회주의와 아주 비슷해요. 두 체제를 ─ 그리고 그 씸벌들을 ─ 다르게 대접할 이유가 전혀 없지요."

1960년대의 성해방이 남긴 것은 관용적 쾌락주의였는데 이는 초자아의 보호하에 있는 우리의 쾌락주의적 이데올로기 안으로 쉽게 편입되었다. 그러면 이 초자아란 무엇인가? 최근 뉴욕 어느 호텔의 안내문에서 나는 이런 문구를 보았다. "친애하는 고객님! 고객님께서 저희 호텔에 머무는 동안 더없이 즐겁게 지내시도록 하기 위하여 저희는 전구역 금연을 실시하고 있습니다. 규정 위반 시에는 200달러의 벌금이 부과됩니다". 이 표현을 있는 그대로 받아들일 때 그 절묘한 점은 당신이 호텔에 머무는 동안 더없이 즐겁게 지내기를 거부하는 데 대해 처벌을 받게 되어 있다는 것이다…… 그리하여 즐기라는 초자아의 명령은 칸트의 "너는 할 수 있다, 왜냐하면 해야 하니까!"의 역전으로서 작동한다 ― 그것은 "너는 해야 한다, 왜냐하면 할 수 있으니까!"에 의존하는 것이다. 다시 말해 오늘날의 '비억압적인' 쾌락주의가 지닌 초아자적 측면(우리에게 완전히 끝까지 가서 주이쌍스jouissance의 모든 양태를 경험하라고 명하는, 우리에게 끊임없이 가해지는 자극)은 허용된 주이쌍스가 필연적으로 의무적 주이쌍스로 변질되는 방식에 있다. (마약이나 혹은 황홀경을 불러오는 다른 수단들로써) 순수한 자폐적 주이쌍스로 향하는 이러한 충동은 1968년의 해방적 연쇄과정이 그 잠재력을 소진했던 바로 그 정치적 순간에 일어났다. 이 결정적 순간(1970년대 중반)에 남아있는 유일한 선택은 직접적이고 난폭한 행위로의 이행(passage à l'acte), 실재를-향한-압박(a push-towards-the-Real)뿐으로, 여기에는 세가지 주요 형식이 있다 ― 극단적 형태의 성적 주이쌍스에 대한 추구; 좌파 정치 테러리즘(독일의 '적군파', 이딸리아의 '붉은여단' 등으로, 이들이 내거는 주장은 대중이 자본주의 이데올로기의 저습지에 푹 빠져버린 시대에는 이데올로기에 대한 표준적 비판이 더이상 제기능을 하지 않으며 직접적 폭력── 직접적 행동(l'action directe) ── 이라는 생경한 실재에의 의존만이 대중을 각성시키리라라는 것이었다); 마지막으로 내면의 경험이라는 실재로의 선회(동양적 신비주의). 세가지 모두가 공유하는 바는 구체적인 사회─정치적 참여에서 물러나 실재와의 직접적 접촉을 시도하는 것이었다.

정치적 참여에서 탈정치적(post-political) 실재로의 이러한 전환을 가장 잘 예시하는 것은 아마도 저 대(大)변절자 베르나르도 베르똘루찌(Bernardo Bertolucci)[71]의 영화들일 것이다. 그의 작품은 「혁명전야」(Prima della rivoluzione) 같은 초기 대작에서부터 그 끔찍한 「리틀 부다」(Little Buddha)와 같은 말기의 유미주의·정신주의적 자기탐닉 영화들에까지 걸쳐 있다. 이러한 도정은 68년 빠리를 다룬 베르똘루찌의 말기 영화 「몽상가들」(The Dreamers)과 더불어 원래의 자리로 돌아오는 모양이 되는데, 거기서 두 프랑스 학생들(남매)은 사건의 소용돌이 속

---

71 1940~ . 이딸리아 영화감독, 씨나리오 작가. 여기 언급되는 「혁명전야」(1964), 「리틀 부다」(1993), 「몽상가들」(2003) 외에 「순응주의자」(1970), 「빠리에서의 마지막 탱고」(1972), 「마지막 황제」(1987) 등의 작품이 있다. ── 옮긴이

에 어느 젊은 미국 학생을 만나 친구가 된다. 그러나 영화가 끝나갈 즈음 프랑스 학생들은 정치적 폭력에 연루되는 반면 미국인은 끝까지 사랑과 감정해방의 메씨지에 충실함으로써 친구들은 서로 갈라서게 된다.

장 끌로드 밀네(Jean-Claude Milner)는 어떻게 기성체제가 소위 '68정신'을 자신의 일부로 통합해내면서 그 정신으로 하여금 반란의 진정한 핵심에 등을 돌리게 만드는 식으로 1968년의 모든 위협적 결과를 무화시키는 데 성공했는지를 예리하게 인식하고 있다. 새로운 권리들에 대한 요구(이는 권력의 진정한 재분배를 의미했을 터인데)는 수용되었으나 이러한 수용은 오로지 이런저런 '허용'의 모양새를 취하였다. '관대한 사회'(permissive society, 허용하는 사회)[72]란 주체들에게 실질적으로 권력을 더 나눠주지 않으면서 그들이 할 수 있게 허락된 것의 범위를 확대하는 바로 그런 사회였던 것이다.

권력을 쥔 자들은 권리와 허용의 차이를 아주 잘 알고 있다. (…) 엄밀한 의미의 권리는 어떤 다른 권력의 희생

---

[72] '관대한 사회'는 시대, 장소, 내용을 특정하지 않고도 쓰이는 표현이지만 (여기서 그렇듯이) 흔히 성, 낙태, 마약 등의 문제에서 자유주의적 태도가 확산되어가던 1960년대 이후의(특히 1960년대말과 1970년대의) 서구사회를 특징짓는 표현으로 쓰인다. ― 옮긴이

속에 하나의 권력을 행사할 수 있게 한다. 허용은 허용하는 자의 권력을 축소시키지 않으며 허용의 혜택을 입는 자의 권력을 증대시키지 않는다. 허용은 그의 생활을 더 편리하게 만드는데, 이는 아무것도 아닌 것이 아니다.[73]

이혼, 낙태, 동성애 결혼 등등의 권리가 작동하는 방식은 이와 같다 ─ 이것들은 모두 권리의 가면을 쓴 허용이며, 어떤 식으로도 권력의 분배에 변화를 가져오지 않는다. '68 정신'의 효과는 그러하다. 그것은 "실질적으로 생활을 더 편리하게 만드는 데 기여했다. 이는 상당한 것이지만 전부는 아니다. 왜냐하면 그것은 권력을 침범하지 않았기 때문이다".[74] 여기에 "지난 40년간 프랑스를 지배한 평온함의 비밀"이 있다.

68정신은 체제복고의 가장 든든한 동맹자가 되었다. 도시 변두리에서 점점 잦아진 폭력의 비밀이 여기에 있다. 이제 68정신은 도시에 자리를 잡은 사람들 사이에서만 지속된다. 궁핍해진 청년들은 그것을 가지고 어찌해

---

73 Jean-Claude Milner, *L'arrogance du présent. Regards sur une décennie: 1965~1975*, Paris: Grasset 2009, 233면.
74 같은 책 236면.

야 할지 알지 못한다.[75]

68년 5월은 총체적인 (그리고 전적으로 정치화된) 활동을 지향했으나 '68정신'은 이를 다름 아닌 사회적 수동성의 형식인 탈정치화된(depoliticized) 의사(擬似)활동(새로운 라이프스타일 따위)으로 바꾸어버렸다. 그 하나의 결과는 최근 교외지역에서 아무런 유토피아적 혹은 자유의지론적 내용도 지니지 않은 채 터져나온 폭력들이다. 밀네의 통렬한 결론은 이렇다. "이제 더이상 내게 허용이니, 통제니, 평등이니 하는 말을 하지 말라. 내가 아는 것은 무력(force)뿐이다. 내 질문은 이런 것이다 ─ 명망가들의 타협과 가장 힘센 자들의 단결에 직면하여 어떻게 약한 자들이 권력을 가지도록 만들 것인가?"[76]

좌파가 성적 혹은 정신적 실재(Real)의 내밀함 속으로 후퇴했다면, 급진적 정치조직, 곧 국가권력의 틈새에서 종말론적 최후 전쟁을 준비하던 준-비합법 단체들의 **형태**에는 어떤 변화가 일어났을까? 미국에서 이 세포들은 얼마간 생존주의(survivalist)[77] 단체의 모양을 하고 다시 수면 위에 떠

---

75 같은 책 237면.

76 같은 책 241면.

77 자연재해나 전쟁, 전염병, 경제 파탄, 사회제도 붕괴 등 미래의 가능한 파국에 대해 대피시설 마련, 음식물 비축, 응급처치 훈련 등 적극

올랐다. 비록 그들의 이데올로기적 메씨지는 종교적 인종차별주의를 내용으로 하고 있으나 전체적 조직양식은 (FBI와 그외의 연방기관들에 대항해 싸우는 소규모 비합법 단체로서) 그들을 1960년대 흑표범단(Black Panthers)[78]의 기괴한 분신처럼 보이게 만든다. 하트와 네그리를 연상시키는 다음의 괴이한 구절은 생존주의-근본주의 단체의 신참모집 비디오 배경음악에서 뽑은 것이다.

> 다중이여, 결단의 골짜기에 있는 다중이여
> 결단의 골짜기에 주의 날이 가까웠나니

이 상황의 아이러니는 비상사태의 종말론적 조직형태(그들이 '최후의 날을 살고' 있다는 집단적 이해)와 관련해서는 생존주의-근본주의자들이 옳다는 점이다. 그러나 그들이 구사하는 **포퓰리즘적** 논리에 있어서 그들은 틀렸다. 포퓰

적인 방식으로 대비하고자 하는 태도나 운동. 근대적 형식의 생존주의는 1960년대 이후 지금까지 미국을 중심으로 확산되어왔으며 정부, 종교단체, 작가 등 그 주동세력은 다양하다. 커트 쌕슨(Kurt Saxon) 같은 전투적 생존주의자들은 우생학적 관점을 드러내며 빈민과 좌파를 적대시하고 생존주의자들의 자위를 위한 무장과 군사훈련의 필요를 역설한다. — 옮긴이
78 1966년 미국 캘리포니아에서 결성되어 1970년대까지 활동한 흑인 극좌정치조직. — 옮긴이

리즘은 결국 언제나 보통사람들의 좌절섞인 격분, "무슨 일이 벌어지고 있는지는 모르겠지만 아무튼 더는 못 참겠어! 이대로는 안돼! 이젠 끝을 봐야 돼!"라는 외침에 의해 지탱된다. 그러한 짜증난 감정분출은 상황의 복잡성을 이해하거나 그와 맞붙어 싸우는 데 대한 거부를 드러낸다. 또 그것은 엉망진창이 된 상황에 누군가 반드시 책임을 져야 한다는 확신을 유발한다 — 막후에 숨은 어떤 행위자가 어김없이 요구되는 이유다. 바로 여기, 앎에 대한 이 거부에 포퓰리즘의 진정으로 **물신주의적인** 차원이 존재한다. 그러니까 순수하게 형식적인 차원에서 물신주의는 (대상-물신에로의) 전이의 제스처를 포함하지만, 그것은 ('안다고 가정되는 주체'를 동반한) 전이의 표준적 공식의 정확한 역전으로서 기능한다. 즉 물신주의가 형체를 부여하는 대상은 바로 앎에 대한 나의 부인, 내가 알고 있는 바를 주체적으로 가정하는 데 대한 나의 거부다. 그렇기 때문에 진실로 급진적인 해방정치와 포퓰리즘정치 사이의 궁극적 차이는 (여기에 딱 들어맞는 니체의 용어를 써서) 다음과 같이 표현할 수 있다 — 즉 해방정치는 자신의 비전을 강요하고 강제하는 것으로서 능동적인 반면 포퓰리즘은 불안을 야기하는 침입자에 대한 반동의 결과로서 근본적으로 반동적이다. 다시 말해 포퓰리즘은 언제나 일종의 두려움의 정치다. 그것은 부패한 외적 행위자에 대한 두려움을 조장함으로써 군중을 동원하는 것이다.

　이것은 근대사회에 있어 권력과 지식 사이의 모호한 관계라는 중대한 주제로 우리를 인도한다. 라깡이 대학담론이라고 부르는 것에 있어 권위는 (전문)지식에 의해 행사된다. 자끄 알랭 밀러는 지식/권력이라는 쌍을 다룰 때 라깡이 발휘한 독창성이 당시에는 거의 주목을 받지 못했음을 지적하는데 이는 옳은 말이다. 지식과 권력의 연접이라는(지식은 중립적이지 않으며 그 자체로 권력과 통제의 장치라는) 주제를 끝없이 변주한 푸꼬(M. Foucault)와 대조적으로 라깡은 "근대에 있어 지식과 권력 사이의 이접(disjunction), 갈라짐, 불화를 제시한다. (…) 문명의 불안에 대한 라깡의 진단은 지식이 '권력의 효과에 비례하지 않는 성장'의 양상을 띠어왔다는 것이다".[79] 2007년 가을 체코공화국에서는 체코 영토 내의 미군 레이더 설치를 두고 공론이 일었는데 국민 대다수(약 70%)가 그에 반대했음에도 불구하고 정부는 사업을 밀어붙였다. 정부 각료들은 그런 민감한 국가안보적 사안들이 겨우 투표로 결정되는 법은 없다고 주장하면서 국민투표 요구를 기각했다. 그런 사안

---

79 앞의 책, 같은 면.

들은 군사전문가에게 맡겨놓아야 한다는 것이었다.[80] 만일 우리가 이 논리를 끝까지 따라간다면 이상한 결론에 도달하게 된다 — 그러면 도대체 투표를 할 일이 뭐가 남아 있겠는가? 예를 들어 경제적 결정은 경제전문가에게 맡겨놓아야 하고, 다른 모든 영역의 경우도 마찬가지가 아닐까?

이러한 상황은 현대의 '선택사회'(society of choice)가 처한 교착상태를 가장 근본적인 형태로 드러내준다. 오늘날 선택이라는 주제는 다양한 이데올로기에 연루되어 있다. 뇌과학자들이 선택의 자유란 착각이라는 사실을 지적함에도 불구하고 말이다 — 우리는 내적 성향을 거스르는 아무런 외적 방해물 없이 우리의 유기체가 결정한 방식대로 행동할 수만 있으면 우리 자신을 '자유로운' 존재로 경험한다.[81] 자유주의 경제학자들은 선택의 자유를 시장경제

---

80 흥미롭게도 바로 이 각료들은 자신들의 결정에 대해 순전히 정치적인 이유를 내세웠다. 즉 미국은 체코인들이 그간의 역사에서 세번씩이나 자유를 얻도록 도왔으며(1918년, 1945년, 1989년) 따라서 이제 체코인들은 바로 이 자유를 스스로에게 거부함으로써 은혜를 갚아야 한다는 것이다……

81 최근의 연구는 1980년대 벤자민 리버트(Benjamin Libet)의 고전적 실험에서 이미 상당히 진보한 상태다. 리버트의 실험이 증명한 바에 따르면 우리의 뇌가 어떤 결정을 내리고 나서 약 10분의 3초 후에 뇌의 소유자는 그 결정을 깨닫는다. 복잡한 문제풀이 연습이 진행되는 동안 뇌의 활동을 측정함으로써 우리는 자원자가 문제를 풀어내는 마술 같은 순간적 통찰을 접하고 무려 10초가 지나서야 그 통찰이 실제

의 핵심요소로 강조한다. 물건을 삼으로써 우리는 어떤 면에서 돈을 가지고 계속해서 투표를 하는 셈이라는 것이다. '더 심오한' 실존주의 사상가들은 다름 아닌 우리 존재의 핵심이 걸려 있는 '진정한'(authentic) 실존적 선택 — 이런저런 상품의 피상적 선택에 대립하는 것으로서 전면적인 실존적 참여를 포함하는 선택 — 이라는 주제에 갖가지 변주를 가하기를 좋아한다. 이 주제의 '맑스주의적' 판본에서는 시장이 우리 앞에 쏟아놓는 무수한 선택들은 단지 우리 사회의 근본구조에 관한 그 어떤 진정으로 급진적인 선택의 부재를 은폐하는 역할을 할 뿐이다. 그러나 이 연쇄에서 눈에 띄게 빠져 있는 부분이 하나 있는데, 그것은 합리적 선택을 하는 데 필요한 인식의 기본 좌표가 결여되어 있는 상황에서 선택을 하라는 명령이다. 레오나르도 빠두라(Leonardo Padura)[82]가 말하듯이, "과거를 모르면서도 미래에 영향을 끼칠 수 있다는 것은 무서운 일이다".[83] 계속 불

로 그에게 일어난다는 점을 입증할 수 있다.

82 (1955~) 꾸바의 소설가, 언론인. 정식 이름은 '레오나르도 빠두라 푸엔떼스(Fuentes)'인데 흔히 '레오나르도 빠두라'로 불린다. '사계절'(Las cuatro estaciones)로 지칭되는 탐정소설 4부작이 유명하며 그중 하나인 1997년작 『마스카라』(Máscaras)가 국내에 번역되어 있다(고혜선 역, 현대문학 2003). — 옮긴이

83 Leonardo Padura, *Havana Gold*, London: Bitter Lemon Press 2008, 233~34면.

투명한 상황에서 결정을 하도록 강요되는 것이 우리의 기본적 상태인 것이다. 우리는 강요된 선택의 표준적 상황을 알고 있다 — 나는 올바른 선택을 한다는 조건하에 자유롭게 선택할 수 있으며, 그리하여 내가 할 수 있는 유일한 일은 전문지식이 시키는 바를 내가 자유롭게 성취하는 척하는 공허한 제스처를 취하는 것뿐이다. 하지만 반대로 만일 선택이 **정말로** 자유롭고 바로 그런 이유로 더욱 좌절감을 주는 것으로 경험된다면? 그렇게 우리는 지식의 적절한 기반이 결여된 상태에서 우리 삶에 근본적 영향을 미치는 사안에 관해 결정을 내려야 하는 입장에 줄곧 처하게 된다. 다시 존 그레이의 말을 빌리면, "우리는 모든 것이 잠정적인 시대로 이끌려 들어왔다. 새로운 테크놀로지가 매일같이 우리 삶을 바꿔놓는다. 과거의 전통은 복구될 수 없다. 동시에 미래가 어떻게 전개될지 우리는 거의 아는 바가 없다. 우리는 마치 자유로운 듯이 살도록 강요된다".[84]

선택을 하라는 끊임없는 압력은 선택대상에 대한 무지뿐 아니라 한층 더 급진적으로 주체에 있어 욕망의 문제에 답하는 것의 불가능성까지 포함한다. 라깡이 욕망의 대상을 본래 상실된 것으로 규정할 때 그의 핵심은 단순히 우리는 우리 자신이 욕망하는 바를 결코 알지 못하며 '진정한'

84 Gray, *Straw Dogs*, 110면.

대상 — 이는 욕망의 빈자리 그 자체이며 모든 실정적(實情的) 대상들은 다만 그것의 환유적 대용물일 뿐이다 — 을 영원히 찾아다니도록 운명지어졌다는 것이 아니다. 그의 핵심은 훨씬 더 급진적이다. 즉 상실된 대상은 궁극적으로 주체 자신, 대상으로서의 주체다. 이는 욕망의 문제, 그 본래의 수수께끼가 무엇보다 '나는 무엇을 원하는가?'가 아니라 '타인들은 내게 무엇을 원하는가? 그들은 내게서 무슨 대상 — 오브제 아 — 을 발견하는가?'라는 점을 의미한다. '나는 왜 이 이름으로 불리지?'(즉 나의 상징적 정체성은 어디서 유래하나, 무엇이 그것을 정당화하나?)라는 히스테리컬한 질문과 관련하여 라깡이 주체 그 자체가 히스테리컬하다고 지적한 것은 그 때문이다. 라깡은 주체를 '대상이 아닌 것'으로서 동어반복적으로 규정하는데 이때의 핵심은 자신을 대상으로 인식하는 것(즉 내가 다른 사람에게 리비도적으로 무엇인지를 아는 것)의 불가능성이 주체를 구성하는 요소라는 점이다. 이런 식으로 라깡은 '병리적' 주체 위치들의 다채로움이 남김없이 드러나게 하는데 그는 그것을 히스테리컬한 질문에 대한 대답의 다채로움으로 해석한다. 히스테리 환자와 강박증 환자는 그 질문의 두가지 양상을 실연한다 — 정신병자는 자신을 **타자**의 주이쌍스의 대상으로 인식하는 반면 성도착자는 자신을 **타자**의 주이쌍스의 도구로 정립한다.

여기에 선택하라는 압력의 공포스러운 차원이 존재한다. 호텔방을 예약할 때의 가장 단순한 질문('푹신한 베개로 할까요, 딱딱한 베개로 할까요? 더블베드로 할까요, 트윈베드로 할까요?')에조차 훨씬 더 근본적인 탐색이 묻어난다 ─ '당신이 누군지 말해주세요. 당신은 어떤 종류의 대상이 되기를 원하세요? 무엇이 당신의 욕망의 빈곳을 채울까요?' '고정된 정체성'에 대한 푸꼬 식의 '반본질주의적' 염려 ─ '자기배려'를 실천하려는, 자신을 계속 재발명하고 재창조하려는 끊임없는 충동 ─ 가 '포스트모던' 자본주의의 역학에서 묘한 공명을 얻는 것은 그 때문이다. 물론 그 옛적의 실존주의가 이미 인간은 자기 존재를 스스로 형성한다는 점을 주장하고 이 급진적 자유를 실존적 불안과 연관시킨 바 있다. 여기서 자신의 실질적 결정의 결여, 그 자유를 경험하는 것의 불안은 고정된 이데올로기적 우주 안으로의 주체의 통합이 파괴되는 진정성의 순간이었다. 그러나 실존주의가 파악하지 못한 것은 아도르노가 『진정성의 은어』(*The Jargon of Authenticity*)라는 하이데거(M. Heidegger)에 관한 책의 제목으로 담아내고자 했던 바로 그것이다. 즉 어떻게 주도적 이데올로기가 이제는 고정된 정체성의 결여를 무조건 억압하지 않으면서, 소비자주의적 '자기재창조'

의 끝없는 과정을 유지해나가는 데 그 결여를 곧바로 동원하는가 하는 점이다.

두가지 물신주의 사이에서

이데올로기가 그 정반대로서, 비이데올로기로서 나타나는 이런 일은 어떻게 가능한가? 그것은 이데올로기의 지배적 양식에 일어난 전환에 의존한다. 우리의 소위 '탈이데올로기' 시대에 이데올로기는 점점 더 전통적인 **징후** 양식에 대비되는 **물신주의** 양식 속에서 기능한다. 징후 양식에서 우리 현실인식의 구조를 형성하는 이데올로기적 거짓말은 '억압된 것의 귀환'으로서의 징후들 ─ 이데올로기적 거짓말의 조직 내의 갈라진 틈 ─ 에 의해 위협받는다. 반면 물신은 사실상 징후의 일종의 이면(envers)이다. 다시 말해 징후는 거짓 외양의 표면을 어지럽히는 예외, 억압된 **다른 장면**이 분출하는 지점이며, 반면 물신은 우리로 하여금 견딜 수 없는 진실을 지탱할 수 있게 하는 **거짓말**의 구현체다. 사랑하는 사람이 죽는 경우를 생각해보라. 징후의 경우 나는 이 죽음을 '억압하고' 그에 관해 생각지 않으려 하지만 그 억압된 트라우마는 징후 속에 귀환한다. 물신의 경우에는 그와 반대로 나는 죽음을 '합리적으로' 완전히 받아들이지만 물신에, 즉 내게 있어 죽음에 대한 부인을 구현하는 어떤 특징에 매달린다. 이런 의미에서 물신은 우리로 하여금 가혹한 현실에 대처할 수 있게 하는 건설적 역할을 수행할 수 있다. 물신주의자는 자신의 개인적 세계에 빠져 있는 몽상가가 아니라 철저한 '현실주의자'로서, 자신의 물신에 매달림으로써 현실의 거대한 충격을 완화할 수 있기에 사태를 있는 그대로 받아들일 수 있다.

정확히 이러한 의미에서 화폐는 맑스에게 하나의 물신이다 — 나는 사태가 실제로 어떤지 잘 알고 있는 합리적이고 공리주의적인 주체인 척하지만 나의 부인된 믿음을 화폐-물신 안에 구현한다…… 때로 둘 사이의 경계선은 거의 식별 불가능하다 — 하나의 대상은 (억압된 욕망의) 징후로 기능할 수 있으며 거의 동시에 (우리가 공식적으로 부인하는 믿음을 구현하는) 물신으로 기능할 수 있다. 예를 들어 옷가지 같은 고인의 유품은 물신으로서 (그 속에서 고인은 마술처럼 계속하여 살아간다) 그리고 동시에 징후로서 (그의 혹은 그녀의 죽음을 생각나게 하여 맘을 어지럽히는 물품으로서) 기능할 수 있다. 이러한 모호한 긴장은 공포증의 대상과 물신주의의 대상 간의 긴장과 상동적(相同的)이지 않은가? 두가지 경우에 있어 구조적 역할은 동일하다 —

만일 그 예외적 요소가 방해를 받는다면 체제 전체가 무너지는 것이다. 주체가 징후의 의미를 마주하도록 강요된다면 주체의 허위에 찬 우주가 무너질 뿐 아니라 그 반대의 경우도 성립하는바, 즉 주체가 자신의 물신을 빼앗기면 주어진 사태에 대한 그의 '합리적' 수용은 어렵게 된다.

'서구 불교'는 바로 그러한 물신이다. 그것은 당신으로 하여금 미쳐 돌아가는 자본주의적 게임에 전면적으로 동참하는 동시에, 진정으로 중요한 것은 당신이 언제든 그리로 돌아갈 수 있음을 알고 있는 내적 **자아**의 평화이므로 당신이 정말로 그 게임 안에 있는 것은 아니라는 생각, 그 모든 광경이 얼마나 부질없는지 당신은 잘 알고 있다는 생각을 유지할 수 있게 해준다…… 더 특정해서 말해보자면, 물신은 두가지 상반된 방식으로 기능할 수 있음에 주목해야 한다. 한편으로 물신의 역할은 의식되지 않은 상태에 머물 수 있다. 다른 한편으로, 자신이 그저 하나의 게임으로 치부하는 경향이 있는 바로 그 사회적 관계에 자기 존재의 '진리'가 있음을 의식하지 못하는 서구 불교도의 경우처럼, 우리는 진정으로 중요한 것은 물신이라고 생각할 수도 있다.

물신주의의 두가지 상이한 양식간의 또다른 구별은 더욱 중요하다. 우리는 앞에 언급한 관대한-냉소적인 물신주의를 포퓰리즘적-파시즘적 물신주의와 대립시켜야 한다. 전자의 양식을 설명하는 방편으로 다시 그것에 포함된 이데올로기적 신비화를 포퓰리즘적-파시즘적 신비화와 대립시켜보자. 첫번째 것은 거짓 보편성을 포함한다 — 주체는 자유나 평등을 옹호하지만, 그 형식 자체로써 자유나 평등의 범위를 좁히는 암시적 제한조건들(특정 사회계층에 대한 특권 부여, 즉 부자이거나, 남성이거나, 특정 문화에 속해 있다거나 하는 조건)에 대해서는 의식하지 못하고 있다. 두번째 것은 적대의 본질과 적 양자에 대한 거짓 식별을 포함한다 — 예를 들어 계급투쟁은 유대인에 대한 투쟁으로 전치되며, 그리하여 착취당하는 데 대한 대중의 분노는 자본주의적 관계 자체에서 '유대인 음모'로 재정향된다. 소박한 해석학적 용어로 표현하면, 앞의 경우 '주체가 "자유와 평등"이라고 말할 때 그가 **실제로 의미하는** 것은 "통상(通商)의 자유, 법 앞의 평등" 따위다'. 뒤의 경우 '주체가 "유대인이 우리 참상의 원인이다"라고 말할 때 그가 **실제로 의미하**는 것은 "대자본이 우리 고통의 원인이다"이다'. 비대칭은 분명하다. 다시 소박한 용어로 표현하면, 앞의 경우 명시적으로 '좋은' 내용(자유/평등)이 암시적으로 '나쁜' 내용(계급특권과 다른 종류의 특권 및 배제)을 은폐하는 반면 뒤의 경우에는 명시적으로 '나쁜' 내용(반유대주의)이 암시적으로 '좋은' 내용(계급투쟁, 착취에 대한 증오)을 은폐한다.

우리가 쉽게 알 수 있듯이 이러한 두가지 이데올로기적 신비화의 내적 구조는 다시 **징후/물신** 쌍의 구조다. (자유/평등에 대한) 암시적 제한은 자유주의 평등주의의 징후(억압된 진리의 특이한 귀환)이며, 한편 '유대인'은 반유대주의 파시스트의 물신(계급투쟁을 마주하기 이전에 '주체가 보는 최후의 것')이다. 이러한 비대칭은 탈신비화의 비판-이데올로기적 과정에 있어 핵심적 중요성을 지닌다. 자유주의 평등주의에 대해, 좌파 내의 정치적 올바름(PC)을 추구하는 비판자들이 흔히 하듯이 보편적인 법적 형식의 이데올로기적 외양과 그것을 실제로 지탱하는 특수한 이해 사이의 간극에 관한 해묵은 맑스주의적 주장을 되풀이하는 것은 충분치 않다. 끌로드 르포르(Claude Lefort)[85]와 자끄 랑씨에르(J. Rancière)[86] 같은 이론가들이 발전시킨 반대 논리, 즉 형식은 결코 '형식에 불과한' 것이 아니며 사회적 삶의 물질성에 흔적을 남기는 그 자체의 역학을 지니고 있다는 논리는 전적으로 타당하다. 노동조합운동에서 페미니즘에 이르는 '물질적인' 정치적 요구와 실천의 과정을 출범시킨 것은 부르주아적인 '형식적 자유'였던 것이다. 그것을

---

85 Claude Lefort, *The Political Forms of Modern Society: Bureaucracy, Democracy, Totalitarianism*, Cambridge: MIT Press 1986 참조.

86 Jacques Rancière, *Hatred of Democracy*, London: Verso Books 2007 참조.

어떤 별개의 실제를 은폐하는 환영에 불과한 것으로 격하하려는 냉소적 유혹은 거부해야 마땅하다. 이는 '한갓 형식적인' 부르주아적 자유를 조롱했던 옛 스탈린주의의 위선의 덫에 걸리는 꼴이다 —— 만일 그 자유가 그처럼 한갓 형식적일 뿐이어서 진짜 권력관계를 교란하지 못하는 것이었다면 왜 스탈린체제는 그러한 자유를 허용하지 않았는가? 왜 그토록 그 자유를 두려워했던가?

그리하여 여기서 해석상의 탈신비화는 상대적으로 수월한데 이는 그것이 형식과 내용 간의 긴장을 동원하기 때문이다. 일관성을 유지하려면 '정직한' 자유민주주의자는 자신의 이데올로기적 전제의 내용이 그 형식의 허위를 드러냄을 인정해야 하며, 따라서 내용을 더욱 철저히 이행하는 방식으로 형식(평등주의의 공리)을 급진화할 것이다. (주요 대안은 냉소주의로의 후퇴다. '우리는 평등주의가 불가능한 꿈이라는 사실을 알고 있다, 그러니 겉으로 평등주의자인 척하면서 불가피한 제한을 암묵적으로 수용하자……')

파시즘적 물신으로서의 '유대인'의 경우 해석상의 탈신비화는 훨씬 어렵다. (이로써 우리는 물신주의자에게 그가지닌 물신의 '의미'를 해석해준다고 그가 무너지지는 않는다는 임상적 통찰이 올바름을 확인하게 된다 —— 물신주의자는 물신에서 만족을 느끼며, 그것을 없애버릴 필요를 경험하지 않는다.) 실제적 정치의 견지에서 이는, 자기 고통에 대해 '유대인들'을 탓하는 피착취노동자에게 '유대인'은 그의 진정한 적(지배계급)이 진정한 투쟁을 호도하기 위해 내세우는 잘못 설정된 적임을 설명하면서 그 노동자를 '계몽하기'란, 그리하여 그의 주의를 '유대인들'에서 '자본가들'로 돌려놓기란 거의 불가능하다는 것을 의미한다. (경험적으로도, 1920년대와 30년대 독일에서 공산주의자들 상당수가 나찌당에 가입했고 지난 수십년간 프랑스에서는 공산주의에 실망한 많은 유권자들이 르뺑Jean-Marie Le Pen의 국민전선Front Nationale[87] 쪽으로 돌아섰지만 그 반대의 과정은 극히 드물었다.) 따라서 역설은, 생경한 정치적 표현을 쓰자면, 첫번째 신비화의 주체는 일차적으로 적(자기가 보편적 평등과 자유를 위해 싸우고 있다고 생각하는 자유주의 '부르주아')이며 두번째 신비화의 주체는 일차적으로 '우리 자신'(분노가 잘못 설정된 대상을 향하도록 부추겨지는 소외계층 자신)인데, 효과적이고 실제적인 '탈신비화'는 두번째보다 첫번째 경우에 훨씬 쉽다는 점이다.

---

87 '국민전선'은 1972년 르뺑(1928~)이 창설하여 지금까지 이끌고 있는 프랑스의 극우 민족주의 정당이다. 르뺑은 프랑스 대선에 다섯차례 출마하여 패배했으며, 각종 공적 발언을 통해 외국인 혐오증과 반유대주의를 드러내 자국과 독일의 법정에서 벌금형을 선고받은 전력이 있다. ─ 옮긴이

오늘날 주도적 이데올로기가 펼치는 경관은 이처럼 물신주의의 두가지 양식으로 분열되어 있다. 그것은 냉소적인 것과 근본주의적인 것으로 두 경우 모두 '합리적'이며 논쟁적인 비판이 통하지 않는다. 근본주의자는 자신의 물신에 맹목적으로 매달리면서 논증을 무시하는(혹은 적어도 불신하는) 반면 냉소주의자는 논증을 수용하는 척하면서 그 상징적 효율성은 무시한다. 다시 말해 근본주의자는 자신의 물신에 체현된 진리를 (믿는다기보다) 직접적으로 '아는' 반면 냉소주의자는 부인의 논리('나도 잘 압니다, 하지만……')를 구사한다. 따라서 우리는 네가지 입장(혹은 이데올로기에 대한 태도)으로 구성된 매트릭스를 구축할 수 있다 ― (1) 자유주의적 입장 (2) 냉소적·물신주의적 입장 (3) 근본주의적·물신주의적 입장 (4) 이데올로기-비판적 입장. 예상할 수 있듯이 이 네가지 입장은 그레마스(A. J. Greimas)[88]적인 기호학적 사각형을 형성하며 거기서 두개의 축 ― 징후 대 물신, 동일시 대 거리 ― 을 따라 분배된다. 자유주의자와 이데올로기 비판자는 징후의 차원에서 움직이는데 전자는 거기에 사로잡히고 후자는 해석적 분석

---

88 1917~92. 러시아 리뚜아니아 출신의 언어학자, 기호학자. 바르뜨 (Roland Barthes)와 교류하였고 빠리사회과학고등연구원에서 가르치면서 빠리기호학파를 이끌었다. ― 옮긴이

을 통해 그것의 기반을 허물어뜨린다. 포퓰리즘적 물신주의자와 냉소주의자는 자신의 물신에 매달리는데 전자는 직접적으로, 후자는 부인의 방식으로 그렇게 한다. 포퓰리즘적 물신주의자와 자유주의자는 (물신에 매달리거나 자신의 보편성에 대한 이데올로기적 주장을 옹호하는 논리를 진지하게 받아들이면서) 자신의 입장과 직접적으로 동일시하며, 냉소주의자와 이데올로기 비판자는 자신의 입장에 대해 거리를 취한다(물신주의적 부인 또는 비판적 해석).

이데올로기 투쟁과 관련하여 이것은 다음과 같은 사실을 의미한다. 이슬람 근본주의의 포퓰리즘적 운동은 해방적·반제국주의적인 것으로서 근본적으로 '우리 편'이라고 주장하는 좌파, 그 운동이 노골적으로 반계몽주의적이고 반보편주의적이며 때로는 명시적 반유대주의에 근접하는 용어로 강령을 정식화한다는 사실은 당면한 투쟁에 휘말리다 보니 생겨나는 혼란일 뿐이라고 주장하는 좌파('그들이 자신들은 유대인에 대적한다고 말할 때 그 말의 진정한 뜻은 단지 그들은 시온주의적 식민주의에 대적한다는 것이다')에 대해서는 최소한 깊은 의구심의 눈길을 보내야 마땅하다. 우리는 아랍 반유대주의를 (정말로 그것과 조우할 경우에) 팔레스타인인들의 서글픈 역경에 대한 '자연적' 반응으로서 '이해'하고자 하는 유혹에 무조건적으로 저항해야 한다. 몇몇 아랍국가에서 여전히 히틀러가 많은 이들에 의해 영웅으로 간주된다는 사실, 혹은 그들의 초등학교 교과서에서 그 악명 높은 위조문서「시온의 장로 규례」(The Protocols of the Elders of Zion)[89]에서부터 유대인들은 희생제에 기독교 (혹은 아랍) 아이들의 피를 사용한다는 발상에 이르기까지 온갖 전통적 반유대주의 신화가 재활용되고 있다는 사실에 대해 '이해'가 있어서는 안된다. 그러한 반유대주의가 자본주의에 대한 저항의 한 형태를 전치된 양식으로 표현한다는 주장은 결코 그것을 정당화하지 못한다. 전치는 여기서 이차적 수행이 아니라 이데올로기적 신비화의 근본적 제스처인 것이다. 그러나 앞의 주장에 분명 내포되어 있는 생각은 장기적 관점에서 반유대주의와 싸우는 유일한 길은 자유주의적 관용이나 그 비슷한 것들을 설교하는 것이 아니라 반유대주의 아래 깔려 있는 반자본주의적 동기를 전치되지 않은 직접적 방식으로 명료하게 표현하는 것이라는 것이다. 앞서 언급한 근본주의의 그릇된 논리를 수용하는 것은, 히틀러도 '유대인'에 대해 말할 당시 '실제로 의미한' 것은 자본가이므로 그는 앵글로-

---

89 유대인들이 세계를 지배하기 위한 계획을 보여준다고 주장되는 여러 종류의 허위문서로 1903년 러시아에서 처음 등장한 것으로 전해진다 — 옮긴이

아메리칸 제국을 주적으로 하는 세계적 반제국주의 투쟁에서 우리의 전략적 동맹군이 되어야 한다는 매우 '논리적인' 결론을 향해 첫 걸음을 내딛는 것이다. (그리고 이런 방식의 추론은 수사법 연습에 불과한 것이 아니다. 나찌당은 실제로 아랍국가들과 인도에서 반식민주의 투쟁을 고무했으며 많은 신나찌주의자들은 실제로 이스라엘에 대한 아랍의 투쟁에 동조하고 있다.)[90] 파시스트의 '진정한' 적은 자본이라는 것, 파시스트는 평등주의적 보편주의와 힘을 합치기 위해 그들 이데올로기의 특수한 종교적/민족적/인종적 형태를 포기해야 한다는 것을 파시스트들에게 언젠가는 납득시킬 수 있으리라고 생각하는 것은 치명적 실수다.

그러므로 우리는 '나의 적의 적은 나의 친구다'라는 위험한 모토를 분명히 거부해야 한다. 그것은 우리로 하여금 근본주의 이슬람운동에서 '진보적' 반제국주의의 잠재력을 식별하도록 유도한다. 헤즈볼라(Hezbollah) 같은 조직의 이데올로기적 우주는 자본주의적 신제국주의와 세속적인 진보적 해방 사이의 구별이 흐릿한 데에 기초하고 있다. 헤즈볼라의 이데올로기적 공간 안에서 여성해방, 동성애자

---

90 '테러의 변호사'로 불리는 자끄 베르제(Jacques Vergès)의 독특한 형상을 보편적 현상으로 만드는 것은 그가 파시즘과 반식민주의 사이의 이러한 '연대'를 체현한다는 점이다.

권리 등은 서구 제국주의의 '퇴폐한' 도덕적 면모 이외에 아무것도 아니다······ 바디우는 "이 운동들은 종교적 특수성에 매여 있어 내적 한계를 지닌다"는 점을 인정한다 ─ 하지만 이 한계가 (바디우는 이렇게 암시하는 것 같은데) 다만 일시적인 것, 이 운동들이 흔히 말하듯이 '두번째, 더 높은' 발전단계에서, 즉 그들이 자신을 보편화(해야)할 시점에 극복(해야)할 한계인가? 바디우는 여기서 문제는 종교 자체가 아니라 그 특수성이라고 말하는데 이는 맞는 말이다 ─ 하지만 노골적으로 반계몽주의적인 이데올로기를 지닌 이 운동들에 있어 그러한 특수성은 **바로 지금** 치명적 한계가 되고 있지 않은가?

더 정확하게 말해, 그들의 종교적 성격이 아무리 '근본주의적'이라도 내적 한계는 그 종교적 성격에 관한 것이 아니라 평등의 공리에 기초한 해방의 보편주의적 기획에 대해 그들이 지니는 실천-이데올로기적 태도에 관한 것이라는 점을 분명히 해야 한다. 이 핵심적 논점을 명확히 하기 위해 19세기말 브라질의 까누도스(Canudos) 공동체의 비극적 사례를 상기해보자. 이 공동체는 '근본주의적' 공동체의 범주에 딱 들어맞는 것이었는데, 군주제로의 회귀와 신정정치를 옹호하는 어느 광적 '고문관'(Councillor)에 의해 다스려졌다. 그러나 동시에 이 공동체는 공동재산, 화폐나 법의 부재, 전면적인 평등주의적 연대, 남녀평등, 이혼의 권리 등이 보장되는 공산주의 유토피아를 창조하려고 시도했다. 바로 이러한 차원이 이슬람 '근본주의'에는 결여되어 있다 ─ 그것이 아무리 '반제국주의적'인 척을 해도 말이다.

그렇지만 심지어 '뚜렷이' 근본주의적인 운동의 경우라 할지라도 부르주아 언론을 믿지 않도록 주의해야 한다. 언제나 탈레반은 테러를 이용하여 자신들의 규칙을 강요하는 근본주의 이슬람집단으로 묘사된다. 그러나 2009년 봄 그들이 파키스탄의 스와트(Swat) 계곡을 장악했을 때『뉴욕타임즈』는 그들이 "소수의 부자 지주들과 무토지 소작농들 사이의 깊은 골을 이용하는 계급반란"을 획책해왔었다고 보도했다.

스와트에서는 탈레반이 마을에서 가장 큰 힘을 행사한 지주 마흔여덟명가량을 몰아냄으로써 지역을 장악한 것이 거기서 도망쳐 나온 사람들의 말을 통해 분명해졌다. 이 작업을 위해 군인들은 소작농들을 무장단체로 조직하여 기습부대로 만들었다. (…) 계급격차를 이용하는 탈레반의 능력은 이번 반란에 새로운 면모를 더하고 있으며 대체로 봉건적 상태에 머물고 있는 파키스탄에 닥칠 위험을 경고하고 있다.

파키스탄계 미국인 변호사이자 오바마 대통령의 옛 급 우인 마흐부브 마흐무드(Mahboob Mahmood)는 "파키 스탄 민족은 혁명을 치를 심리적 준비가 되어 있다"고 말 했다. 쑨니파 군부는 파키스탄의 오랜 병폐인 깊은 계급 격차를 자신들의 목적에 이용하고 있다. 마흐무드는 말 한다. "군부 쪽에서는 음악과 학교교육의 금지만 약속하 고 있는 게 아니다. 그들은 이슬람적 정의와 유능한 정부, 그리고 경제적 재분배까지 약속하고 있다."[91]

토머스 얼타이저(Thomas J. J. Altizer)[92]는 이러한 (우리 서구인의 귀에는) 새로운 자료에 함축된 의미와 그로부터 도출되는 결과를 다음과 같이 표현했다.

이제 탈레반이 파키스탄의 오랜 봉건적 지배에 타격을 가하고 국민 대다수를 차지하는 소작농들을 그 지배에서 해방하는 진정한 해방세력이라는 사실이 마침내 드러나 고 있네. (…) 이제는 오바마행정부에 대한 진정한 비판 의 소리를 들을 수 있을 지도 모르지. 이 정부는 자기 재

---

91 Jane Perlez and Pir Zubair Shah, "Taliban exploit class rifts to gain ground in Pakistan," *New York Times*, April 16, 2009.
92 1927~ . 미국의 급진 신학자. 1960년대에 '신의 죽음' 논쟁을 촉발했 던 인물이다. ─ 옮긴이

량껏 행동하고 있고 부시행정부보다 훨씬 강력하다는 두 가지 이유에서 부시행정부보다 훨씬 위험하다네.[93]

『뉴욕타임즈』 기사의 이데올로기적 편향은 "계급격차를 이용하는 〔탈레반의〕 능력"에 대해 말하는 그 방식, 마치 탈레반의 '진정한' 계획(agenda)이 따로 ─ 종교적 근본주의에 ─ 있고 그들이 빈곤한 무토지 농민들의 역경을 그저 "자신들의 목적에 이용"(taking advantage)하고 있는 듯이 말하는 그 방식에서 엿볼 수 있다. 여기에 두가지만 덧붙여야 하겠다. 첫째, '진정한' 계획과 수단적 조작 사이의 이 구별은 외적으로 들씌워진 것이다 ─ 마치 빈곤한 무토지 농민들 자신이 그들의 역경을 '근본주의적으로 종교적인' 방식으로 경험하지 않는 것처럼! 둘째, 만일 농민들의 역경을 "자신들의 목적에 이용"함으로써 탈레반이 "대체로 봉건적 상태에 머물고 있는 파키스탄에 닥칠 위험을 경고하고 있다"면, 미국은 물론 파키스탄에 있는 자유민주주의자들은 무엇이 두려워 텔레반과 마찬가지로 상황을 "자신들의 목적에 이용"하여 무토지 농민들을 도우려 하지 않는가? 『뉴욕타임즈』 기사에 이 명백한 질문이 제기되지 않는다는 사실 뒤에 놓인 서글픈 진실은 파키스탄 내의 봉건세력이야

---

93 얼타이저와의 개인적 교신에서 인용함.

말로 자유민주주의의 '자연적 동맹군'이라는 것이다……

이 역설적 상황의 정치적 결과들 가운데 하나는 장기전략과 단기전술동맹 사이의 진정으로 변증법적인 긴장이다. 비록 장기적으로 급진해방투쟁의 성공은 오늘날 종종 근본주의 포퓰리즘에 사로잡히곤 하는 하층계급을 동원하는 데 달려 있지만 반성차별주의와 반인종주의 투쟁의 일부로서 평등주의적 자유주의자들과 단기적 동맹을 맺는 데 주저해서는 안된다.

탈레반의 발흥과 같은 현상이 보여주는 것은 "매 경우 파시즘의 발흥은 실패한 혁명을 증언한다"는 발터 벤야민의 오래된 명제가 오늘날 여전히 진실일 뿐 아니라 어쩌면 이전 어느 때보다 더 적실하다는 것이다. 자유주의자는 좌파와 우파 '극단주의' 사이의 유사성을 지적하기를 좋아한다. 히틀러의 테러와 죽음의 수용소는 볼셰비끼 테러와 굴라끄를 모방했고, 레닌주의 당의 형식은 오늘날 알까에다 안에 살아있다고 한다 — 맞는 말이지만, 이 모든 것은 무엇을 의미하는가? 이것은 어떻게 파시즘이 좌파 혁명을 문자 그대로 대체(자리를 대신)하는가를 보여주는 것으로 읽을 수도 있다. 파시즘의 발흥은 좌파의 실패다, 그러나 동시에 그것은 좌파가 동원할 수 없었던 혁명적 잠재력, 불만이 있었다는 증거이기도 하다. 소위 '이슬람 파시즘'의 경우도 마찬가지 아닐까? 급진 이슬람주의의 발흥은 이슬람국가들에서의 세속적 좌파의 소멸에 정확히 상응하지 않는가? 아프가니스탄이 근본주의 이슬람국가의 전형으로 묘사되는 오늘날, 불과 30년 전만 해도 아프가니스탄이 쏘비에뜨연방으로부터 독립적인 권력을 손에 쥔 강력한 공산당을 포함하여 강한 세속 전통을 지닌 국가였음을 아직 기억하는 사람이 있을까? 그 세속 전통은 어디로 갔는가? 유럽의 경우 똑같은 일이 보스니아에서 일어났다. 1970년대와 80년대에 보스니아 헤르쩨고비나는 국제적으로 유명한 영화학교와 독창적 스타일의 록음악이 있는, 유고연방의 공화국들 가운데 (다)문화적으로 가장 흥미롭고 활기찬 곳이었다. 이와 대조적으로 오늘날의 보스니아를 특징짓는 것은 2008년 9월 사라예보에서 동성애자 행진대열에 사나운 폭행을 가한 이슬람 군중과 같은 강력한 근본주의 세력이다. 이러한 퇴보의 근본원인은 1992~95년의 전쟁기간에 그들이 처했던 절박한 상황에 있는데, 그때 서구열강은 보스니아 이슬람인들을 기본적으로 쎄르비아인의 총구 앞에 방기했던 것이다.

아울러, (대표적으로) 프랜씨스 푸쿠야마와 베르나르 앙리 레비(Bernard-Henri Lévy)가 주창한 '이슬람 파시즘' 또는 '파시즘 이슬람주의'라는 용어는 올바른 것인가? 여기서 문제되는 것은 종교적 한정뿐만이 아니다. (우리가 파시즘의 서구적 형태 역시 기꺼이 '기독교 파시즘'으로 부를 것인가? ─ 파시즘 자체로 족하며 한정어는 필요치 않다.) 문제는 오늘날의 '근본주의적' 이슬람 운동과 국가를 '파시즘적'이라고 지칭하는 것 자체에 있다. 이 운동과 국가들에는 (다소간 공공연한) 반유대주의가 존재한다는 것, 그리고 아랍민족주의와 유럽 파시즘 및 나찌즘 사이에 역사적 연관이 있다는 것은 사실일지 모른다. 그러나 반유대주의는 그것이 유럽 파시즘에서 행한 바로 그 역할을 이슬람 근본주의에서 행하는 것이 아니다 ─ 유럽 파시즘에서는 자신의 (한때) '조화로웠던' 사회가 해체된 데 책임이 있는 외적 침입자에 강조점이 놓이는 것이다. 적어도 한가지, 눈에 띄는 차이가 있다. 나찌당에게 유대인은 자신들이 살고 있는 공동체를 타락시키는 유목의/나라 없는/뿌리 없는 민족이었으며, 따라서 나찌의 시각에서는 이스라엘 국가(a State of Israel)가 하나의 가능한 해결책이었다 ─ 유대인들을 멸절하기로 결정하기 전 나찌당이 그들에게 땅을 주어 국가를 세우게 하는 방안(이 경우 지역은 마다가스까르에서 팔레스타인 자체까지 아우른다)을 잠시 고려했던 것도 놀랍지 않다. 이와 반대로 오늘날의 '반시온' 아랍인들에게 문제는 이스라엘 국가이고, 어떤 이들은 그 국가를 파괴하고 유대인들을 나라 없는/유목의 상태로 돌려보내기를 요구하고 있다.

'20세기의 이슬람', 즉 이슬람의 추상적 광신주의의 세속화라고 하는, 맑스주의에 대한 반공산주의적 묘사는 우리모두에게 익숙하다. 반유대주의를 연구한 자유주의 역사가삐에르 앙드레 따기에프(Pierre-André Taguieff)[94]는 그 묘사를 뒤집는다. 즉 이슬람은 공산주의의 폭력적 반자본주의를 공산주의 쇠망 이후까지 연장하고 있는 '21세기의 맑스주의'로 판명되고 있다는 것이다. 파시즘이 실패한 혁명의 자리를 점한다는 벤야민의 발상을 염두에 두면 그러한전도의 '합리적 핵심'은 맑스주의자에게 쉽게 수용될 수 있다. 그러나 이로부터 다음과 같은 결론을 도출하는 것은 전적인 오류일 것이다. 즉 좌파가 할 수 있는 일은 기껏해야위기가 제한적이기를 바라는 것, 그리고 자본주의가 점점더 많은 사람들에게 상대적으로 높은 수준의 생활을 계속보장해주기를 바라는 것뿐이다 —— 이는 희한한 급진정치로 그 주된 희망은 상황이 계속해서 급진정치를 기능하지않는 주변적인 것으로 만들었으면 하는 것이다…… 이것이

---

94 1946~ . 프랑스의 철학자, 역사가, 정치경제학자. 인종차별주의와 반
  유대주의 연구에서 주목을 받고 있으며 반유대주의에 관해서 『새로
  운 유대인공포』(*La nouvelle judéophobie*, Mille et une nuits 2002),
  『증오의 전도사들』(*Prêcheurs de haine*, Mille et une nuits 2004) 등의
  저서를 내놓았다. —— 옮긴이

모이쉬 포스토운(Moishe Postone)[95]과 그의 동료들 같은 몇몇 좌파가 내리는 결론인 듯하다. 급진좌파를 위한 공간을 펼쳐놓는 모든 위기는 또한 반유대주의를 불러일으키기 때문에 우리는 성공적 자본주의를 지지하면서 위기가 없기를 바라는 편이 낫다는 것이다. 이러한 추론은 그 논리적 귀결에 있어 반자본주의 그 자체가 궁극적으로 반유대주의적이라는 점을 함축한다. 바디우의 모토 "비존재보다 재난이 낫다"(mieux vaut un désastre qu'un désêtre)[96]는 바로 그러한 추론에 맞세워 읽어야 한다 — 설사 **사건**이 "모호한 재난"(obscure disaster)[97]으로 종결된다 하더라도 우리는

---

95 시카고대 역사학 교수. 독일에서 수학했고 근현대 유럽지성사와 반유대주의, 맑스 등에 관한 글을 썼다. — 옮긴이

96 Alain Badious, *Conditions*, Paris: Seuil 1992, 365면; 영역본 *Conditions*, trans. Steven Corcoran, London: Continuum 2008, 159면. 이 표현은 이후 바디우의 다른 책에도 등장하며 지젝 역시 여러 곳에서 그것을 인용한다. 우리말로 '비존재'로 옮긴 'désêtre'라는 바디우의 용어를 위 책의 영문 번역자는 'lack of being'(존재의 결여)으로 옮겨놓았다. — 옮긴이

97 "모호한 재난"은 바디우가 오래전 1989년의 '현실 사회주의' 진영의 몰락을 가리켜 쓴 표현이자 이에 관한 에쎄이 제목이다. 바디우는 그 몰락을 진정한 '사건'으로 보지 않는다. Alain Badiou, *D'un désastre obscur: sur la fin de la vérité d'Etat*, Paris: L'Aube 1991 참조. 영역본은 "Of an Obscure Disaster: On the End of the Truth of State," trans. Barbara P. Fulks, *lacanian ink* 22호 (2003) 58~89면; 또는 *Of an Obscure Disaster: On the End of State-Truth*, trans. Ozren

152

사건에 대한 충실성에 내포된 위험을 감수해야 한다. 좌파의 스스로에 대한 신뢰의 결여를 가장 잘 보여주는 것은 위기에 대한 두려움이다. 그런 좌파는 체제에 완전히 통합된 비판적 목소리로서의 안락한 위치를 잃을까 두려워하며 어떤 것도 위험에 내맡기려 하지 않는다. 마오 쩌뚱(毛澤東)의 옛 모토가 그 어느 때보다 오늘날 적실성을 띠는 이유다 — "천하 만물이 극한 혼란중에 있으니 참으로 좋은 상황이다."

진정한 좌파는 위기를 환상 없이, 진지하게, 그러나 불가피한 어떤 것으로, 전면적으로 활용해야 할 기회로 받아들인다. 급진좌파의 기본적 통찰은, 위기는 고통스럽고 위험하지만 피할 수는 없으며, 또한 그것은 싸움을 벌여 이겨야만 하는 것이라는 것이다. 자유주의와 급진좌파의 차이는 비록 그들이 동일하게 세가지 요소(자유주의 중도, 포퓰리즘 우파, 급진좌파)를 언급하지만 이것들을 근본적으로 상이한 토폴로지(topology) 안에 배치한다는 것이다. 자유주의 중도의 입장에서 볼 때 급진좌파와 우파는 동일한 '전체주의적' 과잉의 두가지 형태다. 반면 좌파에게 있어 단 하나의 진정한 양자택일은 그 자신과 주류인 자유주의 사이

Pupovac and Ivana Momčilović, Maastricht, the Netherlands: Jan van Eyck Academie 2009 참조. — 옮긴이

에 이루어지며 포퓰리즘적 '급진'우파는 좌파의 위협을 다룰 수 없는 자유주의의 무능력의 징후에 불과하다. 오늘날 어느 정치가나 이데올로그가 "당신은 여성이 공적 생활에서 배제되고 그들의 기본 권리가 박탈되기를 원하십니까? 당신은 종교를 비판하거나 조롱하는 모든 사람에게 사형을 선고할 수 있게 되기를 원하십니까?"와 같은 (순전히 수사적인) 질문을 의기양양하게 던지면서 우리에게 자유주의적 자유와 근본주의적 억압 사이에서 선택할 것을 권하는 소리가 들려올 때 우리에게 의구심을 불러일으키는 것은 다름 아니라 그 답의 자명함이다 ─ 누가 그걸 원하겠는가? 문제는 그런 단순하기 이를 데 없는 자유주의적 보편주의가 오래전에 그 순수함을 잃었다는 점이다. 진정한 좌파에게 있어 자유주의적 관대함과 근본주의 사이의 갈등이 궁극적으로 거짓 갈등 ─ 대립하는 양극이 서로를 생성하고 전제하는 악순환 ─ 인 이유가 거기에 있다. 여기서 우리는 헤겔적 발걸음을 뒤로 일보 떼어 근본주의를 그토록 공포스럽게 보이게 만드는 척도 자체에 의문을 제기해야 한다. 자유주의자는 오래전에 판단할 수 있는 권리를 상실했다. 예전에 호르크하이머(M. Horkheimer)가 했던 말은 오늘날의 근본주의에도 적용되어야 한다 ─ 자유민주주의와 그 숭고한 원리에 대해 (비판적으로) 말하기를 원치 않는 자는 종교적 근본주의에 대해서도 입을 다물어야 한다. 그리고 더욱 적확하게 우리는 이스라엘 국가와 아랍 사이의 갈등은 거짓 갈등이라고 강력하게 주장해야 한다. 설사 그것 때문에 우리 모두가 사멸하게 된다 할지라도 그것은 그저 진정한 논점들을 모호하게 만드는 갈등이다.

해방의 동력이 근본주의적 포퓰리즘으로 바뀐 이러한 역전을 우리는 어떻게 이해해야 하는가? 진정한(authentic) 맑스주의에서 총체성은 이상이 아니라 비판적 관념이다 — 하나의 현상을 그 총체성 속에 위치시킨다는 것은 **전체**의 숨은 조화를 본다는 뜻이 아니라 하나의 체제 안에 그것의 모든 '징후들', 그 적대와 모순들을 체제의 필수적 구성요소로서 포함시킨다는 뜻이다. 이러한 의미에서 자유주의와 근본주의는 하나의 '총체'를 형성하는데, 왜냐하면 그들의 대립은 자유주의 자체가 그 대립항을 생성하는 식으로 구조화되어 있기 때문이다. 그러면 자유주의의 핵심가치 — 자유, 평등 따위 — 는 언제 효과를 발휘하는가? 역설은 자유주의 자체는 자신의 핵심가치를 근본주의적 살육에서 구해내기에 충분히 강하지 않다는 점이다. 자유주의의 문제는 제 힘으로 버티고 설 수 없다는 데 있다 — 자유주의적 건축물에는 뭔가가 빠져 있다. 자유주의는 바로 그 관념에 있어 '기생적'인데, 그것은 그 자신의 발전과정에서 자신이 허물어뜨리는, 어떤 전제된 공동체적 가치들의 네트워크에 의존하는 것이다. 근본주의는 자유주의에 내속하는 실제적 결함에 대한 반동 —— 물론 허위에 찬 기만적 반동 —— 이며 이것이 근본주의가 자유주의에 의해 자꾸만 생성되는 이유다. 혼자 내버려두면 자유주의는 서서히 스스로 허물어져 갈 것이다 —— 자유주의의 핵심을 구해낼 수 있는 것은 일신(一新)된 좌파뿐이다. 잘 알려진 1968년의 용어로 표현하면, 그 핵심적 유산이 살아남기 위해 자유주의는 급진좌파의 형제적 도움을 필요로 한다.

다시 공산주의다!

오늘날의 세계자본주의에서 이데올로기적 자연화는 전례 없는 차원에 도달했다 —— 가능한 대안에 대한 유토피아적 이상을 감히 **꿈꾸는** 이들조차 드물다. 잔존하는 소수의 공산주의 정권들은 새롭고 한층 더 역동적이며 효율적인 '아시아적 가치에 입각한 자본주의'의 수호자로 차례차례 자신을 재발명하고 있다. 자본주의의 이러한 적수 없는 주도권은 이데올로기적 유토피아의 시대가 지나갔음을 증명하기는커녕 자본주의 이데올로기의 진정으로 유토피아적인 핵심에 의해 지탱된다. 실용적 현실주의로 가장한 집권(執權) 유토피아는 대안적 세계의 유토피아들을 몰아냈다. 유토피아적인 것은 **타락** 이전의 어떤 이상화된 **과거**를 되찾는 보수적 꿈, 혹은 현재의 보편성에서 그에 구성적인 장애물을 뺀 것으로서의 밝은 미래의 이미지만이 아니다. 우리가 문제들을 서서히, 하나하나 풀어갈 수 있다는 자유주의적·실용적 발상('바로 지금 르완다에서 사람들이 죽어간다, 그러니 반제국주의 투쟁은 잊자, 그저 학살을 막자', 혹은 '우리는 세계자본주의 질서의 붕괴를 기다릴 것이 아니라 지금 여기서 빈곤과 인종차별에 대항해 싸워야 한다') 역시 그에 못지않게 유토피아적이다. 존 카푸토(John Caputo)는 최근에 이렇게 썼다.

나는 미국의 극좌 정치인들이 전국민 건강보험을 제공하고, 국세청 수정 세법에 따라 부를 더 공정하게 효과적으로 재분배하고, 선거자금 모금을 효과적으로 통제하고, 모든 이에게 선거권을 부여하고, 이주노동자를 인간적으로 대우하고, 미국의 권력을 국제공동체 내부로 통합시킬 다각적 외교정책을 발효시키는 등, 한마디로 진지하고 폭넓은 개혁을 통해 자본주의를 막아선다면 정말로 행복하겠다. (…) 만약 이 모든 일을 행하고도 바디우와 지젝이 **자본**이라고 불리는 어떤 **괴물**이 아직도 우리를 쫓아다닌다고 불평한다면 나는 하품을 하면서 그 **괴물**을 맞이할 용의가 있다.[98]

여기서 문제는 만일 우리가 그 모든 것을 자본주의 내부에서 이룰 수 있다면 왜 그 체제 내부에 머무르지 않는가 하는 카푸토의 결론이 아니다. 문제는 그 모든 것을 세계자본주의의 좌표 내부에서 이루는 것이 **가능하다**는 그 '유토피아적' 전제에 있다. 카푸토가 열거하는 자본주의의 특수한 오작동 사항들이 그저 우연한 장애가 아니라 오히려 구조적으로 필연적인 것이라면? 카푸토의 꿈이 그 징후들이 없는, 그 '억압된 진리'가 스스로를 표현하는 어떠한 임계점도 없는 (보편적 자본주의 질서의) 보편성에 대한 꿈이라면?

개량주의적 점진주의의 이러한 한계는 또한 우리를 정치적 냉소주의의 한계로 인도한다. 냉소적 현실정치인의 극치 헨리 키씬저(Henry Kissinger)에 관해 사람들이 깜짝 놀랄 수밖에 없는 사실이 하나 있는데, 그것은 그의 모든 예상들이 얼마나 철저하게 틀렸던가 하는 점이다. 예를 들어

---

98 John Caputo and Gianni Vattimo, *After the Death of God*, New York: Columbia University Press 2007, 124~25면.

1991년 반(反)고르바초프 군사쿠데타 소식이 서방에 들려왔을 때 키씬저는 곧바로 (불명예스럽게도 사흘 후 붕괴해버린) 새 정권을 사실로 받아들였다 — 요컨대 사회주의 정권들이 이미 생중사(生中死)의 상태에 있던 시기에 그는 그 정권들과의 장기협정에 기대를 걸고 있었던 것이다. 이러한 예가 명확히 보여주는 것은 냉소적 태도의 한계다. 냉소주의자는 속지 않으나 오류를 범하는 자(*les non-dupes who errent*)[99]로서, 그들이 인식하는 데 실패하는 것은 환각의 상징적 효능, 환각이 사회적 현실을 생성하는 활동을 규제하는 방식이다. 냉소주의는 대중적 지혜의 입장을 취한다 — 전형적 냉소주의자가 당신을 따로 불러 비밀스러운 낮은 목소리로 말한다. "모르겠어? 결국에는 다 〔돈, 권력, 쎅스…〕 문제라는 것을, 고매한 원칙이나 가치라는 건 다 아무것도 설명하지 못하는 공허한 말잔치에 불과하다는 것을?" 이런 의미에서 철학자들은 실제로 '이념의 힘을 믿는다', 그들은 '이념이 세상을 다스린다'고 믿는다, 그리고 냉소주의자가 그들은 이러한 죄를 짓는다고 비난하는 것은 전적으로 정당하다. 그러나 냉소주의자가 인식하지 못하는 것은 그 자신의 순진성이다. 진짜 현실주의자는 철학자들

---

99 라깡의 쎄미나 제목 가운데 하나는 "Les non-dupes errent"(속지 않는 자가 오류를 범한다)이다. — 옮긴이

이다. 철학자들은 냉소적 입장은 불가능하고 모순적이라는 것, 냉소주의자는 자신이 공개적으로 조롱하는 원칙을 실제로는 따르고 있다는 것을 잘 알고 있다. 스딸린이야말로 냉소주의자의 범주에 딱 들어맞을 사람이었다 — 하지만 바로 그래서 그는 공산주의를 진심으로 믿었던 것이다.

유토피아주의의 모든 '통상적 혐의자'를 고발조치했으니 아마도 이제 자유주의 유토피아 그 자체에 시선을 집중할 때가 되었다. 자유주의-민주주의-자본주의 질서의 토대를 그 자체로 위험천만하게 유토피아적인 것으로서 문제삼으려는 어떠한 시도도 일축하는 자들에게 우리는 이렇게 답해야 한다 — 오늘날의 위기에서 우리가 마주하고 있는 것은 그러한 질서의 유토피아적 핵심 자체에서 나온 결과라고. 자유주의는 자신이 반유토피아주의의 화신이며 신자유주의의 승리는 우리가 20세기 전체주의의 끔찍한 사태를 야기한 유토피아적 기획과 결별했다는 표시라고 주장하지만, 진정 유토피아적인 시대는 우리가 '역사의 종말'에 도달했으며 인류는 마침내 최적의 사회-경제적 질서의 공식을 찾아냈다고 믿었던, 클린턴 집권기의 즐거운 90년대였음이 이제 분명해지고 있다. 그러나 지난 수십년간의 경험은 시장이 제가 알아서 하게 내버려두었을 때 가장 잘 돌아가는 호의적 기계장치가 아니라는 사실을 똑똑히 보여준다 ─ 시장은 그것이 기능하기 위한 조건을 확립하고 유지하는 데 엄청난 시장 외적 폭력을 요구하는 것이다.

우리 행동을 결정하는 유토피아적 전제들의 무성한 덤불이 자라나는 것을 막기가 얼마나 어려운지는 현재의 금융붕괴를 보면 알 수 있다. 알랭 바디우의 간결한 지적을 들어보자.

사회보장연금의 부족액을 채우기는 불가능하고 은행의 금융손실을 셀 수도 없이 막대한 자금을 들여 틀어막는 것은 긴요하다는 말을 일반시민들이 '이해해야' 한다고? 수천명의 노동자를 고용하고서 경쟁에 쫓기는 공장을 국유화하는 것이 가능하다고는 이제 아무도 믿지 않지만 투기로 무일푼이 된 은행을 국유화해야 하는 것은 자명하다는 말을 우리더러 침울한 심정으로 받아들이라고?[100]

이 말을 우리는 다음과 같이 일반화해야 하리라. 에이즈, 기아, 물 부족, 지구온난화 등과 씨름할 때 우리는 언제나 문제의 긴급성을 알고 있음에도 불구하고 언제나 생각할

---

100 Alain Badiou, "De quel réel cette crise est-elle le spectacle?" *Le monde*, October 17, 2008.

시간, 결정을 미룰 시간이 있었던 듯하다. (성공적이었다는 말을 듣는 지난 발리 세계정상회담의 주된 결론은 2년 후에 다시 만나 대화를 계속하자는 것이었음을 기억하라……) 그러나 금융붕괴의 경우 행동의 긴급성은 절대적이었다. 상상도 할 수 없는 액수의 돈이 당장 마련되어야 했다. 멸종 위기종을 구하고, 지구를 온난화에서 구하고, 에이즈환자와 값비싼 치료를 받을 돈이 없어 죽어가는 환자를 구하고, 굶어 죽어가는 아이들을 구하는 등등, 이런 모든 문제들은 조금 기다려도 된다. 이와 대조적으로 '은행을 구하라!'는 요구는 즉각적 행동으로 반응해야 할 무조건적 명령이다. 패닉은 절대적이어서 세계정상들간에 쌓인 모든 불만들은 그 파국을 막기 위해 잠시 의식에서 멀어졌고 초국적·초당파적 통일성이 즉시 확립되었다. 그러나 사람들이 칭송해 마지않는 '초당적' 접근이 실제로 의미한 것은 민주적 절차들조차 사실상 정지된다는 것이었다. 제대로 된 논쟁을 벌일 시간이 없었고, 미 의회에서 그 안(案)에 반대했던 사람들은 얼마 안 가 다수에 동조하게 되었다. 부시, 매케인(John McCain), 오바마는 재빨리 회동하여 혼란스러워 하는 국회의원들에게 정말로 논의할 시간이 없다고 설명했다 — 금은 비상사태이며 신속한 행동을 취해야만 한다…… 아울러 잊지 말 것은 터무니없이 어마어마한 액수의 돈이 어떤 분명한 '실제적' 혹은 구체적 문제에 쓰인 것이 아니라 본질적으로 시장에 대한 **신뢰를** 회복시키기 위해, 즉 단순히 사람들의 믿음을 변화시키기 위해 쓰였다는 사실이다!

자본이 우리 삶의 실재(the Real), 사회적·자연적 현실의 가장 긴급한 요구보다도 훨씬 더 절대적인 명령을 내리는 실재라는 데 대해 더이상의 증거가 필요할까? 신비로운 '제5원소', 우리 현실의 제5원의(quintessential) 성분에 대한 탐색에 적절한 답을 제공한 것은 조지프 브로드스키(Joseph Brodsky)[101]였다. "공기, 흙, 물, 불과 더불어 돈은 인간이 아주 빈번히 고려해야(reckon with) 하는 자연의 다섯번째 힘이다."[102] 만일 이에 대해 의구심이 든다면 최근의 금융붕괴를 슬쩍 들여다보는 것만으로도 그 의구심은 해소되고 남을 것이다.

지난 수십년간 동유럽에서 발생한 결핵 유행의 동향을 검토해온 한 연구단체는 2008년말 즈음 주요 연구결과를

---

[101] 1940~96. 러시아 출신의 미국 시인, 에쎄이스트. 본명 이오시프 알렉산드로비치 브로드스끼. 쏘비에뜨 러시아의 반체제 인사로 강제 노동수용소에 유배되었다가 1972년 강제 추방되었으며 이후 미국으로 망명하여 1980년 미국 시민권을 취득했다. 1987년 노벨문학상을 수상했다. ─ 옮긴이

[102] Joseph Brodsky, *Less an One: Selected Essays*, New York: Farrar Straus and Giroux 1986, 157면.

발표했다. 20개 이상의 국가에서 나온 자료를 분석한 결과 캠브리지와 예일 대학 연구자들은 이 국가들에 대한 IMF의 차관과 결핵 발생건수의 증가 사이에 뚜렷한 상호연관성이 있음을 확인했다 — 차관이 종료되자 결핵의 유행은 잦아들었다. 희한해 보이는 이런 상호연관성은 간단히 설명된다. IMF 차관의 조건은 그 수혜국이 '재정규율'을 도입해야 한다는 것, 즉 공공지출을 줄여야 한다는 것이며, '재무건전성'(financial health)을 재확립하기 위한 조치들의 첫번째 희생자는 바로 건강(health) 자체, 다시 말해 공중보건써비스에 대한 지출인 것이다. 이렇게 되면 서구 인도주의자들이 이 나라들의 의료써비스의 파국적 상황을 개탄하고 자선 형식으로 원조를 제공할 공간이 열린다.

금융붕괴는 세계자본주의의 뻔뻔한 비합리성을 모른 척할 수 없게 만들었다. 은행씨스템을 안정시키기 위해 미국에서만 7천억달러가 지출된 것을, 부자 나라들이 현식량위기를 타개하기 위해 가난한 나라들의 농업발전을 원조하는 데 쓰겠다고 약속한 220억달러 가운데 지금까지 겨우 22억달러만 내놓았다는 사실과 견주어보라. 식량위기의 책임은 제3세계 국가의 부패, 비효율성, 국가개입주의 같은 통상적 혐의자에 돌릴 수 없다. 오히려 그것은 농업의 세계화에 직접적으로 의존하는데, 이 점은 다름 아닌 빌 클린턴 자신이 세계 식량의 날(World Food Day)을 기념하는 유엔 행사에서 "세계 식량문제에 있어 '우리는 일을 그르쳤다'"('We Blew It' On Global Food)는 시사적인 제목하에 식량위기에 대해 논평하는 가운데 분명히 한 바 있다.[103] 클린턴의 연설의 골자는 현재의 위기가 식량 소출을 세계의 빈자들에게 명백히 필수적인 자원으로서보다 상품으로 다룸으로써 "대통령 재임시절의 나 자신을 포함하여 우리 모두가 일을 그르쳤다"는 사실을 보여준다는 것이었다. 분명한 목소리로 클린턴은 개별 국가나 정부가 아니라, 미국과 유럽연합이 강요한, 그리고 수십년간 세계은행, IMF, 그밖의 국제기관들이 실행에 옮긴 서구의 장기적 정책들에 책임을 돌렸다. 이 정책들은 아프리카와 아시아의 나라들이 비료와 개량종자, 그밖의 농장 투입물에 대한 정부 보조를 중단하도록 압력을 가했으며, 그리하여 최상의 토지가 수출농작물의 재배에 이용될 수 있는 길을 열고 그럼으로써 이 나라들이 식량생산에 있어서의 자급자족 능력을 상실하도록 만들었다. 이러한 '구조조정'의 결과는 지역농업의 세계경제로의 통합이었다. 자국농산물이 더 많이 수출될수록 나라들은 점점 더 수입식량에 의존해야 했으며, 한편 토지를 잃고 쫓겨난 농부들은 어쩔 수 없이 슬럼가로 흘러들었는데 그

---

103 2008년 10월 23일자 연합통신 기사.

곳에서는 열악한 하청업체에서밖에 일자리를 구할 수가 없었다. 이러한 방식으로 많은 나라들이 탈식민지적 의존의 상태에 묶여 있으며 점점 더 시장변동에 속수무책으로 노출되고 있다 — 지난 수년간의 곡물가격 급등(이는 농산물을 식물이 아니라 생물연료로 사용한 탓도 있다)은 이미 아이띠에서 에티오피아에 이르는 나라들에서 기아를 초래해 왔다.

근년에 그러한 전략은 더욱 체계화되고 광범위해졌다. 주요한 국제적 기업과 정부들은 이제 자기 나라의 경지부족 사태를 해외에 거대한 기업형 농장을 건설함으로써 해결하기를 기대하고 있다.[104] 가령 2008년 11월에 한국의 대우 로지스틱스는 마다가스까르에 있는 약 320만에이커의 농지를 99년간 임차하기로 협정을 맺었다고 발표했는데 이 농지는 마다가스까르 총경지의 절반에 육박한다. 대우는 농지 3분의 1 정도는 옥수수 재배에, 나머지는 세계 생물연료 시장의 주요상품인 야자유의 생산에 이용할 계획이다. 그러나 이는 빙산의 일각일 뿐이다. 지난 2년간 유럽의 몇몇 기업들은 식량과 생물연료로 쓰일 농작물을 재배하기 위해 땅을 임차해왔는데, 가령 영국기업 썬바이오퓨얼즈

---

104 Vivienne Walt, "The breadbasket of South Korea: Madagascar," *Time*, November 23, 2008 참조.

(Sun Biofuels)는 에티오피아와 모잠비끄, 탄자니아에서 생물연료 농작물을 키우고 있다. 아프리카의 비옥한 토지는 거대한 사막으로 인해 식량 대부분을 수입해야 하는 페르시아만의 석유 부국들에게도 매력적이다. 이 부유한 국가들로서는 돈을 주고 식량을 수입하는 것이 어렵지 않지만 세계 식량시장의 동요는 자체 식량공급원을 확보하고자 하는 그들의 동기를 증대시키는 쪽으로만 작용했다.

그렇다면 기아상태가 만연하며, 작물을 효율적으로 재배하고 그것을 시장으로 가져가는 데 필요한 기본적 농기구, 비료, 연료, 수송 기반시설이 농부들에게 결핍되어 있는 아프리카의 나라들로서는 어떤 동기를 지니고 있는가? 대우 관계자들은 그들의 협정이 마다가스까르에게도 이익을 가져다줄 것이라고 주장한다. 그들이 임차하는 땅이 현재 미개발상태일 뿐 아니라,

대우는 땅의 소출을 수출할 계획이지만 (…) 그곳에서의 기업영농을 지원하는 데 필요한 항만시설, 도로, 발전소, 관개시설을 건설하는 데 향후 20년에 걸쳐 약 60억달러를 투자할 계획이며, 이는 마다가스까르의 비고용 인구에게 수천개의 일자리를 만들어줄 것이다. 일자리는 마다가스까르의 국민들이 ── 비록 수입산이라도 ── 자

신의 식량을 살 돈을 벌게 해줄 것이다.[105]

탈식민지적 의존의 고리는 이렇게 하여 다시 닫히게 되며 식량의존성은 계속 악화될 것이다.

이렇게 우리는 세가지 기본적인 물적 자원(석유, 물, 식량)의 잠재적 부족이 국제정치의 결정적 요소가 되는 세계질서에 서서히 접근하고 있지 않은가? 식량결핍 — 여기저기에서 (아직은) 산발적 위기로 모습을 드러내는 — 은 다가올 세계종말(apocalypse)의 징후 가운데 하나가 아닌가? 식량결핍의 발생은 다양한 요소들(인도와 중국처럼 빠르게 발전하고 있는 국가들에서 증대하고 있는 식량수요, 생태교란에 따른 수확의 실패, 제3세계 나라들의 경지 상당부분이 수출품목의 재배에 이용되는 것, 시장의 요구로 곡물이 생물연료 같은 다른 목적에 이용되는 것)에 의해 중층결정되는데 이는 시장의 적절한 규제로 신속히 해결될 수 있는 단기적 문제가 아니며 오히려 시장경제의 수단을 통해서는 풀 수 없는 장기적 문제의 표지라는 점은 분명해 보인다. 새로운 세계질서의 몇몇 옹호자들은 빠르게 발전하고 있는 제3세계 나라의 국민들이 더 많은 돈을 벌고 따라서 더 많이 먹을 수 있는 형편에 있기 때문에 식량결핍은 그 자체로

---

105 같은 글.

물질적 진보의 지표가 된다고 말한다. 그럼에도 불구하고 문제는 식량에 대한 이 새로운 요구가 그러한 빠른 경제성장을 경험하지 못하는 나라들에서 수백만명을 기아로 몰아가고 있다는 데 있다.

다가오는 에너지 위기와 물 부족 사태에 있어서도 사정은 마찬가지 아닌가? 이런 문제들에 알맞게 대응하려면 대규모 집단행동의 새로운 형식을 발명할 필요가 있다. 국가 개입의 표준적 형식들 또는 많은 칭송을 받는 지역적 자기 조직화의 형식들은 이 일을 해내기에 역부족일 것이다. 그런 문제들이 어떤 방식으로든 해결되지 않을 경우 가장 그럴 듯한 씨나리오는 풍부한 식량과 물, 에너지를 누리는 세계의 외딴 지역이 널리 퍼진 혼돈과 기아, 그리고 끝없는 전쟁으로 특징지어지는 혼란스런 '바깥'과 분리되는 아파르트헤이트〔인종격리정책〕의 새 시대가 될 것이다. 식량부족으로 고통받는 아이띠와 그밖의 지역 사람들은 어떻게 해야 할까? 격렬한 반란을 일으킬 완전한 권리가 그들에게 있지 않은가? 공산주의가 다시금 문 앞에 와 있다.

"식량은 다른 것들과 같은 상품이 아니다. 우리는 최대한의 식량 자급자족 정책으로 돌아가야 한다. 우리가 세계 여러 나라들이 자신을 먹여살릴 수 있는 능력을 증대시키지 않고서 그 나라들을 발전시킬 수 있다고 생각하는 것은 얼토당토않은 일이다"—클린턴의 이 말은 옳다. 하지만 여기에 덧붙일 것이 적어도 두가지 있다. 첫째, 앞서 말리와 관련하여 지적했듯이, 제3세계 나라들에 농업의 세계화를 강요하는 사이에 서구의 발전된 나라들은 자기네 농부들에게 재정지원을 하는 등의 방식으로 **그들 자신의** 식량 자급자족을 유지하는 데는 대단한 신경을 쓰고 있다. (유럽연합의 전체예산에서 절반 이상이 농부들에 대한 재정지원에 할당된다는 사실을 기억하라 — 서구 자신은 "최대한의 식량 자급자족 정책"을 결코 포기한 적이 없다!) 둘째, 식량처럼 "다른 것들과 같은 상품"이 아닌 생산물과 써비스의 목록은 훨씬 더 길게 이어지는데, 거기에는 (모든 '애국자들'이 잘 알고 있는바) 국방뿐 아니라 무엇보다 물, 에너지, 환경 그 자체, 문화, 교육, 건강 등이 포함된다. 여기서 무엇이 우선인지를 — 만일 그 결정을 시장에 맡겨둘 수 없다면 — 누가, 그리고 어떻게 결정할 것인가? 공산주의의 문제가 다시금 제기되어야 하는 것은 이 지점에서다.

EXIT

2〉

공산주의적
가설

공통적인 것의 새로운 인클로저[1]

1922년, 온갖 난관을 뚫고 내전에서 승리한 볼셰비끼가 시장경제와 사유재산을 한층 더 폭넓게 허용한 '신경제정책'(NEP)으로 후퇴해야 했을 때 레닌은 '고산등반(高山登攀)에 관하여'라는 제목으로 짧은 글을 썼다. 그는 혁명의 과정에서 후퇴한다는 것이 무엇을 의미하는지를 설명하는 방편으로 새로운 산의 정상에 오르려는 첫 시도가 실패한

---

1 여기서 '새로운 인클로저'(New Enclosure)란 공유지를 사유지화하기 위해 목책을 둘러쳤던 근대초 영국에서의 (원래의) '인클로저 운동'을 염두에 둔 표현으로 이하에서 '인클로저'는 '둘러막기'로 옮겨 적는다. ― 옮긴이

후 골짜기로 돌아가야 하는 등산가의 비유를 사용한다. 문제는 이것이다 — 어떻게 하면 기회주의적으로 **대의**에 대한 충실성을 저버리지 않으면서 그러한 후퇴를 감행할 것인가? 쏘비에뜨 국가의 성취들과 실패들을 열거한 후 레닌은 이렇게 결론을 맺는다. "환상을 품지 않고, 낙담하지 않으며, 극도로 힘든 과업에 다가서면서 몇번이고 다시 '처음부터 시작할'(to begin from the beginning) 힘과 유연성을 유지하는 공산주의자는 운이 다하지 않는다(그리고 십중팔구 소멸하지 않을 것이다)."[2] 이는 레닌의 베케트(S. Beckett)적 면모가 가장 잘 드러난 대목으로, 베케트의 『최악을 향하여』(Worstward Ho)[3]에 나오는 구절, "다시 시도하라. 또 실패하라. 더 낫게 실패하라"의 울림을 지닌다. 레닌의 결론 — "몇번이고 다시 처음부터 시작할" 것 — 은 그가 말하려는 바가 단지 이미 성취된 것을 강화하기 위해 진보의 속도를 늦추는 것이 아니라 '출발점으로 돌아가는 것'이라는 더욱 급진적인 내용임을 명확히 해준다. 우리는 지난번 시도에서 성공적으로 도달했을 수도 있는 정상에서부

[2] V. I. Lenin, "Notes of a publicist: on ascending a high mountain...," *Collected Works*, Vol. 33, Moscow: Progress Publishers 1965, 204~11면.

[3] 아일랜드 극작가이자 소설가, 시인이기도 한 베케트(1906~89)의 1983년작 중편소설. — 옮긴이

터가 아니라 "처음부터 시작"해야 하는 것이다.

키르케고르의 표현을 쓰면, 혁명의 과정은 점진적 진보가 아니라 반복적 운동, 몇번이고 **시작을 반복**하는 운동이다. 그리고 이것이 바로 10월혁명과 더불어 시작된 시대의 결정적 종말인 1989년의 "모호한 재난" 이후, 우리가 오늘날 처해 있는 지점이다. 그러므로 우리는 좌파가 지난 두세기에 걸쳐 의도했던 것과의 어떤 의미의 연속성도 배격해야 한다. 프랑스혁명의 자꼬뱅적 절정 같은, 또는 10월혁명 같은 숭고한 순간들이 영원히 우리 기억의 핵심요소로 남게 되더라도 일반적 틀은 넘어서야 하며 모든 것은 제로 지점에서부터 다시 사유되어야 한다. 물론 이러한 시작은 바디우가 "공산주의적 가설"이라고 부르는 것이다.

앞서 말했듯이 공산주의적 가설은 여전히 올바른 가설이며 나로서는 그외의 어떤 올바른 가설도 발견할 수 없다. 만일 이 가설이 포기되어야 한다면 집단행동 차원의 어떤 일도 행할 가치가 없다. 공산주의의 관점 없이는, 이 **이념** 없이는 역사적, 정치적 미래의 어떤 것도 철학자의 흥미를 끌 만한 종류가 되지 못한다. 각 개인은 자신의 사적 관심사를 추구할 수 있고 우리는 그에 대해 두번 다시 언급하지 않을 것이다. (…) 그러나 그 **이념**에 매달리는 것, 그 가설의 존재는 재산과 국가에 초점을 둔 그 최초의 현상(presentation) 형태가 고스란히 유지되어야 함을 뜻하지 않는다. 실로 우리에게 주어진 철학적 과제, 심지어 의무라고까지 할 수 있는 것은 그 가설의 새로운 존재양식이 탄생하도록 돕는 것이다. 이 가설이 초래할 수 있는 정치적 실험의 유형 면에서 새로운.[4]

이 구절을 칸트적 방식으로 읽지 않도록, 즉 공산주의를 하나의 '규제 이념'으로 간주하고, 그럼으로써 평등을 선험적 규범-공리로 취하는 '윤리적 사회주의'의 유령을 소생시키는 방식으로 읽지 않도록 조심해야 한다. 오히려 우리는 공산주의에 대한 필요를 창출하는 일단의 실제적인 사회적 적대에 대해 세심한 주의를 기울여나가야 한다 ── 공산주의는 하나의 이상이 아니라 그러한 적대에 대응하는 운동이라는 맑스의 관념은 여전히 전적으로 타당하다. 그러나 우리가 공산주의를 하나의 '영원한 **이념**'으로 간주한다면 이는 그것을 창출하는 상황이 마찬가지로 영원하다는 것, 즉 공산주의가 대응하는 적대는 언제까지나 존재하리라는 것을 함축한다. 그리고 여기서 한걸음만 살짝 내디디면 공산주의를 현전(presence)의 꿈, 모든 소외된 재현

---

4 Alain Badiou, *The Meaning of Sarkozy*, London: Verso 2008, 115면.

(re-presentation, 대의代議)[5]을 말소하는 꿈, 그 자신의 불가능성을 먹고 커가는 꿈으로 보는 공산주의에 대한 '해체적' 읽기에 가닿는다. 그러면 어떻게 공산주의 **이념**을 계속해서 창출해낼 적대를 정식화하기 위해 그러한 형식주의를 탈피할 것인가? 어디서 이 **이념**의 새로운 양식을 찾아야 하는가?

'**역사의 종말**'이라는 푸쿠야마의 관념을 비웃기는 쉽지만, 오늘날 대부분의 사람들은 다름 아닌 푸쿠야마주의자들로서 그들은 자유민주주의적 자본주의를 가능한 최상의 사회에 대한, 마침내 찾아낸 공식으로 받아들이며, 그리하여 그들이 할 수 있는 일이란 기껏해야 그것을 더 공정하고, 더 관용적이고 등등으로 만들기 위해 노력하는 것밖에 없게 된다. 여기서 간단하지만 적실한 질문 하나가 떠오른다. 만일 자유민주주의적 자본주의가 알려진 모든 대안들보다 명백히 더 잘 작동한다면, 만일 자유민주주의적 자본주의가 가장 좋지는 않아도 적어도 가장 덜 나쁜 사회 형태라면, 왜 우리는 성숙한 자세로 그것을 체념하고 받아들이거나 심지

---

5 주어진 맥락에서 're-presentation'은 '현전'에 대비되는 것으로서 '재현'으로 새기는 것이 옳겠지만 후에 지젝이 프롤레타리아독재와 대비시켜 비판하는 대의민주주의에서의 '대의'(representation)를 또한 염두에 두어야 할 것이다. 이후 're-presentation'은 '재현/대의' 식으로 표기한다. ── 옮긴이

어는 전심으로 수용하지 않는가? 왜 아무 가망도 없이 공산주의 이념을 고집하는가? 그런 고집은 잃어버린 대의의 나르씨시즘의 전형적인 경우 아닌가? 그리고 그러한 나르씨시즘은 자신들이 어떻게 할지를 이론가에게서 듣기를 기대하는 강단 좌파들의 지배적 태도 아래 잠재되어 있는 것이 아닌가? 그들은 어딘가에 투신하기를 절실히 원하지만 실제로 그럴 수 있는 방법을 알지 못하기 때문에 이론가에게서 그 답이 나오기를 기다린다. 마치 이론이 실천적 교착상태를 해결할 수 있는 마법의 공식을 제공할 것처럼 여기는 그러한 태도는 물론 그 자체로 허위적이다. 여기서 유일하게 올바른 답은, 만일 당신이 어떻게 할지 정말 모르겠다면 아무도 당신에게 그것을 말해줄 수 없으며 대의는 돌이킬 수 없이 상실된다는 것이다.

이러한 교착상태는 별로 새롭지 않다 — 서구 맑스주의를 특징짓는 커다란 문제는 혁명주체 혹은 행위자(agent)의 결여였던 것이다. 노동계급이 즉자에서 대자로의 이행을 완수하여 혁명적 행위자가 되지 않는 것은 무슨 까닭인가? 이 문제가 정신분석학에 관심을 돌리게 된 주요 동기인데, 정신분석학은 바로 계급의식의 출현을 가로막는 리비도의 무의식적 메커니즘, 노동계급의 존재 자체(사회적 상황)에 새겨진 메커니즘을 설명하기 위해 불러내어진 것이다. 이러한 방식으로 맑스주의적인 사회-경제적 분석의 진리는 구원될 수 있었고 중산층의 부상에 관한 '수정주의적' 이론들에 자리를 내줄 필요가 없었다. 같은 이유로 서구 맑스주의는 또한 내켜하지 않는 노동계급을 대신할 대역배우로서 혁명주체의 역할을 할 수 있는 다른 사회적 행위자를 끊임없이 찾아다녔다 ── 제3세계 농민, 학생, 지식인, 소외된 자 등등.

혁명주체로서의 노동계급의 실패는 이미 볼셰비끼혁명의 바로 그 핵심에 자리잡고 있다 ── 레닌의 노련함은 실망한 농민들(peasants)의 '분노 잠재력'(rage potential)을 감지해내는 능력에 있었다. 10월혁명은 '토지와 평화'의 기치 하에 발발했는데 그것은 농민층으로 구성된 인민 대다수가 품은 근본적 불만의 그 짧은 순간을 포착하여 그들에게 호소하는 것이었다. 레닌은 이미 십년 전에 이런 식의 생각을 하고 있었으며, 자작농의 새롭고 더 강력한 계층을 만들어 낼 것을 목적으로 하는 스똘리삔(P. A. Stolypin)[6] 토지개혁의 성공 전망에 그가 그토록 경악했던 것은 그 때문이다. 그는 스똘리삔이 성공할 경우 혁명의 기회는 향후 수십년간

---

6 1862~1911. 니꼴라스 2세 재위기간 중의 러시아 총리(1906~11). 농촌에서 부르주아개혁을 진행하는 한편 민중운동과 혁명세력을 철저히 탄압했다. ── 옮긴이

찾아오지 않을 것이라고 확신했다.

꾸바에서 유고슬라비아에 이르기까지 모든 성공적 사회주의혁명은 극단적 위기상황에서 국지적 기회를 포착하고 민족해방의 열망이나 '분노 자본'의 그밖의 형태들을 끌어들여 활용하는 동일한 방식을 따른다. 물론 헤게모니 논리의 열성 지지자라면 여기서, 이것은 혁명의 '통상적' 논리이며, '임계질량'은 정확히 그리고 오로지 다양한 요구들 사이의 일련의 등가를 통해서만 도달할 수 있고, 그 연쇄는 언제나 철저히 우연적이며 상황들의 특정한, 심지어 유일무이한 집합(set)에 의존한다고 지적할 것이다. 혁명은 결코 모든 적대들이 무너져내려 **거대한 일자**(the Big One)가 될 때 일어나는 것이 아니며 오로지 그 적대들이 힘을 합쳐 상승작용을 할 때에만 일어난다. 하지만 여기서 문제는 더 복잡하다. 요는 **역사**(History)라는 것이 없기 때문에, 역사가 열려 있는 우연한 과정이기 때문에 혁명이 더이상 **역사**의 기차에 올라타서, 그 **법칙**을 좇아서 갈 수가 없다는 것만이 아니다. 문제는 그와 다른 것이다. **역사**의 **법칙**, 역사적 발전의 다소간 명확하고 지배적인 선은 있는 것 같은데, 혁명은 오로지 그 틈새들에서만, '흐름에 역행해서'만 일어날 수 있는 것이다. 혁명가들은 체제가 공공연히 오작동하거나 붕괴되는 (보통 아주 짧은) 순간을 참을성있게 기다려 기회의 창(窓)을 이용해 권력 — 이 순간에는 말하자면 길거리에 놓여 있는 — 을 잡고 이후에는 억압장치들을 증설해가는 등의 방식으로 지배력을 강화해야 한다. 혼란의 순간이 지나고 다수가 정신을 차려 새 정권에 실망할 때쯤 되면 혁명가들은 이미 확고히 자리를 잡고 있어 상황을 돌이키기에는 너무 늦게 된다.

여기서 공산주의 구유고슬라비아의 경우는 전형적이다. 2차세계대전 내내 공산주의자들은 독일 점령세력에 대한 저항의 주도권을 가차 없이 장악해나갔는데, 이들은 모든 대안적('부르주아') 저항세력을 파괴하는 데 적극적으로 나섬으로써 반파시즘 투쟁에서 그들의 역할을 독점하는 동시에 자신들의 투쟁이 지닌 공산주의적 본질을 부인했다. (공산주의자들이 전쟁이 끝나면 권력을 잡아 혁명을 일으키려 획책하고 있다는 의심을 제기한 자들은 곧바로 적성 선전을 유포한다는 맹비난을 받았다.) 종전 후 공산주의자들이 실제로 권력을 완전히 장악하자마자 상황은 급변했으며 정권은 공산주의정권으로서의 자신의 진짜 본질을 공공연히 드러냈다. 공산주의자들은 1946년경까지 진정으로 대중적 지지를 받고 있었음에도 불구하고 그해 치러진 총선에서 거의 대놓고 부정을 저질렀다. 안 그래도 자유선거에서 쉽게 승리할 수 있었는데 왜 그렇게 했는지 물었을 때 그들은

(물론 사적인 자리에서) 답하길, 그건 사실이지만, 4년 후에 있을 다음 선거에서는 그들이 패배할 것이기 때문에 자신들이 어떤 종류의 선거를 용인할 태세가 되어 있는지를 지금 명확히 해두는 것이 좋다는 것이었다. 요컨대 그들은 자신들에게 권력을 쥐어준 유일무이한 기회를 충분히 이해하고 있었다. 이처럼 공산주의자들은 대중적 지지에 기초한 진정한 장기적 헤게모니를 구축하고 유지하는 데 있어서의 자신들의 역사적 실패를 맨 처음부터 이해한 상태에서 일을 도모했던 것이다.

다시 돌아가 말하면, 공산주의 **이념**에 계속해서 충실하기만 한 것으로는 충분치 않다. 이 **이념**에 실천적 긴박함을 부여하는 적대를 역사적 현실 안에서 찾아내야 하는 것이다. 오늘날 유일한 **진짜** 문제는 이것이다 ― 우리는 자본주의의 압도적 자연화를 승인하는가, 그렇지 않으면 오늘날의 세계자본주의는 그것이 무한정 재생산되는 것을 막을 만큼 충분히 강력한 적대를 담고 있는가? 그러한 적대에는 네가지가 있다. 다가오는 **생태적** 파국의 위협, 소위 '지적재산권'과 관련한 **사유재산** 개념의 부적절함, (특히 유전자공학에 있어서의) **새로운 기술-과학적 발전**의 사회·윤리적 함의, 마지막으로 그러나 여전히 중요한 것으로, 새로운 **장벽**(Walls, 월가)과 빈민가의, 즉 **새로운 형태의 아파르트헤이트**의 생성.

이 마지막 특징 ─ **배제된 자**를 **포함된 자**로부터 분리하는 간극 ─ 과 앞의 세가지 사이에는 질적 차이가 있다. 그 세가지는 하트와 네그리가 "공통적인 것"(the commons)이라고 부르는 것의 상이한 측면들을 가리키는데, "공통적인 것"은 우리의 사회적 존재의 공유된 실체(substance)로서 그것의 사유화는 우리가 필요시 폭력적 수단을 동원해 저항해야 할 폭력적 행위를 포함한다.

─ **문화의 공통적인 것**, '인지적' 자본의 즉각적으로 사회화된 형태, 우선적으로 언어, 우리의 소통과 교육의 수단, 그러나 또한 대중교통, 전기, 우편제도 등의 공유된 기반시설.
─ **외적 자연의 공통적인 것**, (석유에서 열대우림과 자연 서식지 자체에 이르기까지) 오염과 개발로 위협받는 것.
─ **내적 자연의 공통적인 것**(인류의 유전자공학적 계승). 새로운 유전자공학 기술과 더불어, 인간 본성을 변화시킨다는 문자 그대로의 의미에서의 **새로운 인간**의 창조가 현실적 전망이 된다.

이 모든 영역에서의 투쟁이 공유하는 바는 공통적인 것을 [사유화하기 위해 ─ 옮긴이] 둘러막는(enclose) 자본주의의 논리가 활개치고 다니도록 놓아둔다면 인류 자신의 자멸을 포함한 파멸을 맞을 수 있다는 자각이다. 니콜라스 스턴(Nicholas Stern)[7]이 기후위기를 "인류 역사상 가장 커다란 시장의 실패(market failure)"로 규정한 것은 옳다.[8] 그리하여 최근 유엔의 한 팀장인 키션 코데이(Kishan Khoday)가 "환경적 세계시민성의 정신, 기후변화 문제를 전인류의 공통관심사로 다루고자 하는 갈망이 커지고 있다"[9]고 썼을 때 우리는 '세계시민성'(global citizenship)과 '공통관심'(common concern)이라는 말을 더없이 중요하게 받아들여야 한다 —— 그러니까, 시장메커니즘을 조절하고 제압하면서 엄밀하게 공산주의적인 관점을 표현하는 세계적 정치조직을 창설할 필요를 말이다.

공산주의라는 관념의 소생(蘇生)이 정당화되는 것은 "공통적인 것"과 관련해서다 —— 이 경우 우리는 공통적인 것의 점진적 '둘러막기'(enclosure, 인클로저)를, 그로 인해 자기 자신의 실체에서 배제되는 자들의 프롤레타리아화 과정으로 보게 되는 것이다. 우리는 프롤레타리아나 프롤레타리아적 입장이라는 개념을 결코 폐기해서는 안된다. 오히

---

7 1946~ . 영국의 경제학자, 그랜섬(Grantham) 기후변화·환경연구소 소장. —— 옮긴이

8 *Time*, December 24, 2007, 2면에서 인용.

9 같은 곳에서 인용.

려 현국면은 우리로 하여금 이 개념을 맑스의 상상력을 훌쩍 뛰어넘어 실존적 차원으로 급진화할 것을 강요한다. 우리는 프롤레타리아적 주체의 더욱 급진적인 개념, 데까르뜨적 꼬기또가 사라지는 지점으로 영락한 주체의 개념을 필요로 한다.

이러한 이유로 새로운 해방정치는 이제 하나의 특수한 사회적 행위자로부터가 아니라 다양한 행위자들의 폭발적 결합으로부터 자라나게 될 것이다. 우리를 결속시키는 것은 "잃을 것은 족쇄밖에 없는" 프롤레타리아의 고전적 이미지와 대조적으로 우리가 **모든 것**을 잃을 위험에 처해 있다는 점이다. 우리의 상징적 실체를 빼앗기고, 유전자 염기는 심하게 조작되고, 살 수 없는 환경에서 비실대며 지내는, 모든 실체적 내용이 결여된 추상적 주체로 우리가 영락하리라는 데에 위협이 존재한다. 우리 존재 전체에 대한 이러한 삼중의 위협은 맑스가 『요강』(*Grundrisse*)[10]에서 표현한 대로 우리 모두를 "실체 없는 주체성"(substanceless

---

10 원래의 제목은 『정치경제학 비판 요강』(*Grundrisse der Kritik der Politischen Ökonomie*)으로, 1857~58년에 씌어졌으며 맑스 사후 1941년에 처음 출판되었다. 방대한 주제를 다루고 있으며 『자본: 정치경제학 비판』(*Das Kapital: Kritik der politischen Ökonomie*) 제1권(1867)의 초안으로 간주되기도 하지만 두 책 사이의 관계는 여전히 논란의 대상이 되고 있다. ― 옮긴이

subjectivity)으로 영락한 프롤레타리아로 만든다. 윤리-정치적 도전은 우리 자신을 이 형상 안에서 재인(再認)하는 것이다 ── 어떤 면에서 우리는 모두 자연으로부터 그리고 우리의 상징적 실체로부터 배제되었다. 오늘날 우리는 모두 잠재적으로 호모 싸께르(homo sacer)이며, 그것이 현실이 되는 것을 막는 유일한 길은 예방적으로 행동하는 것이다.

이것이 종말론적으로 들린다면 우리는 종말론적 시대에 살고 있다고 대꾸하는 수밖에 없다. 프롤레타리아화의 세가지 과정 각각이 어떻게 종말론적 종점을 가리키고 있는지는 분명하다. 생태계의 와해, 인간의 조작 가능한 기계로의 유전자공학적 환원, 우리 삶에 대한 총체적 디지털 제어⋯⋯ 이 모든 차원에서 상황은 제로 지점에 다가서고 있다 ──"마지막 때가 가까이 왔다." 에드 에어즈(Ed Ayres)[11]는 이렇게 말한다.

철저히 우리의 집단적 경험 외부에 있어서 그 증거가 넘쳐날 때조차 우리가 실제로 보지 못하는 어떤 것에 우리는 맞닥뜨리고 있다. 우리에게 그 '어떤 것'은 우리를 존속시켜온 세계에 대대적으로 가해지는 엄청난 생물학

---

11 환경잡지 『월드워치』(World watch)의 구편집인이자 『러닝타임즈』 (Running Times) 창간인. ── 옮긴이

적, 물리적 변형이다.[12]

지질학적·생물학적 차원에서 에어즈는 양적 팽창이 한계에 달해 질적 변화가 일어나는 제로 지점에 점근적으로 접근하고 있는 네가지 '스파이크'(spikes, 가속화된 발전)를 열거한다. 이 '스파이크'는 인구 증가, 한정된 자원의 소비, 탄소가스 배출, 종의 대량멸종이다. 이러한 위협들에 대처하기 위해 지배이데올로기는 무지에의 의지를 포함하는 위장(僞裝)과 자기기만의 메커니즘을 동원하고 있다. "위협받는 인간사회들 사이에 일반적인 행위 패턴은 실패할수록 위기에 더 시선을 집중하기보다 오히려 그것을 더 외면하게 되는 것이다." 현경제위기의 경우도 마찬가지다. 2009년 늦은 봄에 사태는 성공적으로 '재정상화'되었는바 ─ 패닉은 사라졌고, 상황이 '호전되고 있다'거나 아니면 적어도 피해가 수습되었다고 선언되었다(이 '회복'을 위해 제3세계 국가들이 치른 댓가는 물론 거의 언급되지 않았다) ─ 이는 위기의 진정한 메씨지가 무시되었다는, 그리고 우리는 또다시 긴장을 풀고 세계의 종말을 향한 긴 행진을 계속할 수 있다는 불길한 경고가 된다.

---

12 Ed Ayres, "Why are we not astonished," *World Watch*, Vol. 12, May 1999.

세계의 종말은 시간의 특정한 양식으로 특징지어지는데 이는 다른 두가지 지배적 양식에 명확히 대립된다 — 전통적인 순환적 시간(자연과 하늘의 질서를 반영하며 우주적 원리에 따라 정렬되고 규제되는 시간, 소우주와 대우주가 조화롭게 공명하는 시간-형식), 그리고 점진적 진보 혹은 발전의 근대적인 선적(線的) 시간. 종말론적 시간은 '시간의 종말의 시간', 비상(非常) 시간, 종말이 가깝고 우리는 종말에 대비할 수 있을 뿐인 '예외상태'의 시간이다. 오늘날 종말주의에는 적어도 네가지 종류가 있다 — 기독교 근본주의, 뉴에이지 영성, 테크노-디지털 포스트휴머니즘, 세속적 생태주의 등이다. 비록 이들 모두는 인류가 근본적 변성의 제로 지점에 접근하고 있다는 기본관념을 공유하기는 하지만 그들 각각의 존재론은 근본적으로 다르다. (누구보다도 레이 커즈와일Ray Kurzweil[13]로 대표되는) 테크노-디지털 종말주의는 과학적 자연주의의 경계 안에 머물며 인

---

13 1948~ . 미국의 발명가, 미래학자. MIT에서 수여하는 '올해의 발명가' 상(1998) 등 발명에 관계된 각종 상을 수상하였고 여러 대학에서 명예 박사학위를 받았다. 기계와 기술의 발전, 그에 따른 인간과 사회의 변화를 길게는 백여년 이후를 내다보며 전망하는데 대체로 낙관적이다. 미래학, 인공지능, 포스트휴머니즘 분야의 선도적 인물로 통한다. 『지능적 기계의 시대』(The Age of Intelligent Machines, 1990), 『정신적 기계의 시대』(The Age of Spiritual Machines, 1999), 『특이점이 다가온다』(The Singularity is Near, 2005) 등의 저서가 있다. — 옮긴이

류의 진화 속에서 '포스트휴먼'으로 변형된 우리 모습의 윤곽을 식별해낸다. 뉴에이지 영성은 이 변성에 다시 변주를 가해 그것을 '우주적 깨달음'의 한 양식에서 다른 양식으로의 전환(대개는 근대의 이원론적·기계론적 입장에서 전체론적 몰입의 입장으로의 전환)으로 해석한다. 기독교 근본주의자는 물론 세계의 종말을 엄밀히 성서적인 견지에서 읽어서, 현대 세계 안에서 그리스도와 적그리스도 사이의 최후 전쟁이 임박했음을 알리는 징표를 찾아나선다(그리고 발견한다). 마지막으로 세속적 생태주의는 포스트휴머니즘의 자연주의적 입장을 공유하지만 거기에 부정적 변주를 가한다 ─ 저 앞에 놓여 있는 것, 우리가 다가가고 있는 '오메가 지점'은 '포스트휴먼'이라는 더 높은 차원으로의 전진이 아니라 인류의 파국적 자멸이다. 비록 기독교 근본주의적 종말주의가 내용상 가장 우스꽝스럽게, 또 위험하게 여겨지기는 하나 그래도 그것이 '천년왕국설'의 급진적 해방 논리에 가장 근접한 종류다. 그러므로 그것과 세속적 생태주의 사이의 더욱 긴밀한 접촉을 도모하고 그를 통해 멸망의 위협을 급진적인 해방적 재생의 기회로 사고할 것이 과제로 남는다.

사회주의냐, 공산주의냐?

그러나 우리가 '공산주의자'의 이름값을 하고자 한다면 그러한 종말론적 프롤레타리아화로는 부족하다. 현재 진행되는 공통적인 것의 둘러막기는 사람들이 자기 삶의 과정의 객관적 조건과 맺는 관계, 그리고 사람들 자신의 서로간의 관계 양자에 모두 관여한다 — 공통적인 것은 프롤레타리아화된 다수의 희생하에 사유화되는 것이다. 그러나 이 두가지 관계 사이에는 간극이 있다. 권위주의적-공동체주의적(communitarian) 정권하에서 공통적인 것은 공산주의 없이 집단적 인간에게 반환될 수도 있으며, 마찬가지로 내용을 박탈당하고 탈실체화된 '뿌리 없는' 주체의 문제는 공동체주의의 성향을 띠는 방식, 즉 주체가 새로운 실질적 공동체 안에서 자신의 고유한 자리를 발견하는 그런 방식으로 해결될 수도 있다. 정확히 이런 의미에서 네그리 저서의 반사회주의적 제목『잘 가시오, 사회주의씨』(*Goodbye Mr. Socialism*)는 적절했다 — 공산주의는 평등주의적 집단 대신 유기적 공동체를 제안하는 사회주의에 대립되어야 하는 것이다(나찌즘은 국가사회주의였지 국가공산주의가 아니었다). 바꿔 말하면 사회주의적 반유대주의는 있을 수 있어도 그 공산주의적 형태는 있을 수 없다(스딸린 말년의 경우처럼 그 반대가 사실인 듯이 보인다면 그것은 다만 혁명적 사건에 대한 충실성의 결여를 나타낼 뿐이다). 에릭 홉스봄(Eric Hobsbawm)은 최근 '사회주의는 실패했고 자본주의는 파산상태다. 다음에 올 것은 무엇인가?'라는 제목의 칼럼을 발표했다. 그 답은 —— 공산주의다. 사회주의는 네가지 적대 가운데 마지막 것은 건드리지 않고 —— 프롤레타리아의 독특한 보편성 없이 —— 앞의 세가지를 해소하려 한다. 세계자본주의 체제가 자신의 장기적 적대를 넘어 존속하면서 동시에 공산주의적 해결책을 피하는 유일한 방법은 —— 공동체주의, 포퓰리즘, 아시아적 가치에 입각한 자본주의, 혹은 다른 어떤 형태로 가장한 —— 모종의 사회주의를 재발명하는 것뿐일 것이다. 그리하여 미래는 공산주의적……아니면 사회주의적인 것이 될 것이다.

마이클 하트가 말한 대로 자본주의가 사유재산을 표상하고 사회주의가 국유재산을 표상한다면 공산주의는 공통적인 것에 있어서의 재산 그 자체의 극복을 표상한다.[14] 사회주의는 맑스가 '속류 공산주의'로 불렀던 것으로, 거기에서

---

14 2009년 3월 13~15일 간 런던대학교 버크벡(Birkbeck)대학에서 열린 컨퍼런스 '공산주의 이념에 관하여'(On the Idea of Communism) 중의 발언.

는 헤겔이 재산의 추상적 부정이라고 불렀을 법한 것, 즉 재산 영역 내부에서의 재산의 부정 — 이는 '보편화된 사유재산'이다 — 만이 주어진다. 2009년 2월 16일자 『뉴스위크』의 표지기사 제목 '이제 우리는 모두 사회주의자'는 그래서 나오는 것이며 부제 '우리 경제는 이미 여러 면에서 유럽의 경제를 닮았다'는 제대로 이해되는 한 전적으로 정당화된다 — 경제적 자유주의의 보루 미국에서조차 자본주의는 자신을 구하기 위해 사회주의를 재발명해야 할 처지에 있다.[15] '유럽을 닮게' 되는 이러한 과정이 "〔미국〕은 더욱더 프랑스처럼 될 것이다"라는 예견을 통해 더 구체적으로 설명된다는 사실에서 독자는 아이러니를 느끼지 않을 수 없다. 싸르꼬지(Nicolas Sarkozy)는 결국 유럽의 복지국가 사회주의 전통을 끝장내고 앵글로쌕슨의 자유주의 모델에 재합류한다는 강령을 내세워 프랑스 대통령에 당선되었다. 그런데 그가 모방하겠다고 한 바로 그 모델이 이제 그가 떠나오려는 바로 그것으로 귀환하고 있는 것이다 — 경제에 있어서의 광범위한 국가개입이라는, 믿을 수 없게 됐다고 주장되는 그 길 말이다. 많은 비난을 받는 유럽 '사회 모델', 포스트모던 자본주의의 조건하에서 비효율적이며 시

---

15 Jon Meacham and Evan Thomas, "We are all socialists now," *Newsweek*, February 16, 2009.

대에 뒤떨어졌다고 매도되는 그것은 복수를 맛보았다. 그러나 여기서 기뻐할 이유는 없다. 사회주의는 더이상 불명예스럽게 공산주의의 '낮은 단계'로 간주되어서는 안된다. 그것은 공산주의의 진정한 경쟁자, 공산주의에 대한 가장 큰 위협이다(어쩌면 이제 사회민주주의가 20세기 내내 자본주의에 대한 공산주의의 위협에 대응하기 위해 동원된 수단이었음을 기억할 때가 되었다). 그러므로 네그리의 제목은 이렇게 완성되어야 한다 ── '잘 가시오, 사회주의 씨…… 어서 오시오, 공산주의 동지!'

프롤레타리아적 입장에 대한 공산주의적 충실성은 어떠한 종류건 인류 타락 이전의 실질적 통일성으로의 귀환을 함축하는 어떠한 이데올로기도 분명하게 배격하는 것을 포함한다. 2008년 11월 28일에 볼리비아 대통령 에보 모랄레스(Evo Morales)는 "기후변화: 자본주의에서 지구를 구하라"라는 제하의 공개서한을 발표했다. 서한은 다음과 같은 말로 시작한다.

자매형제들이여. 오늘날 우리의 **어머니 대지**는 병들었습니다. (…) 모든 것이 자본주의체제를 탄생시킨 1750년의 산업혁명에서 시작되었습니다. 두세기 반 사이에 소위 '선진' 국가들은 5백만세기에 걸쳐 만들어진 화석연

료의 대부분을 소비해버렸습니다. (…) 자본주의체제의 무한한 경쟁과 이윤추구가 지구를 파괴하고 있습니다. **자본주의**하에서 우리는 인간이 아니라 소비자입니다. **자본주의**하에서 **어머니 대지**는 존재하지 않습니다. 그 대신 원료만이 있습니다. **자본주의**는 세계의 비대칭과 불균형의 근원입니다.[16]

볼리비아의 모랄레스정부가 추구하는 정치는 오늘날의 진보적 투쟁에서 그야말로 최첨단에 있다. 그럼에도 불구하고 방금 인용한 구절은 그 정치의 이데올로기적 한계(이는 언제나 실제적 댓가를 수반한다)를 괴롭도록 선명하게 보여준다. 모랄레스는 지나치게 단순한 방식으로 정확한 역사적 순간에 일어난 **타락**의 서사에 의존하는데("모든 것이 (…) 1750년의 산업혁명에서 시작되었습니다"), 예상대로 그러한 **타락**은 어머니 대지 안에 내린 우리의 뿌리를 상실한 데에 있다("**자본주의**하에서 어머니 대지는 존재하지 않습니다"). (여기에 우리는 이렇게 덧붙이고 싶은 유혹을 느낀다 ── 자본주의에 좋은 점이 하나 있다면 그것은 바로 어머니 대지가 이제 더이상 존재하지 않는다는 것이다.)

---

16 Evo Morales, "Climate change: save the planet from capitalism." 온라인으로 http://climateandcapitalism.com에서 볼 수 있음.

"**자본주의**는 세계의 비대칭과 불균형의 근원입니다" ― 이는 우리의 목표는 '자연적' 균형과 대칭의 회복이어야 한다는 뜻이다. 여기서 공격과 배격의 대상은 근대적 주체를 탄생시킨 바로 그 과정, 실질적이며 '모성적'인 자연질서 안에 우리의 뿌리가 있다는 발상과 더불어 어머니 대지(및 아버지 하늘)라는, 성별이 주어지는 전통적 우주론을 폐기하는 그 과정이다.

그리하여 공산주의 **이념**에 대한 충실성은 아르뛰르 랭보(Arthur Rimbaud)[17]의 말을 빌리면, "절대적으로 현대적이어야 한다"(il faut être absolument moderne) ― 우리는 언제나 절대적으로 현대적이어야 하며, 자본주의 비판을 '도구적 이성'이라든가 '근대 기술문명' 비판으로 왜곡하는 말만 번지르르한 일반화를 배격해야 한다. 우리가 네번째 적대 ― **배제된 자**와 **포함된 자**를 가르는 간극 ― 와 다른 세가지 적대 사이의 질적 차이를 강조해야 하는 것은 그 때문이다. 오직 **배제된 자**와 관련해서만 공산주의라는 용어의 사용이 정당화되는 것이다. **배제된 자**를 위협으로 보면서 어떻게 그들과 적당한 거리를 둘까 고민하는 국가공동체보

---

17 1854~91. 프랑스의 시인. 정식 이름은 아르뛰르 장 니꼴라스 랭보(Arthur Jean Nicholas Rimbaud). 21세 이전에 모든 유명한 시편들을 쓰고 절필했으며 현대시와 문화에 막대한 영향을 끼쳤다. ― 옮긴이

다 더 '사적인' 것은 없다.

그러므로 네가지 적대의 계열에서 **포함된 자**와 **배제된 자** 사이의 적대가 핵심적인 것이다. 그것 없이는 다른 모든 적대도 전복적 효력을 상실한다 — 생태학은 지속 가능한 발전의 문제로 변하고, 지적재산권은 복잡한 법률적 사안으로, 유전자공학은 윤리적 쟁점으로 변한다. 우리는 **포함된 자**와 **배제된 자** 사이의 적대와 전혀 마주하지 않고서도 환경을 보존하고 지적재산권의 포괄적 개념을 수호하며 유전자 판권작업에 반대하는 싸움을 성심껏 벌여나갈 수 있다. 심지어 우리는 이러한 투쟁들의 일정 측면들을 **포함된 자**가 오염을 몰고오는 **배제된 자**에 의해 위협받고 있다는 식으로 정식화할 수도 있다. 이러한 방식으로 진정한 보편성은 주어지지 않고 오로지 칸트적 의미에서 '사적인' 관심사만 주어진다. '홀 푸즈'(Whole Foods)나 '스타벅스' 같은 기업은 반노조활동에 관여하고 있어도 자유주의자들 사이에서는 계속해서 인기를 누리는데, 비결은 그들이 자기네 상품을 판매하면서 거기에 진보적 색채를 덧입히는 데 있다. 우리는 공정시장의 가격보다 높은 가격에 구입한 원두로 만든 커피를 구매하고, 하이브리드차를 몰고, 직원과 고객에게 (그 기업 자체의 기준에 따르면) 많은 혜택을 보장하는 기업의 상품을 구매하는 등등의 행동을 한다. 요컨대 **포함**

된 자와 **배제된 자** 사이의 적대가 없다면 우리는 빌 게이츠가 빈곤과 질병에 대항해 싸우는 가장 위대한 인도주의자이고 루퍼트 머독(Rupert Murdoch)은 자신의 미디어제국을 통해 수억달러를 동원하는 가장 위대한 환경주의자인 세계에 살고 있는지도 모를 일이다.

앞의 세가지 적대와 네번째 적대 사이에는 또다른 주요한 차이가 있다. 앞의 세가지는 사실상 인류의 (경제적, 인류학적, 심지어 물리적) 생존의 문제에 관여하는 반면 네번째는 궁극적으로 정의의 문제에 해당한다. 인류가 생태적 곤경에서 벗어나지 못한다면 우리 모두는 소멸할는지도 모른다. 그러나 우리는 기존의 사회적 위계, 격차, 배제를 유지할 뿐 아니라 사실상 강화하는 권위적 수단을 통해 여하튼 앞의 세가지 적대를 해결하는 사회를 충분히 상상할 수 있다. 라깡의 언어로 말하면 우리는 여기서 일반 기표들의 연쇄(S_2)를 주인 기표(S_1)에서 분리시키는 간극, 다시 말해 헤게모니 투쟁을 다루고 있다 ─ **포함된 자**와 **배제된 자** 사이의 적대에서 어느 쪽이 다른 세가지 적대에 대해 '헤게모니를 장악'(hegemonize)할 것인가? 우리가 **배제된 자**와 **포함된 자** 사이의 핵심적인 '계급'투쟁에서 승리할 경우에만 앞의 세가지 문제가 해결될 것이라고 주장하는 '역사적 필연성'의 해묵은 맑스주의 논리 ─ '계급차별의 극복만이 진정으로 우리를 생태적 곤경에서 벗어나게 할 수 있다'는 논리 — 에 우리는 더이상 의존할 수 없다. 네가지 적대 모두에 공통적인 특징이 있는데 그것은 프롤레타리아화의 과정, 인간 행위자가 자신의 실체를 박탈당한 순수한 주체로 영락하게 되는 과정이다. 그러나 이 프롤레타리아화는 상이한 방식들로 진행된다. 앞의 세 경우에 프롤레타리아화는 행위자에게서 그의 실체적 내용을 박탈한다. 네번째 경우 프롤레타리아화는 사회-정치적 공간에서 일정 인물들을 배제한다는 형식적 사실을 뜻한다. 우리는 이러한 3+1의 구조, 즉 주체와 실체 간의 외적 긴장(실체를 박탈당한 '인간')이 인간집단 내부에 반영된다는 것을 강조해야 한다. 인간집단 내부에서 실체 없는 주체성의 프롤레타리아적 위치를 직접 체현하는 주체들이 있다. '외적' 문제를 푸는 유일한 방법(소외된 실체의 재전유)은 주체 내적(inner-subjective) (사회적) 관계를 급진적으로 변형시키는 것이라는 주장을 **공산주의자**가 내거는 이유는 거기에 있다.

그러므로 공산주의적-평등주의적인 해방적 **이념**을 고집하는 것, 그리고 그것을 아주 정확히 맑스적인 의미에서 고집하는 것은 대단히 중요하다. 사회적 위계의 '사적' 질서 안에 딱히 정해진 자리가 없는 연유로 보편성을 직접 표상하는 사회집단들이 있는데 이들은 랑씨에르가 사회조직

체(social body)의 "몫이 없는 부분"이라고 부르는 그것이
다.[18] 진정으로 해방적인 모든 정치는 '이성의 공적 사용'
의 보편성과 "몫이 없는 부분"의 보편성 사이의 단락(短絡,
short-circuit)에 의해 생겨난다. 이는 이미 청년 맑스의 공
산주의적 꿈이었다 ─ 철학의 보편성과 프롤레타리아의
보편성을 결합하는 것. 사회-정치적 공간 안으로의 **배제된
자**의 침입을 일컫는, 고대 그리스에서 유래한 이름이 있으
니 곧 민주주의다. 오늘날 우리의 질문은 민주주의가 여전
히 이러한 평등주의적 폭발에 알맞은 이름인가 하는 것이
다. 여기에 두가지 극단적 입장이 있는데, 그 하나는 민주주
의를 그 정반대(계급지배)의 환영(幻影)적 출현 형식으로
성급하게 치부해버리는 것이며, 다른 하나는 우리가 경험

---

18 랑씨에르가 말하는 "몫이 없는 부분"(la part des sans-part; the part
of no-part 혹은 the part having no part)은 아리스토텔레스의 공동
체에서 자신의 고유한 자리를 가지지 못한 자들, 통치에 참여할 수 없
는 자들, '몫'이나 '역할'이 없는 자들을 가리킨다. 공동체의 '부분
아닌 부분'인 이들이 자기 '몫'을 요구하고 나올 때 '정치'가 시작된
다. Jacques Rancière, *Disagreement: Politics and Philosophy*, trans.
Julie Rose, Minneapolis: University of Minnesota Press 1999(원본
은 *La Mésentente: Politique et Philosophie*, Paris: Galilée 1995) 제
4장 참조. 지젝은 『잃어버린 대의를 옹호하며』(*In Defense of Lost
Causes*, London: Verso 2008; 한국어본은 박정수 역, 그린비 2009)에
서도 사회의 "몫이 없는 부분"이 표상하는 보편성의 형식에 주목한
다. ─ 옮긴이

하는 민주주의, 현실 민주주의는 진정한 민주주의의 왜곡
이라고 주장하는 것이다 — 간디(M. K. Gandhi)가 서구문
명에 관해 질문을 던진 영국 언론인에게 대답했던 식으로
말이다. "좋은 생각이군요. 우리가 그걸 실천에 옮기면 어떨
까요!" 이러한 두 극단 사이에서 오가는 논쟁이 너무 추상
적이라는 점은 명백하다. 우리가 다루어야 할 문제는 어떻
게 민주주의가 **배제된 자** 안에 체현된 보편성의 차원에 관
계하는가 하는 것이다.

이처럼 **배제된 자**를 **포함된 자**에게서 분리하는 장벽에 주
목하는 것은 사회적 적대에 대한 엄밀하게 맑스주의적인
관념을 훼손하면서 '개방성'("어느 누구도 배제되어서는
안되며 모든 소수집단, 라이프스타일 등이 포용되어야 한
다")이라는 자유주의적-관용적-다문화주의적 주제로 은
밀히 회귀한다는 오해를 사기 쉽다. 또 반대편의 '포스트모
던'한 시각으로부터는, 푸꼬가 분석한 사회적 통제와 규제
의 복잡한 '미시정치적' 장치를 무시하는 **배제된 자/포함된
자**의 순진한 대립으로 이론적으로 퇴보하고 있다는 비판을
받을는지도 모른다. 피터 홀워드(Peter Hallward)[19]는 (랑씨

---

19 캐나다의 정치철학자, 『급진 철학』(*Radical Philosophy*) 편집인. 바디
우의 『윤리』(*L'Ethique: Essai sur la conscience du mal*, Paris: Hatier
1993)를 영어로 옮겼으며 들뢰즈와 바디우에 관한 저서가 있다. —
옮긴이

에르의 "몫이 없는 부분"에 해당하는) 바디우의 비가시성, "전혀 중요치 않음"(counting-for-nothing), 사회구조물의 징후적 요소의 관념에 맞서 그와 유사한 비판적 논지를 펼친다.

실제의 정치적 작업은 비가시적이거나 보이지 않는다기보다 덜 보이거나 잘못 보이는 사람들 혹은 상황들에 더 빈번히 관여한다. 이들은 전혀 중요치 않다기보다 아주 조금밖에 중요치 않은 존재들이다. 이들은 단순히 배제된다기보다 억압되고 착취된다. 이러한 차이는 뉘앙스 이상의 의미를 지닌다. 이제까지 수세대에 걸친 해방철학자들이 주장했듯이 근대적 형태의 권력은 현상황에 이바지하는 행위와 규범을 주로 배제하거나 금지하기보다는 조절하거나 인도하거나 혹은 향상시킨다. 이와 대조적으로 바디우의 최근 작업에 암묵적으로 영향을 미치는 듯한 권력모델은 여전히 그람시까지는 아니라도 푸꼬 이전 시대에 속한 것이 아닌가 싶다.[20]

그럼에도 불구하고 우리는 '바디우 대 푸꼬'의 이러한 선

---

20 Peter Hallward, "Order and event," *New Left Review* 53 (September-October 2008) 104면.

택에 있어 푸꼬의 접근법이 무시하는 차원, 바디우의 비가시성 관념이 주목하는 차원을 강조해야 한다. 즉 생산적 권력, 배제하는 방식이 아니라 능력을 부여하는/규제하는 방식으로 작동하는 권력에 대한 푸꼬의 관념에는 어떤 상황의 모순(또는 '징후적 비틀림')의 지점, 상황에 속했으나 그 상황(내부)에서 고유의 자리를 갖지 못한 — 우연적 이유로 그렇지 않고 그 전위(轉位)/배제가 그 상황 자체에 구성적이기 때문에 그러한 — 요소에 대한 바디우의 관념이 들어설 여지가 없다. 프롤레타리아의 경우를 보라. 자본주의적 세계 내부에서 노동계급은 물론 다양한 방식으로 (시장에서 자신의 노동력을 자유로이 파는 자로서, 잠재적 폭도로서, 자본주의적 경영자의 충실한, 훈육된 종복으로서 등등) '가시적'이다. 그러나 가시성의 이러한 양식들 중 어느 것도 자본주의적 우주의 "몫이 없는 부분"으로서 프롤레타리아가 지닌 징후적 기능을 덮어버리지는 못한다. 바디우의 '비가시성'은 주도적인 이데올로기적 공간 안에 있는 가시성의 반대면으로서, 가시적인 것이 가시적일 수 있도록 비가시적으로 남아 있어야만 하는 어떤 것이다. 더 전통적인 다른 방식으로 표현하면, 푸꼬의 접근법이 포착하지 못하는 것은 양면을 지닌 징후적 요소의 관념으로서, 그 한 면은 한 상황의 주변적 우발사건이며 다른 면은 바로 이 상황의 진리(를 표상하는 것)이다. 동일한 방식으로, '배제된 자'는 물론 가시적인데, 역설적이지만 **그들의 배제 자체가 그들의 포함 양식이라는** 엄밀한 의미에서 그러하다. 사회조직체 안의 그들의 '고유한 자리'는 (공적 영역으로부터의) 배제의 자리인 것이다.

라깡이 맑스는 이미 징후의 (프로이트적) 관념을 발명했다고 주장했던 것은 그 때문이다. 맑스와 프로이트 양자에 있어 (사회나 심리) 체계의 진리에 이르는 길은 이 체계의 '병적인' 주변적, 우발적 왜곡으로 나타날 수밖에 없는 것, 가령 말실수, 꿈, 징후, 경제위기 등을 통과해 지나간다. 프로이트적 **무의식**은 정확히 상동적인 방식으로 '비가시적'이며, 푸꼬의 체계 안에 그것을 위한 자리가 없는 것은 그 때문이다. 자신이 프로이트의 "억압의 가설"이라고 부르는 것에 대한 푸꼬의 거부 —— 규제적 권력담론이 성을 묘사하고 규제하는 바로 그 행위를 통해 성을 생산한다는 그의 관념 —— 가 (프로이트적) 핵심을 놓치는 것은 그 때문인 것이다. 프로이트와 라깡은 억압된 것의 귀환 없이는 억압이 없다는 점을 잘 알고 있었으며, 억압적 담론은 그것이 억압하는 것을 생산한다는 점을 잘 알고 있었다. 그러나 이 담론이 억압하는 것은 그것이 억압하는 듯이 보이는 것, 그 담론 자체가 자신이 통제하려 애쓰는 위협적 X로 간주하는 그것이 아니다. 억압적 담론이 자신에 의해 통제되어야 할 위협으로 묘사하는 '성'의 형상들 — 가령 그 통제되지 않은 성이 남성적 질서에 대한 위협이 되는 **여성**의 형상 — 은 그 자체가 환상적 신비화다. 이보다는, 그 담론이 '억압하는' 것은 (여러가지가 있지만 특히) 자신이 통제하고자 하는 것에 의한 그 자신의 오염이다 — 가령 성의 희생이 그 희생 자체에 성적인 성격을 부여하는(sexualizes) 방식, 혹은 성을 통제하려는 노력이 이 통제의 활동 자체에 성적인 성격을 부여하는 방식 같은 것이다. 성은 물론 '비가시적'이지 않다 — 그것은 통제되고 규제된다. '비가시적'인 것은 바로 이 통제작업에 성적인 성격이 부여된다는 사실이며, 그러므로 그것은 우리가 통제하려 노력하는 잡기 힘든 대상이 아니라 그 대상에 우리 자신이 참여하는 양식이다.

사회-정치적 과정에서 배제된 자들의 문제를 인정하는 자유주의자들은 자신들의 목표를 목소리를 내지 못하는 자들의 포함이라고 정식화한다 — 모든 입장이 경청되어야 하고, 모든 이해관계가 고려되어야 하고, 모든 이의 인권이 보장되어야 하고, 모든 방식의 삶과 문화와 실천이 존중되어야 하고 등등. 이러한 민주주의적 담론의 강박관념은 모든 종류의 — 문화적, 종교적, 성적 등등 그 모든 종류의 — 소수자에 대한 보호다. 민주주의의 공식은 참을성있는 협상과 타협이다. 여기서 놓치고 있는 것은 프롤레타리아적 입장, **배제된 자**에 체현된 보편성의 입장이다. 우고 차베스(Hugo Chávez)가 베네쑤엘라에서 착수한 일을 자세히 들여다보면 그것이 포함의 표준적인 자유주의적 형태와 현저히 다르다는 점이 분명해지는 것은 그 때문이다. 차베스는 배제된 자들을 기존의 자유민주주의적 틀 안에 포함시키고 있는 것이 아니다. 오히려 그는 빈민지역의 '배제된' 거주민들을 자신의 **토**대로 삼고, 정치공간과 정치적 조직형태를 배제된 자들에 '맞도록' 재조직하고 있는 것이다. 현학적이고 추상적으로 보일지는 몰라도 이러한 차이 —— '부르주아민주주의'와 '프롤레타리아독재' 사이의 차이 —— 는 결정적이다.

한세기 전 빌프레도 빠레또(Vilfredo Pareto)[21]는 사회적(그리고 그외의) 삶의 소위 80 대 20의 법칙을 처음으로 제시했다. 80%의 땅을 20%의 사람들이 소유하며, 80%의 이윤을 20%의 피고용인들이 창출하며, 80%의 결정을 20%의 회의시간 사이에 내리며, 웹상 80%의 링크가 20% 이하의 웹페이지를 가리키며, 80%의 완두콩이 20%의 완두 꼬투리에

---

21 1848~1923. 이딸리아의 사업가, 경제학자, 사회학자. '빠레또 효율'
   또는 '빠레또 최적'의 개념과 더불어 지젝이 언급하는 '빠레또 법칙'
   (80 대 20 법칙)을 제시하였다. —— 옮긴이

서 나온다. 지금까지 몇몇 사회분석가와 경제학자들이 주장했듯이 우리 시대에 폭발적으로 치솟은 경제 생산성으로 인해 우리는 80 대 20 법칙의 극단적 실례와 마주하게 된다 ─ 다가오는 세계경제는 단지 20%의 노동력이 필요로 되는 모든 일을 해낼 수 있는 상태를 향해 갈 것이며 따라서 80%의 사람들은 기본적으로 무의미하고 쓸모없는 존재가 되고 그리하여 잠재적 실업상태에 처하게 될 것이다. 이 논리가 극단에 이르면 그것을 자기부정으로 이끄는 것이 합리적이지 않겠는가? 즉 80%의 사람들을 무의미하고 쓸모없게 만드는 체제는 그 자체가 무의미하고 쓸모없는 것이 아닌가?

안또니오 네그리는 『르몽드』(*Le Monde*)와 인터뷰를 한 적이 있는데, 인터뷰중에 그는 기자와 함께 베니스 메스뜨레 교외의 어느 거리를 따라 걷다가 섬유공장 바깥에 일렬로 서서 피켓시위를 벌이고 있는 노동자들과 마주쳤다. 그들을 가리키며 그는 못마땅한 듯이 말했다. "한심한 노릇이군. 펠리니(Federico Fellini)[22] 영화의 한장면 같네!"[23] 네그

---

[22] 1920~93. 이딸리아 영화감독. 「사기꾼」(Il bidone, 1955), 「까비리아의 밤」(Le notti di Cabiria, 1956) 등에서 사기꾼과 창녀 같은 하층계급을 영상에 담았다. 감독 경력의 전반부에는 네오리얼리즘 성향이 강했으며 현실과 환상, 기억, 욕망이 어우러지는 '펠리니 스타일'을 만들어냈다고 평가된다. ─ 옮긴이

[23] "Nous sommes déjà des hommes nouveaux," *Le Monde*, July 13, 2007.

리에게 그 노동자들은 기업의 고용보장에 초점을 맞춘 전통적인 노동조합주의적 사회주의, '포스트모던' 자본주의의 역동성과 인지노동의 주도적 지위로 인해 가차 없이 무용지물이 된 사회주의의 모든 오류를 대표하고 있었다. 네그리에 따르면 이러한 '자본주의의 새로운 정신'을 위협으로 간주하면서 그에 전통적인 사회민주주의적 방식으로 반응하는 대신 우리는 그 안에서 — 사회적 상호작용의 비위계적·비중앙집권적 형식을 지닌 인지노동의 역동성 안에서 — 공산주의의 씨앗을 식별하기 위해 그것을 전면적으로 수용해야 한다. 그러나 우리가 이 논리를 끝까지 따라가면 오늘날 노동조합의 주요과제가 노동자들을 디지털화된 새로운 경제 안으로 흡수하기 위해 그들을 재교육하는 것이어야 한다는 냉소적인 신자유주의적 주장에 동의하지 않기란 어렵게 된다.

하지만 정반대의 전망은 어떠한가? 새로운 자본주의의 역학이 점점 더 큰 비율의 노동자를 잉여의 존재로 만들고 있다면, 세계자본주의의 '살아있으면서 죽은 자들', 신자본주의적 '진보'의 뒤에 남겨진 모든 자들, 쓸모없고 무가치하게 된 모든 자들, 새로운 조건에 적응하지 못하는 모든 자들을 재통합하는 기획은 어떠한가? 내걸린 문제는 물론 우리가 이 역사의 잔재들과 역사의 가장 진보적인 측면 사이에 직접적 단락(短絡)을 형성할 수 있겠는가 하는 것이다.

'이성의 공적 사용'

이 문제는 우리를 공산주의에 대한 그 다음의 기본적 정의로 인도한다 ― 사회주의와 대조적으로 공산주의는 독특한 보편성, 특수한 규정들을 건너뛴 독특한 것과 보편적인 것 사이의 직접적 접속을 가리킨다. 바울이 기독교적 관점에서는 "남자나 여자나 유대인이나 그리스인이나 아무런 구별이 없다"고 말할 때 그는 이로써 인종적(ethnic) 뿌리, 민족 정체성 따위가 진리의 범주가 아님을 주장하고 있다. 엄밀한 칸트적 용어를 쓰자면, 우리가 자신의 인종적 뿌리에 대해 반성할 때 우리는 우연한 독단적 전제들에 구속되는 이성의 사적 사용에 종사하고 있다. 즉 우리는 이성의 보편성의 차원에 거하는 자유로운 인간으로서가 아니라 '미숙한' 개인으로서 행동하는 것이다. 공적인 것과 사적인 것의 이러한 구별과 관련한 칸트와 로티(Richard Rorty) 사이의 대립은 주목을 받는 일이 드물지만 그럼에도 불구하고 대단히 중요하다. 두사람 모두 두 영역을 선명하게 구별하지만 그 방식은 정반대다. 우리 시대의 위대한 자유주의자의 전형 로티에게 있어 사적인 것은 창조성과 광폭한 상상력이 지배하며 도덕적 고려는 (거의) 정지되는 개인적 특이성(idiosyncrasies)의 공간이며, 공적인 것은 반대로 우리가 다른 이들을 해치지 않기 위해 규칙을 준수해야 하는 사회적 상호작용의 공간이다. 로티 자신의 용어로 사적인 것은 아이러니의 공간인 반면 공적인 것은 연대의 공간이다. 그러나 칸트에게 있어 '세계시민사회'의 공적 공간은 보편적 독특성의 역설, 특수한 것의 매개를 건너뛰고 일종의 단락 속에 **보편적인 것**에 직접 참여하는 독특한 주체의 역설을 예시한다. 「계몽이란 무엇인가?」라는 에쎄이의 유명한 구절에서 칸트가 '사적인 것'에 대립되는 것으로서의 '공적인 것'으로 의미하는 바는 그것이다 — '사적인 것'은 공동체적 유대에 대립되는 것으로서의 개인적 유대가 아니라 바로 특수한 동일시의 공동체적–제도적 질서를 지칭하며, '공적인 것'은 **이성**의 행사의 초국적 보편성을 가리킨다.

우리 이성의 공적 사용은 언제나 자유로와야 하며 그것만이 사람들 사이에 계몽을 달성할 수 있다. 한편 우리 이성의 사적 사용은 계몽의 진보를 특별히 방해하지 않으면서 종종 아주 협소하게 제한될 수 있다. 우리 이성의 공적 사용으로 나는 어떤 사람이 독자 공중(the reading public) 앞에서 학자로서 하는 이성의 사용을 의미한다. 어떤 이에게 맡겨진 특수한 공적 지위 또는 공직에서 그가 하는 이성의 사용을 나는 사적 사용이라 부른다.[24]

"자유롭게 생각하라, 그러나 복종하라!"는 칸트의 공식(이는 물론 그 나름으로 일련의 문제를 제기하는데, 왜냐하면 그것 역시 사회적 권위의 '수행적' 차원과 수행성이 정지되는 자유로운 생각의 차원 사이의 구별에 의존하기 때문이다)이 지니는 역설은 그리하여 우리가 정확히, 우리의 실체적인 공동체적 동일시에서 뽑아낸(extracted), 혹은 심지어 그에 대립되는 독특한 개인으로서 '공적' 영역의 보편적 차원에 참여한다는 것이다 — 우리는 공동체적 정체성들의 틈새들에서, 근본적으로 독특할 때에만 참으로 보편적이다. 여기서 칸트는 로티에 대한 비판으로 읽어야 한다. 공적 영역을 **이성**의 구속받지 않는 행사로 특징지어지는 것으로 봄으로써 칸트는 우리의 사회적 정체성의 한계, (사회적) 존재의 질서 내의 우리의 위치가 지니는 한계 **바깥**에 있는 해방적 보편성의 차원 — 로티에게 그토록 결정적으

---

24 Immanuel Kant, "What is Enlightenment?" in *The Portable Enlightenment Reader*, ed. Isaac Kramnick, New York: Penguin Books 1995, 5면.

로 결여된 바로 그 차원 — 을 환기하고 있다.

이러한 독특한 보편성의 공간이 기독교 내부에서 '성령'으로 나타나는 그것이다 — 유기적 공동체들 혹은 특수한 생활세계들의 영역에서 **빼낸**(subtracted) ("그리스인도 유대인도 아닌") 신도집단의 공간. 그러므로 칸트의 "자유롭게 생각하라, 그러나 복종하라!"는 그리스도의 "그러면 까이싸르의 것은 까이싸르에게 돌리고 하느님의 것은 하느님께 돌려라"[25]의 새로운 판본 아닌가? "까이싸르의 것은 까이싸르에게 돌리고" — 즉 네 공동체의 '사적인' 특수한 생활세계를 존중하고 그에 복종하라. "하느님의 것은 하느님께 돌려라" — 즉 신자 공동체의 보편적 공간에 참여하라. 바울적 신도집단은 칸트적 '세계시민사회'의 원형이며, 그렇게 국가의 영역 자체는 그 나름대로 '사적'이다 — 국가의 행정적·이데올로기적 장치들에 있어서의 '**이성**의 사적 사용'이라는 엄밀한 칸트적 의미에서 사적인 것이다.

말기 저작 『학부들의 논쟁』(*Conflict of Faculties*)에서 칸트는 하나의 간단하지만 답하기 힘든 문제를 다루는 가운데 그러한 고찰을 이어간다 — 역사에는 진정한 진보가 있는가? (그는 그저 물질적 발전만이 아니라 윤리적 진보를 의미했다.) 그는 실제의 역사는 혼란스러우며 이 문제에 있

---

25 성경 마태오 22장 21절(공동번역의 표현에 따름). — 옮긴이

어 뚜렷한 증거를 제공하지 않는다는 사실을 인정했다. (예를 들어 20세기가 민주주의와 복지공급의 선례 없는 확대를, 그러나 또한 홀로코스트와 굴라끄를 선사했음을 생각해보라.) 그럼에도 불구하고 칸트는 진보를 증명할 수는 없을지라도 실로 진보가 가능하다는 것을 나타내주는 징표들을 우리가 알아볼 수는 있다고 결론지었다. 그는 프랑스혁명이 그런 징표의 하나로서 자유의 가능성을 가리키고 있다고 해석했다 ── 지금까지 생각할 수도 없던 일이 일어났으며 국민 전체가 두려움 없이 자신의 자유와 평등을 주장했던 것이다. 칸트로서는 빠리 거리에서 일어난 사건들의 종종 피비린내 나는 현실보다 더 중요했던 것이 유럽 전역의 공감어린 관찰자들의 눈에 그 사건들이 불러일으킨 열광이었다.

풍요로운 정신을 지닌 국민의 최근 혁명은 실패할 수도, 성공할 수도 있고 참상과 잔혹한 행위를 축척해갈 수도 있지만, 그럼에도 불구하고 그것은 (거기에 직접 휘말리지 않은) 모든 관찰자들의 가슴 속에 욕망에 따른 편들기를 불러일으켰는바, 이러한 편들기는 열광에 버금가는 것으로서 그것의 표현 자체에 위험이 따랐기 때문에 오로지 인류 안의 도덕적 성향만이 그것을 촉발한 원인이

라고 할 수 있다.[26]

여기서 우리는 프랑스혁명이 유럽에서뿐만 아니라 아이
띠처럼 멀리 떨어진 곳에서도 열광을 불러일으켰다는 점
에 주목해야 한다. 그곳의 열광은 칸트적 관찰자의 열광만
이 아니었으니, 또다른 세계사적 사건의 핵심적 순간에 참
여적, 실천적 형태를 띠고 나타났던 것이다. 그 사건은 프랑
스혁명의 해방의 기획에 전면적으로 참여하기 위해 싸우는
흑인노예들의 첫번째 반란이었다.

미국 대통령 선거에서의 오바마의 승리는 일정 차원에
서 동일한 선상에 있다. 우리는 오바마의 승리가 가져올 실
제의 결과에 대해 냉소적 의혹을 품을 수 있고 또 그래야 한
다. 실용적-현실주의적 시각에서 볼 때 오바마는 결국 얼굴
주름 펴기 성형수술을 하듯 지엽적 문제만 몇가지 해결해놓
고 끝나는 '인간적 얼굴을 한 부시'로 드러날 가능성이 다
분하다. 그는 기본적으로 동일한 정치를 좀더 매력적인 방
식으로 추구할 것이며 그럼으로써 어쩌면 부시 재임기의 재
앙으로 손상을 입은 미국의 주도권을 심지어 강화하게 될
것이다. 그럼에도 불구하고 이러한 반응에는 어딘지 심히

---

26 Immanuel Kant, "The conflict of faculties," in *Political Writings*,
   Cambridge: Cambridge University Press 1991, 182면.

잘못된 데가 있다 — 어떤 중요한 차원이 빠져 있는 것이다. 열광에 대한 칸트적 개념에 비추어보면 오바마의 승리는 그저 온갖 실용주의적 계산과 조작이 난무하는, 다수당이 되기 위한 끝없는 의회 투쟁에서의 또 한번의 변화로만 간주할 수는 없다. 그의 승리는 그 이상의 무엇을 가리키는 징표다. 나와 가까운 어느 미국 친구가 아무 환상도 지니지 않은 단련된 좌파인데 오바마의 승리 소식을 듣고 몇시간이나 울었던 것은 그래서였다. 우리의 의혹, 두려움, 그리고 타협이 무엇이든지, 그 열광의 순간에만은 우리 각자는 자유로웠으며 인류의 보편적 자유에 참여하고 있었던 것이다.

오바마의 승리가 그러한 열광을 불러일으켰던 이유는 단지 모든 역경을 뚫고 그 일이 실제로 일어났다는 사실뿐만 아니라 그러한 일이 일어날 수 있는 **가능성**이 증명되었다는 사실에 있다. 모든 위대한 역사적 파열(rupture)도 마찬가지다 — 베를린장벽의 붕괴를 상기해보라. 공산주의정권들이 썩었고 무능력하다는 것을 우리 모두가 알고 있었지만 우리는 어쩐지 그 정권들이 붕괴되리라고 '실제로 믿지는' 않았다 — 헨리 키씬저처럼 우리는 너무나도 냉소적 실용주의의 희생자들이었던 것이다. 이러한 태도는 "je sais bien, mais quand même"라는 프랑스 표현으로 가장 잘 압축된다 — 그 일이 일어날 수 있음을 나는 잘 알고 있지만 그래도 마찬가지다. (그 일이 일어나리라는 것을 나는 진심으로 인정할 수 없다.) 오바마의 승리가 적어도 선거 두주 전부터는 명확히 예상되는 일이었지만 그래도 실제의 승리가 놀라움으로 경험된 것은 그 때문이다 ─ 어떤 의미에서 생각할 수도 없는 일이, 우리가 일어날 수 있다고 진심으로 믿지는 않았던 어떤 일이 일어났던 것이다. (생각할 수도 없는데 실제로 발생하는 일의 비극적 판본도 있음을 주목하라. 가령 홀로코스트나 굴라끄 같은 것…… 그런 일이 일어날 수 있었다는 것을 우리가 어떻게 인정할 수 있는가?)

오바마가 자신이 당선될 수 있도록 행했던 그 모든 타협을 지적하는 이들에게 우리는 또한 이와 같은 방식으로 답해야 한다. 선거캠페인에서 그가 자초한 위험은 마틴 루서 킹에게 가해진 후대의 역사적 비판의 내용을 그가 이미 몸소 실행하고 있었다는 점으로, 다시 말해 그가 당선 자격을 확보하기 위해 자신의 강령에서 논란이 될 법한 문제들을 깨끗이 없애는(cleansing) 작업을 했다는 것이다. 몬티 파이선(Monty Python)에서 만든 종교 패러디물 「브라이언의 생애」(The Life of Brian)[27]에는 예수 그리스도 당대의 팔레

---

27 '몬티 파이선'은 영국의 전설적 코미디 제작단체로, 여기서 만든 1979년의 코미디영화 「브라이언의 생애」는 브라이언 코헨(Brian Cohen)이라는 젊은 유대인이 예수 그리스도와 같은 시대, 같은 장소에 태어나 메시아로 오인된다는 이야기를 담고 있으며 개봉 당시 종

스타인을 배경으로 한 유명한 대화가 나온다. 유대인 혁명 저항조직의 지도자가 로마인들은 유대인에게 고통만 가져왔다고 열변을 토한다. 추종자들이 로마인들은 그래도 교육을 도입하고 도로를 만들고 관개시설을 축조하는 등등의 일을 했다고 말하자 지도자는 의기양양하게 다음과 같이 결론을 맺는다. "좋다, 하지만 위생, 교육, 의료, 포도주, 공중질서, 관개, 도로, 담수씨스템, 공중보건 말고 로마인들이 우리에게 해준 것이 뭐가 있는가?" 오바마의 최근 선언도 이와 같은 식이 아닌가? "나는 부시 정치와의 근본적 단절을 표방합니다! 물론, 나는 이스라엘에 대한 전면적 지원과, 아프가니스탄과 파키스탄에서의 테러에 대한 전쟁의 지속과, 고문을 명한 자들에 대한 기소의 거부 등등에 찬성합니다. 하지만 그래도 나는 부시 정치와의 근본적 단절을 표방합니다!" 오바마의 취임연설은 이러한 '정치적 자기정화(self-cleansing)'의 과정을 마무리했으며 그 연설이 미국 내의 수많은 좌파 자유주의자들에게조차 그토록 실망스러웠던 것은 그 때문이다. 그것은 잘 만들어진 그러나 괴이하게도 맥없는 연설이었던바, "오늘 우리를 지켜보는 모든 다른 민족과 정부들"에게 보내는 그 연설의 메씨지는 "우리는 다시 한번 앞장설 준비가 되어 있습니다" "우리는 우리의

교단체들의 거센 항의에 시달리기도 했다. — 옮긴이

생활방식에 대하여 변명하지 않을 것이며 그것을 수호하는 데 있어 흔들리지 않을 것입니다"였다.

선거캠페인 중에 종종 지적되었던 점이지만, 오바마가 "희망의 담대함"이라든지 우리가 믿을 수 있는 변화에 대해 말할 때 그는 특정한 내용을 전혀 담지 않은 수사에 의존했다. 무엇을 희망한다는 말인가? 무엇을 변화시킨다는 말인가? 이제 상황은 좀더 분명하다. 오바마는 미국 정치의 근본 목표, 즉 미국인의 생활방식의 수호와 국제무대에서 미국에게 주어진 주도적 역할을 재확인하는 데 기여할 전술적 변화를 제안하고 있다. 이제 미제국은 더 인도적으로 되고 다른 이들을 더 존중하게 될 것이며, 자신의 의지를 사납게 강요하는 방식보다 대화를 통해 세계를 주도할 것이다. 부시행정부가 사나운 얼굴을 한 제국이었다면 이제는 인간적 얼굴을 한 제국이 우리 앞에 나타나게 된다 — 그러나 그것은 동일한 제국일 것이다. 2009년 6월 카이로에서 행한 오바마의 연설은 그가 이슬람세계를 향해 손을 내미는 시도였는데 거기서 그는 논쟁을 (문명들조차도 아닌) 종교들의 탈정치화된 대화라는 식으로 정식화했다 — 여기서 오바마는 '정치적으로 올바른' 최악의 모습을 보였다.

그럼에도 불구하고 그러한 비관적 시각은 뭔가 부족하다. 세계적 상황은 엄한 현실일뿐더러 상황의 이데올로기적 윤곽에 의해, 즉 그 안의 가시적인 것과 비가시적인 것, 말할 수 있는 것과 없는 것에 의해 규정되고 있기도 하다. 에후드 버락(Ehud Barak)[28]이 십년도 더 전에 『하아레츠』 (Ha'aretz)의 기드온 레비(Gideon Levy) 기자에게서 만일 그가 팔레스타인 사람으로 태어났다면 무엇을 했겠느냐는 질문을 받고 답했던 말을 기억하라 — "테러리스트 조직에 가담했겠지요." 이 말은 테러리즘을 인정하는 것과는 아무 관련도 없지만, 팔레스타인인들과의 대화공간을 여는 데 에서는 큰 의미를 지닌다. 고르바초프가 '글라스노스뜨'와 '뻬레스뜨로이까'의 슬로건을 내걸었던 것을 기억하라. 그 가 그 슬로건들로 '실제로 의미한' 것이 어떻든지간에 그는 세계를 변화시킨 하나의 사태(沙汰)를 촉발시켰다. 혹은 부 정적 예를 들자면, 오늘날 고문에 반대하는 사람들조차 그 것을 공개토론의 주제로 수용하는데, 이는 우리의 공동 담 론에 있어 커다란 후퇴다. 말은 결코 '그냥 말'이 아니다. 말 은 우리가 무엇을 할 수 있는지의 윤곽을 규정하기 때문에 중요하다.

이런 면에서, 오바마는 우리가 공적으로 할 수 있는 말의

---

28 1942~ . 이스라엘의 군 출신 정치가. 이스라엘 방위군 참모총장, 내무
   장관, 외무장관, 노동당 당수, 총리 등 역임. 현이스라엘 국방장관. —
   옮긴이

한계를 변화시키는 탁월한 능력을 이미 입증했다. 지금까지 그가 이룬 가장 큰 업적은 특유의 세련되고 비자극적인 방식으로, 대중연설에 지금까지 사실상 말할 수 없었던 주제를 도입했다는 점에 있다 ── 정치에 있어 인종의 여전한 중요성, 공적 생활에 있어 무신론자의 긍정적 역할, 이란이나 하마스 같은 '적들'과 대화할 필요성 등. 오늘날 미국 정치가 그 교착상태에서 벗어나려면 무엇보다 필요한 것이 바로 그것이다 ── 우리가 생각하고 행동하는 방식을 변화시킬 새로운 말들.

오바마의 대통령으로서의 여러 행위들 또한 이미 이 방향을 가리키고 있다(가령 교육과 건강보험에 관한 구상, 꾸바와 다른 '깡패'국가들에 대한 제의들). 하지만 이미 언급한 대로 오바마의 진정한 비극은 그가 자본주의의 궁극적 구세주로, 따라서 위대한 보수적 미국 대통령 중 한사람으로 판명될 가능성이 아주 높다는 것이다. 강경우파 애국주의자로 통하는 보수주의자만이 해낼 수 있는 진보적인 일들이 있다. 드골만이 알제리의 독립을 허용할 수 있었고, 닉슨만이 중국과 국교를 수립할 수 있었다 ── 이 두가지 경우에 만일 진보적 대통령이 그런 일을 했다면 그는 국가의 이익을 배반한다든지 원칙을 버리고 공산주의자 혹은 테러리스트들과 타협한다는 등의 즉각적 비난에 직면했을 것이다. 오바마의 곤경은 정확히 그 반대인 듯하다. 그가 '진보주의자'로 통한다는 사실이 체제를 안정화하는 데 필요한 '구조 재조정'을 강제할 수 있도록 그에게 힘을 실어주고 있는 것이다.

그럼에도 불구하고 이러한 결과들로 인해 (비록 그 결과가 불가피한 것으로 드러날는지도 모르지만) 오바마의 승리가 촉발한 진정한 칸트적 열광의 가치가 떨어지는 것은 결코 아니다. 그의 승리는 회상과 지시와 예지의 징표(signum rememorativum, demonstrativum, prognosticum)라는 삼중의 칸트적 의미에서 역사적 징표였다 — 노예제와 그 철폐를 위한 투쟁의 긴 과거에 대한 기억이 반향하고 있는 징표, 바로 지금의 변화를 보여주는 사건, 미래의 성취에 대한 희망. 오바마의 승리가 전세계에 걸쳐 그와 같은 보편적 열광을 불러일으켜서 베를린에서부터 리우데자네이루에 이르는 도시에서 사람들이 거리에 나와 춤을 춘 것도 이상할 것이 없다. 걱정이 앞선 많은 진보주의자들의 경우까지 포함하여 사람들이 문을 닫고 뒤에서 표했던 모든 회의(공공연히 부인되었던 인종차별주의가 투표소의 은밀한 공간에서 다시 출현하면 어떻게 하나?)는 잘못된 것으로 드러났다.

… 아이띠에서

그러나 우리가 공산주의에 관해 말하고자 한다면 이 모든 것은 여전히 불충분하다. 그러면 여기, 그러한 칸트적 열광에는 무엇이 빠져 있는가? 답에 접근하려면 헤겔로 관심을 돌릴 필요가 있는데, 프랑스혁명의 충격에 대한 헤겔 자신의 묘사는 칸트의 열광을 전적으로 공유하는 것이었다.

따라서 이것은 영광스러운 정신적 여명이었다. 사유하는 모든 존재들은 이 시대의 환희에 동참하였다. 그때에 고결한 성격의 감정이 사람들의 마음을 휘저어놓았으며, 마치 신성한 것과 세속의 것 사이의 화해가 이제 처음으로 달성된 양 정신적 열광이 온세계에 퍼져나갔다.[29]

그러나 헤겔은 결정적인 무엇을, 적어도 암묵적으로 여기에 추가했다. 쑤전 벅 모스(Susan Buck-Morss)가 『헤겔과 아이띠』[30]라는 글에서 밝혔듯이 자유 아이띠공화국을 탄

---

29 G. F .W. Hegel, *The Philosophy of History*, New York: Dover 1956.
30 2000년 『크리티컬 인콰이어리』(*Critical Inquiry*)에 논문으로 처음 발표되었고 후에 『헤겔, 아이띠, 보편사』(*Hegel, Haiti, and Universal History*, Pittsburgh: University of Pittsburgh Press 2009)라는 책으로

생시킨 아이띠에서의 성공적 흑인반란은 헤겔이 「예나 수고」(*Jena manuscript*)에서 처음 도입하여 『정신현상학』(*Phänomenologie des Geistes*)에서 더 발전시킨 '주인과 노예' 변증법의 무언의 — 그리고 그렇기 때문에 더욱더 효과적인 — 참조 대상(혹은 부재하는 **원인**)이다. "헤겔과 아이띠가 한패(belong together)라는 데는 의심의 여지가 없다"는 벅 모스의 간단한 진술은 이 두 이질적 항목간에 이루어진 단락의 폭발적 결과를 간명하게 포착해낸다.[31] "헤겔과 아이띠" — 이는 또 어쩌면 공산주의의 가장 간결한 정식일 것이다.

루이 쌀라몰랭(Louis Sala-Molins)[32]이 신랄하면서 냉정한 어조로 말했듯이, "유럽의 계몽주의 철학자들은 노예제를 목소리 높여 비난했지만 노예제가 글자 그대로 존재하는 곳은 예외로 두었다."[33] 그들은 민중이 왕의 독재적 권력에 종속된 (은유적 의미에서의) '노예'라고 불평했지만 식민지에

발전되었다.

31 *Hegel, Haiti, and Universal History*, 20면.

32 프랑스의 정치철학자, 뚤루즈대학교 명예교수. 계몽주의와 노예제를 맞대응시켜 살핀 『빛의 곤궁』(*Les Misères des Lumières: Sous la raison, l'outrage*, Paris: Robert Laffont 1992)이 영어권에 번역되어 있다. — 옮긴이

33 같은 책 149면.

서 그 규모가 빠른 속도로 커나가던 **글자 그대로의** 노예제에 대해서는 문화주의적-인종차별적 근거 위에서 면죄부를 주면서 그것을 못 본 척했다. 아이띠의 흑인노예들이 프랑스혁명에 공명하면서 자유, 평등, 박애라는 동일한 원칙의 이름으로 반란을 일으켰을 때 그것은 "프랑스 계몽주의의 이상에 찾아온 호되고 매서운 시련이었다. 그리고 부르주아 독자 공중에 속한 유럽인은 누구나 그 점을 알고 있었다. '세계의 이목이 지금 쌩도밍그(Saint-Domingue)[34]에 집중되어 있다'".[35] (유럽 계몽주의로서는) 생각할 수도 없는 일이 아이띠에서 발생했다. 아이띠혁명은 "그것이 일어난 바로 그 순간에조차 생각할 수도 없는 일이었다는 기묘한 특성을 띠고서 역사에 진입했다."[36] 아이띠의 탈-노예들은 프랑스혁명의 슬로건을 프랑스인들 자신보다 더 글자 그대로 받아들였다. 그들은 계몽주의 이데올로기에 넘쳐나던 모든 암묵적 단서들(자유를 — 그러나 이성적인 '성숙한' 주체들에게만 줄지니, 자유와 평등을 누릴 자격을 갖추려면 먼

---

34 '쌩도밍그'는 스페인어 지명 '싼또도밍고'(Santo Domingo) 혹은 '싼도밍고'(San Domingo)의 프랑스어식 표현이며 아이띠혁명 당시 프랑스와 스페인이 서쪽과 동쪽으로 분할점령하고 있던 이스빠뇰라(Hispaniola)섬의 별칭이다. ― 옮긴이

35 앞의 책 42면.

36 Michel-Rolph Trouillot, 앞의 책 50면에서 재인용.

저 오랜 교육과정을 거쳐야 하는 거칠고 미성숙한 야만인들에게는 불가하다……)을 무시했던 것이다. 이는 숭고한 '공산주의적' 순간들로 이어졌으니 가령 (반란을 진압하고 노예제를 복원하라고 나뽈레옹이 보낸) 프랑스 군인들이 (자기)해방노예들의 검은 군대에 접근했을 때 그러한 순간이 발생했다. 군인들은 검은 무리가 내는 어떤 웅얼거림을 들었는데 처음에는 그것이 무슨 소리인지 알 수가 없었고 분명 어떤 종족 군가의 일종일 거라고 생각했다. 그러나 가까이 다가가면서 군인들은 아이띠인들이 '라 마르쎄예즈' (La Marseillaise)[37]를 부르고 있음을 깨달았고, 자신들이 엉뚱한 상대를 놓고 싸우는 게 아닌지 깊이 의심하기 시작했다. 이러한 사건들은 정치적 범주로서의 보편성을 실연(實演)한다. 벅 모스의 말처럼 그러한 사건들 속에서 "보편적 인류는 가장자리에 모습을 드러낸다".[38]

인간의 보편성은, 다양하고 상이한 문화들을 공평하게 다루고 그럼으로써 사람들이 집단적인 문화적 정체성들을 매개로 하여 간접적으로 인류의 일부로 재인되도록 하기보다는, 파열의 지점에, 역사적 사건 속에서 출

---

37 프랑스혁명 당시에 부른 혁명가이자 현재의 프랑스 국가. ─ 옮긴이
38 같은 책 151면.

현한다. 자신의 문화가 무리한 압력을 받아 붕괴될 지경에 이른 사람들이 문화적 한계를 뛰어넘는 인류를 표현하게 되는 것은 역사의 단절들 속에서다. 그리고 우리가 그 사람들의 말을 이해할 가능성을 지니게 되는 것은 이 날것의 자유롭고 취약한 상태와의 강렬한 동일시를 통해서다. 문화와 그 차이들에도 불구하고 공통의 인류는 존재한다. 한 개인의, 집단과의 비동일성은 오늘날 열광과 희망의 원천인 보편적, 도덕적 감정에 호소할 가능성을 지닌 드러나지 않는(subterranean) 연대를 가능하게 한다.[39]

여기서 벅 모스는 다채로움(diversity)에 대한 포스트모던 시(詩)를 반박하는 정확한 논리를 제공한다 ─ 그것이 문화적으로 다채로운 문화와 정권에 의해 실연되는 거친 폭력의 근본적 **동일함**을 은폐한다는 것이다. "우리는 '다중적 근대성들'(multiple modernities)을 인정하라는 요구, '다채로움' 혹은 '다중보편성'(multiversality, 다중세계성)의 정치에 만족할 것인가 ─ 실은 이 다중성들(multiplicities, 다양체들)의 비인간성이 종종 놀랍도록 동

---

39 같은 책 133면.

일한데도?[40] 혹자는 물을 것이다 — 하지만 탈-노예들이 '라 마르쎄예즈'를 부른 것은 결국 식민주의적 종속의 표지 아닌가? 자기해방에 있어서조차 흑인들은 식민주의 국가 메트로폴리스의 해방모델을 따라야 하지 않았는가? 이는 우리 시대에 미국 정치의 반대자들이 '성조기'[41]를 부른다는 생각이나 진배없지 않은가? 진정으로 혁명적인 행동이란 분명 식민주의자들이 식민지 민족의 노래를 부르는 게 아니겠는가? 이러한 비난의 오류는 두가지다. 첫째, 보이는 것과는 반대로 식민주의 권력으로서는 자신의 국민들이 그들 자신의 정체성을 표현하는 노래를 부르는 것보다 다른 이들(식민지 민족)의 노래를 부르는 것을 보는 것이 훨씬 더 참을 만하다. 식민주의자들은 관용의 그리고 은혜 베푸는 듯한 존중의 표시로 식민지 민족의 노래를 배워 부르기를 좋아한다…… 둘째, 한층 더 중요한 문제로서, 아이띠 군인들이 부른 '라 마르쎄예즈'의 메씨지는 "보라, 야만적 흑인인 우리조차도 당신들의 고상한 문화와 정치에 동화되고 그것을 모델로서 모방할 수 있다!"가 아

---

40 같은 책 138~39면

41 지젝은 이 대목에서 프랑스의 '라 마르쎄예즈'에 상응하는 미국의 국가(國歌)를 'Stars and Stripes'로 부르고 있는데 이는 미국 국기의 정식 명칭이며 국가의 제목으로는 (역시 성조기를 지칭하는) 'The Star-Spangled Banner'라는 다른 표현이 쓰인다. — 옮긴이

니다. 그것은 그보다 훨씬 더 정확한 메씨지로서, "이 전쟁을 치르는 우리는 프랑스인인 당신들보다 더 프랑스적이다 — 우리는 당신들의 혁명적 이데올로기의 가장 핵심적인 귀결, 당신들이 감당할 수 없었던 바로 그 귀결을 대표한다"인 것이다. 이러한 메씨지는 식민주의자의 심기를 크게 뒤흔들어놓을 수밖에 없다. 그리고 그것은 오늘날 어떤 이들이 미군에 맞서면서 '성조기'를 노래한다면 그들이 보낼 메씨지와는 분명 다를 것이다. (하지만 사고실험思考實驗으로서 전자의 메씨지를 **실로** 후자의 경우에 전하는 상황을 상상해본다고 해도 선험적으로 문제될 것은 또 없으리라.)

이 메씨지를 온전히 우리 것으로 받아들이는 순간 우리 백인 좌파 남녀는 끝없이 자신을 고문하는 죄의식의 정치적으로 올바른 과정과 자유로이 결별할 수 있다. 현대 좌파에 대한 빠스깔 브뤼끄네르(Pascal Bruckner)[42]의 비판은 종종 터무니없는 지경에 근접하기도 하지만[43] 그렇다고 가끔 적절한 통찰이 나오지 않는 것은 아니다. 그가 유럽의 정치적으로 올바른 자기학대에서 자신의 우월성에 대한 집착의 전도된 형식을 탐지해낼 때 우리는 그에게 동의하지

---

42 1948~ . 프랑스의 에쎄이 작가. —— 옮긴이

43 가령 자신의 책 *La Tyrannie de la penitence*, Paris: Grasset 2006, 93면에서 브뤼끄네르가 바디우의 소위 반유대주의를 상세히 설명하는 각주를 보라.

않을 수 없다. 서구가 공격을 당할 때마다 보이는 첫 반응은 공격적 방어가 아니라 자기탐색이다 —— 우리가 그런 공격을 당할 만한 무슨 잘못을 저질렀을까? 세계의 악폐들은 궁극적으로 우리의 탓이며, 제3세계의 재난과 테러폭력은 우리의 범죄에 대한 반응일 뿐이다. **백인의 짐**(the White Man's Burden)의 적극적 형태(식민화된 야만인을 교화할 책임)는 그리하여 그 소극적 형태(백인의 죄의식의 짐)로 대체될 뿐이다 —— 우리가 더이상 제3세계의 자애로운 주인이 되지 못한다면 적어도 은혜 베풀 듯 타자에게서 그들의 운명에 대한 책임을 박탈하고 스스로 악폐의 특권적 원천이 될 수는 있다. (어떤 제3세계 국가가 끔찍한 범죄에 관여하는 경우 그것은 결코 그 자신에게 전적인 책임이 있는 문제가 아니고 언제나 식민화의 후유증이다 —— 그들은 다만 식민 지배자들이 했던 일을 모방하고 있을 뿐이다……)

우리는 약탈적이고 치명적인 서구라는 상투적 관념의 진실성을 주장하기 위해 아프리카, 아시아, 라틴아메리카에 대한 비참주의에 입각한(miserabilist) 상투적 관념들을 필요로 한다. 우리의 소란스런 낙인찍기는 상처 입은 자기애 —— 우리는 더이상 법의 제정자가 아니다 —— 를 숨기는 데 일조할 뿐이다. 다른 문화들은 이를 알고 있으

며 그저 자신들에 대한 우리의 판단을 회피하기 위해 계속해서 우리를 죄인 취급한다.[44]

그리하여 서구는 도스또옙스끼의 『까라마조프 형제들』에 나오는 유명한 구절, "우리 각자는 모든 사람 앞에서 모든 사람에 대하여 유죄이며 내가 다른 이들보다 더 그러하다"에 가장 잘 표현된 전형적인 초자아의 곤경에 사로잡혀 있다. 그래서 서구는 자신의 범죄를 고백하면 할수록 더욱 죄인처럼 느끼게 된다. 이러한 통찰은 또한 우리로 하여금 어떤 제3세계 국가들이 서구를 비판하는 방식에서 대칭적 이중성을 탐지해낼 수 있게 한다. 서구의 지속적 자기비난이 우리의 우월성을 다시 주장하려는 필사적 시도로 기능한다면, 제3세계의 어떤 이들이 서구를 증오하고 배격하는 진정한 이유는 식민주의적 과거와 그것의 지속적 효과에 있는 것이 아니라 이 과거와 절연하는 데 있어 서구가 지금까지 보여준 자기비판적 정신, 동일한 자기비판적 접근을 실천하기를 타자에게 암묵적으로 요구하는 그 정신에 있다. "서구는 그것의 진정한 잘못 때문이 아니라 그 잘못을 시정하려는 시도 때문에 미움을 받는데, 왜냐하면 서구는 처음으로 자신의 야수성과 단절하려 시도한 자 중의 하

---

44 같은 책 49면.

나로서 세계 여타 지역에 자신을 따르도록 권유하기 때문이다".[45] 서구의 유산은 사실상 (탈)식민주의적·제국주의적 지배뿐 아니라 서구 자신이 제3세계에 가한 폭력과 착취에 대한 자기비판적 검토까지 포함한다. 프랑스인들은 아이띠를 식민화했지만 또한 프랑스혁명은 노예들을 해방하고 독립국가 아이띠를 탄생시킨 반란의 이데올로기적 기초를 제공했다. 탈식민화 과정은 서구가 자신을 위해 취한 권리와 동일한 권리를 식민지 민족들이 자신들을 위해 요구했을 때 촉발되었다. 요컨대 서구가 (그리고 그 비판자들이) 범죄를 저지른 서구 자신의 과거를 판단하는 바로 그 기준을 서구가 제공했다는 점을 결코 잊어서는 안된다. 여기서 우리는 형식과 내용의 변증법을 다루고 있다 ─ 식민지 국가들이 독립을 요구하고 '뿌리로의 복귀'를 실연할 때 이 복귀의 바로 그 형식(즉 독립민족국가라는 형식)은 서구적인 것이다. 이처럼 서구는 타자에게 자신의 사회형태를 부과함으로써 자신의 바로 그 패배(식민지 상실)를 통해 승리한다.

맑스가 1853년 인도에 관해 쓴 두편의 짧은 글(「영국의 인도 지배」, 「영국의 인도 지배가 초래할 장래의 결과」)─ 이 글들은 탈식민주의 연구에서 보통 맑스의 '서구중심주의'를 보여주는 곤혹스런 경우로 치부되고 말지만 ─ 이 주

45 같은 책 51면.

는 교훈은 오늘날 그 어느 때보다도 더 적실하다. 맑스는 영국에 의한 인도의 식민화가, 서구에서는 금지되었으나 인도인들에게 '아웃쏘씽된' 고문의 체계적 사용까지 포함한 잔인함과 착취와 위선을 동반함을 조건 없이 인정한다. (정말이지 하늘 아래 새로운 것은 없다 ── 관타나모수용소는 19세기 영국령 인도의 한복판에 이미 존재했던 것이다.) "부르주아 문명의 뿌리 깊은 위선과 내재적 야만성은 그것이 점잖은 형태를 띠는 본고장에서 그것이 노골적으로 펼쳐지는 식민지로 이동하면서 우리 눈앞에 명명백백한 모습을 드러낸다".[46] 여기에 맑스가 덧붙이는 말은 모두 다음과 같다.

영국은 인도 사회의 틀 전체를 붕괴시켰으며 재구성의 어떠한 징후도 아직 나타나지 않고 있다. 신세계의 획득 없는 이와 같은 구세계의 상실은 힌두인들의 현재의 비참함에 특정한 종류의 우울함을 더하며, 영국이 지배하는 힌두스탄을 그것의 모든 고대 전통과 그것의 과거 역사 전체로부터 분리시킨다. (⋯) 영국이 힌두스탄에 사회

---

46 Karl Marx, "The Future Results of British Rule in India," in *Surveys From Exile*, edited and introduced by David Fernbach, Harmondsworth: Penguin 1973, 324면.

혁명을 유발함에 있어 비열한 이해관계에 의거했으며 그 이해관계를 강제하는 그 방식에서 어리석었다는 것은 사실이다. 그러나 문제는 그것이 아니다. 문제는 인류가 아시아의 사회적 상태에 있어서의 근본적 혁명 없이도 자신의 운명을 실현할 수 있느냐다. 만일 그렇지 못하다면, 영국의 범죄가 무엇이었든지간에 영국은 그 혁명을 초래하는 데 있어 역사의 무의식적 도구였던 것이다.[47]

"역사의 무의식적 도구" 운운하는 말을 순진한 목적론, 곧 가장 비열한 범죄조차 진보의 수단으로 만드는 **이성의 간지**(the Cunning of Reason)에 대한 믿음의 표현이라고 일축해서는 안된다. 주장의 핵심은 요컨대 영국에 의한 인도의 식민화가 인도의 이중적 해방 — 그 자신의 전통의 속박으로부터의, 그리고 식민화 자체로부터의 — 의 조건을 창출했다는 것이다. 1985년 마거릿 새처(Margaret Thatcher)를 위한 리셉션 자리에서 중국의 주석은 영국의 식민지 건설이 인도에서 수행한 역할에 관한 맑스의 주장을 중국에 적용했다. "영국의 점령은 중국으로 하여금 그 고래(古來)의 잠에서 깨어나게 했다."[48] 구식민주의 권력 앞

---

47 Karl Marx, "The British Rule in India," 같은 책 302~03, 306~67면.
48 Bruckner, *La Tyrannie de la penitence*, 153면에서 재인용.

에서 지속적 자기비하의 신호를 보내기는커녕, 이와 같은 언명들은 참된 '탈-탈식민주의', 즉 성숙한 독립을 표현한다 — 식민화의 긍정적 효과를 인정하기 위해서는 진정으로 자유로워야 하며 식민화의 오욕을 뒤로 할 수 있어야 한다. (이와 대칭적으로, 스스로를 탓하기를 거부하고 자신의 해방적 유산을 전면적으로, 그리고 — 왜 아니랴 — 자랑스럽게 주장하는 것이 좌파 갱생의 필수조건이다.)

식민주의자들에게 관대하다는 비난을 받을 수 없는 사람이 프란츠 파농(Frantz Fanon)이다 — 폭력의 해방적 힘에 관한 그의 사유는 정치적으로 올바른 여러 탈식민주의 이론가들을 당혹시킨다. 그러나 정신분석학 훈련을 받은 명민한 사상가로서 그는 또한 이미 1952년에 식민주의자의 죄의식에 편승하는 데 대한 거부의 가장 신랄한 표현을 제공했다.

나는 한 인간이며, 내가 탈환해야 하는 것은 세계의 과거 전체다. 나는 쌍또도밍고에서의 노예반란에만 책임을 지고 있지 않다. 한 인간이 정신의 위엄의 승리에 기여한 순간마다, 그의 동료 인간을 예속시키려는 시도에 거부를 표한 순간마다 나는 그의 행위에 대해 연대감을 느낀다. 나의 기본적 소명은 유색인종의 과거에서 도출될 필요가 전혀 없다. 나는 부당하게 무시된 흑인 문명의 부활에 헌신해야 할 필요가 전혀 없다. 나는 나 자신을 그 어떤 과거의 인간으로도 만들지 않을 것이다. (…) 나의 검은 피부는 특정 가치의 보고(寶庫)가 아니다. (…) 이 땅에서 내가 할 일은 17세기 흑인들의 원수를 갚는 것보다 더 나은 일들이 아닌가? (…) 유색인으로서 나는 백인 속에 내 인종의 과거에 대한 죄의식의 결정체가 생겨나기를 희망할 권리가 없다. 유색인으로서 나는 나의 예전 주인의 자존심을 짓밟을 방도를 모색할 권리가 없다. 나는 나의 예속된 조상들에 대한 보상을 요구할 권리도 의무도 없다. 흑인의 사명이란 없고 백인의 짐이란 없다. (…) 나는 흑인 세계의 **간지**(the Ruse of a black world)의 희생양이 되고 싶지 않다. (…) 내가 오늘날의 백인에게 17세기 노예상인에 대해 책임을 지라고 요구할 것인가? 내가 가능한 모든 수단을 동원해 백인의 영혼 속에 죄의식을 싹틔우도록 시도할 것인가? (…) 나는 내 조상들의 인간성을 말살했던 노예제에 사로잡힌 노예가 아니다. (…) 기원전 3세기의 흑인 문학이나 건축을 발견한다면 그것은 엄청나게 흥미로울 것이다. 어느 흑인 철학자와 플라톤 사이에 오간 서신의 존재를 알게 된다면 우리는 미칠 듯 기쁠 것이다. 그러나 이러한 사실이 어떻게 마르띠니

끄나 과들루프[49]의 사탕수수농장에서 일하는 여덟살짜리 아이들의 삶을 바꿔놓을지 도대체 알 길이 없다. (…) 나는 세계 안에 있으며, 단 하나의 권리만을 지니고 있음을 인식한다 ─ 다른 이에게서 인간적 행동을 요구할 권리를.[50]

같은 맥락에서 우리는 '쌍빠삐에'(sans-papiers)[51]('불법' 이민자들)에게 정식 신분증명서를 내주고자 하는 프랑스 좌파들의 노력을 표독스럽게 일축한 싸드리 키아리(Sadri Khiari)[52]에 비판적으로 맞서야 한다.

좌파 백인은 또한 '쌍빠삐에'에 저항할 수 없는 매력을 느낀다. 분명 이는 쌍빠삐에가 전혀 존재하지 않기 때문이다. 그리고 조금이라도 존재하려면 그가 좌파에 도움을 요청해야 하기 때문이다. 쌍빠삐에가 전혀 존재하

---

49 마르띠니끄(Martinique)와 과들루프(Guadeloupe)는 카리브해 동부의 프랑스령 섬과 군도다. ─ 옮긴이

50 Frantz Fanon, *Black Skin, White Masks*, New York: Grove Press 2008, 201~06면.

51 '서류 없는 자'라는 의미로, 신분증명서나 체류허가증 등의 서류를 갖지 못한 불법체류자를 지칭한다. ─ 옮긴이

52 1958~ . 뛰니지의 인권운동가, '뛰니지에서의 자유를 위한 민족평의회'(CNLT) 창립회원. ─ 옮긴이

지 않는 것은, 존재하기 위해서는 그가 자기 자신의 존재를 없애버리겠다고 협박해야 하기 때문이다. 그는 말한다 — 내가 존재한다는 증거는 내가 죽어가고 있다는 것이다. 그러고서 그는 식사하기를 멈추어버린다. 그러면 거기서 좌파는 우파를 비난할 훌륭한 이유를 발견한다. "그가 식사를 하여 더이상 존재하지 않게 되도록 그에게 신분증명서를 내주어라!" 신분증명서를 획득하면 그는 더이상 쌍빠삐에가 아니며, 쌍빠삐에로서 그가 전혀 존재하지 않았다면 신분증명서를 소유하고 있을 때는 분명 존재하지 않는 것이니(if, as a sans-papier, he didn't exist *at all*, when he has the papers, he just does *not* exist) 그러면 되었다. 참 대단한 진보다.[53]

여기서 저변의 논리는 명확하고 설득력이 있다. '입국서류 없는'(undocumented, 밀입국한) 이주노동자는 아무런 법적 지위가 없고, 그래서 그가 만에 하나 눈에 띈다면 그것은 우리 생활방식에 대한 음험한 외적 위협으로서 그러하다. 그러나 일단 그가 신분증명서를 얻어 그의 지위가 합법화되면 그는 자신의 특정 상황 속에 들어가 보이지 않게

---

53 Sadri Khiari, *La contre-revolution coloniale en France*, Paris: La fabrique 2009, 11면.

되기 때문에 다시 고유하게 존재하기를 그치게 된다. 그는 합법화됨으로써 어떤 면에서 오히려 더 보이지 않게 되는데, 이제 그는 음험한 위협이 아니라 시민들의 분간하기 힘든 무리에 파묻힌 완전히 정상화된 존재이기 때문이다. 그러나 역시 키아리의 일축이 놓치고 있는 것은 어떻게 '신분증명서'의 입수가 그 이상의 정치적 자기조직화 및 활동의 공간을 펼쳐놓는가 하는 점이다. 일단 어떤 이가 '신분증명서'를 가지게 되면 정치적 동원과 압력의 거대한 영역이 열리는데 이제 그것은 '우리' 국가의 합법적 시민을 포함하기 때문에 더이상 외부로부터의 위험한 위협요소로 일축될 수 없다.

나아가 반(反)이민조치나 이민자 입국거부의 다양한 형태 등에 대해 말할 때 우리는 반이민정치가 자본주의나 자본의 이익과 직접적으로 연결되어 있지 않다는 점을 언제나 염두에 두어야 한다. 오히려 값싼 이주노동력이 '우리 자신의' 노동자들로 하여금 저임금을 받아들이도록 압력을 가할 것이기 때문에 노동의 자유로운 순환은 거대자본의 이익에 부합한다. 또한 아웃쏘싱은 현재 이주노동자들을 고용하는 전도된 형식이기도 하지 않은가? 이민자에 대한 저항은 무엇보다 이주노동자를 새로운 종류의 파업 파괴자로, 따라서 자본의 동맹군으로 인식하는 (이러한 인식은 전혀 정당화될 수 없는 것은 아니다) 본국 노동계급의 자연발생적·방어적 반응이다. 요컨대 본디 다문화주의적이고 관대한 것이 세계자본주의다.

불법이민자의 권리를 무조건적으로 옹호하는 이들이 취하는 표준적 입장은 국가의 차원에서는 반론이 충분히 '참'일 수 있음을 인정하는 것이다(물론 한 나라가 이민자들의 끝없는 행렬을 수용할 수는 없다. 그리고 물론 이들은 본국의 일자리를 위협하는 방식으로 경쟁하며 또 어떤 안보위협 문제를 제기할 수도 있다). 반면 그들의 옹호는 전혀 다른 차원 — 현실의 요구와 직접 연결된 차원, 우리가 "qui est ici est d'ici"(이곳에 있는 사람들은 이곳 출신이다)라고 무조건적으로 주장할 수 있는, 원칙에 의거한 정치의 차원 — 에서 이루어진다. 그러나 원칙에 입각한 이러한 입장은 아름다운 영혼의 편안한 입장을 가능하게 하는 너무나 단순한 것 아닌가? 나는 내 원칙을 고집한다, 현실의 실무적 제약은 국가가 알아서 하라…… 이런 방식으로 우리는 이민자의 권리를 위한 정치적 싸움의 결정적 측면, 즉 그 이민자들에 반대하는 노동자들에게 그들이 그릇된 싸움을 하고 있다는 점을 어떻게 납득시킬 것이며 또한 어떻게 실현 가능한 형태의 대안적 정치를 제안할 것인가 하는 문제를 회피하고 있지 않은가? '불가능한' 일(이민자에 대한 개방)

이 현실에서 일어나야 한다 ── 이것이 진정한 정치적 사건일 것이다.

그러나 이민자는 왜 자신의 정상화에 만족하지 않을 것인가? 왜냐하면 자신의 정체성을 주장하는 대신 그는 압제자의 기준에 맞추어야 하기 때문이다. 그는 받아들여졌지만 사실상 부차적 역할에 받아들여진 것이다. 압제자의 담론이 그의 정체성의 술어(terms)를 규정한다. 여기서 우리는 스토클리 카마이클(Stokely Carmichael, 블랙파워Black Power의 주창자[54])의 강령적 언명을 기억해야 한다. "우리는 우리로 하여금 우리 자신과 사회에 대한 우리의 관계를 규정할 수 있게 해줄 술어를 만들어낼 권리를 위해 싸워야 하며 이 술어들이 받아들여지도록 싸워야 한다. 이는 자유로운 민족의 최우선적 필요이며, 또한 모든 압제자가 거부하는 최우선적 권리다." 문제는 정확히 어떻게 이 일을 해내느냐다. 다시 말해 어떻게 어떤 신화적이고 완전히 외적인 정체성('아프리카 뿌리')에 관련하여 자신을 규정하려는 유혹을 떨쳐내느냐 하는 것인데, 그러한 정체성은 '백인'문화와의 고리를 끊음으로써 피억압자들에게서 잠재적

---

54 '블랙파워'는 말콤 엑스가 암살된 다음해인 1966년 학생비폭력조정위원회 카마이클 의장이 주창한 급진 흑인해방운동 슬로건이자 운동 이념으로서 폭력의 사용이 필요하다는 인식을 내포한다. ── 옮긴이

동맹군은 물론 그들의 투쟁에 결정적인 지적 도구(즉 평등주의적-해방적 전통)까지 빼앗는다. 따라서 우리는 카마이클의 언명을 조금 바로잡아야 한다. 압제자가 진정으로 두려워하는 것은 백인문화와 아무 연관도 없는 완전히 신화적인 어떤 자기규정이 아니라, '백인'의 평등주의적-해방적 전통의 핵심요소를 전유함으로써 —— 그 전통을 그것이 말하는 바라기보다 말하지 않는 바의 견지(terms)에서 변형시키면서, 즉 흑인을 평등주의의 공간에서 사실상 배제해온 암묵적 단서들을 제거하면서 —— **바로 그 전통을 재규정하는** 자기규정이다. 다시 말해 지배적인 백인문화 바깥에서 자신을 규정할 새로운 술어를 발견하는 것으로는 충분치 않다. 우리는 한걸음 더 나아가 백인들에게서 **그들 자신의** 전통을 규정하는 데 있어서의 독점권을 빼앗아야 하는 것이다.

정확히 이러한 의미에서 아이띠혁명은 "세계사에 있어 결정적 순간"[55]이었다. 요는 아이띠혁명을 유럽 혁명정신의 확장으로서 연구하는 것, 즉 아이띠혁명에 대해 유럽(프랑스혁명)이 지니는 의의를 검토하는 것이 아니라 오히려 유럽에 대해 아이띠혁명이 지니는 의의를 주장하는 것이다. 유럽 없이는 아이띠를 이해할 수 없을 뿐 아니라 아이띠 없이는

---

[55] Buck-Morss, *Hegel, Haiti, and Universal History*, 13면.

유럽의 해방 과정의 범위도, 한계도 이해할 수 없다. 아이띠는 맨 처음부터, 즉 1804년 1월의 독립으로 귀결된, 노예제에 대한 혁명적 투쟁에서부터 하나의 예외였다. "오직 아이띠에서만 인간의 자유에 대한 선언은 보편적으로 일관성을 띠었다. 오직 아이띠에서만 이 선언은 당대의 사회질서와 경제적 논리를 정면으로 거스르면서 기어이 지탱되었다." 이러한 이유로, "근대사 전체를 통틀어 사물의 지배적 세계질서에 이보다 더 위협적인 의미를 함축한 사건은 단 하나도 없다".[56]

반란을 조직한 사람 가운데 하나는 '존 북맨'(John Bookman)으로 알려진 흑인노예 설교자였는데 그 이름은 그가 학식이 있었음을 시사한다. 그런데 놀랍게도 그의 이름이 가리키는 '책'이란 성경이 아니라 꾸르안이었다. 이는 이슬람에서의 천년왕국주의적, '공산주의적' 반란의 위대한 전통, 특히 '까르마트 공화국'(the Qarmatian republic)과 잔지(Zanj)반란을 생각나게 한다.[57] 까르마트주의자들[58]은

---

56 Peter Hallward, *Damming the Flood*, New York: Verso 2008.

57 이어지는 설명은 위키피디아(Wikipedia)의 해당항목들에 크게 의존한다. 특히 'Qarmatians'와 'Zanj Rebellion' 항목을 보라.

58 이슬람 쉬아파 이스마엘 지파의 일부로 9세기 후반 함단 까르마트(Ḥamdān Qarmaṭ)가 이끌었으며 이후 11세기까지 현재의 이라크, 예멘, 바레인 지역에서 세력을 떨쳤다. ─ 옮긴이

아라비아 동부(오늘날의 바레인)에 중심을 두고 천년왕국설을 신봉한 이스마엘파(Ismaili)집단으로서 이들은 899년 그곳에서 유토피아적 공화국을 건설하였다. 이들은 '테러리즘의 세기'를 유발했다는 비난을 종종 듣는다. 930년 핫즈(메카 순례)기간에 그들은 메카에서 **흑석**(Black Stone)[59]을 탈취하였는데 이는 사랑의 시대가 도래하였으며 그리하여 사람들이 더이상 **법**에 복종할 필요가 없음을 알리는 행동이었다. 까르마트주의자들의 목표는 이성과 평등에 기초한 사회를 건설하는 것이었다. 국가는 6인 평의회가 다스렸고 그 수장은 평등한 자들 가운데 첫째였다. 공동체 내의 모든 재산은 구성원 사이에 공평하게 분배되었다. 까르마트주의자들은 비록 비의적(秘儀的) 사회로 조직되기는 했지만 비밀스런 사회는 아니었다. 그들의 활동은 공개적이었고 공공연히 전파되었던 것이다.

더욱 핵심적인 사항은 그들의 발흥이 바그다드의 권력을 붕괴시킨 바스라에서의 노예반란에 영향을 받아 이루어졌다는 것이다. 15년간에 걸쳐(869~83년) 일어난 이 '잔지반란'에는 이슬람제국 전역에서 그 지역으로 데려온 노예 50만명 이상이 참가했다. 봉기지도자 알리 이븐 무함마드(Ali

---

59 이슬람의 성물(聖物). 하늘로부터 떨어져 아담과 이브에게 제단 쌓을 곳을 알려주었다고 전해진다. ─ 옮긴이

ibn Muhammad)는 바스라 습지에서 일하던 노예들의 고통에 충격을 받고 그들의 노동조건과 영양기준을 조사하기 시작했다. 그는 자신이 칼리프 알리 이븐 아부 탈리브(Ali ibn Abu Talib)의 후손이라고 주장했으나 이 혈통에 대한 주장이 받아들여지지 않자 카와리지파(the Kharijites)의 급진 평등주의 교리를 설교하기 시작했는데, 이 교리에 따르면 가장 훌륭한 자격을 갖춘 자 — 설혹 그가 아비씨니아의 노예일지라도 — 가 다스려야 한다. (알 타바리Al-Tabari나 알 마쑤디Al-Masudi 같은) 공식 역사가들이 봉기의 "사악하고 잔인한" 성격에만 주목한 것도 무리는 아니다……

하지만 이슬람의 이러한 차원을 발견하려고 천년 이상을 거슬러 올라갈 필요는 없다. 이란의 2009년 대통령 선거에 이은 사건들을 일별하는 것만으로도 충분하다. 무싸비(Mousavi)[60] 지지자들이 채택한 녹색과, 저녁의 어둠 속에 테헤란의 지붕들 위에서 울려 퍼진 "알라 아크바르!"(Allah akbar)[61]의 외침은 그들이 자신들의 동원을 1979년 호메이니혁명의 반복으로, 그러니까 그 혁명 후반기의 변질을 무화시키는 뿌리로의 회귀로 간주했음을 뚜렷이 보여준다.

---

60 1942~. 이란의 개혁파 정치인. 정식 이름은 미르 호세인 무싸비 카메네(Mir-Hossein Mousavi Khameneh). 외무장관, 총리, 대통령 고문 등을 지냈고 2009년 대선에 출마했다. — 옮긴이
61 "신은 가장 위대하시다!" — 옮긴이

이러한 기원으로의 회귀는 강령적인 것만은 아니며 오히려 군중의 활동방식에 더 깊이 관련된다 — 수천명이 완벽한 침묵 속에 벌인 섬뜩한 행진이 보여주는바, 민족의 강고한 단결, 모두를 포함하는 연대, 창조적 자기조직화, 항의 표현 방식의 즉흥적 발명, 자발성과 규율의 독특한 혼합. 이것은 기대가 어긋난 호메이니혁명의 지지자들에 의한 진정한 민중봉기였다. 우리가 이란의 사건을 이라크에 대한 미국의 개입과 비교해야 하는 것은 그 때문이다. 이라크에서 외세에 의해 민주주의가 강요된 것에 비해 이란에서는 진정으로 민중의지가 주장되는 사례가 발생했던 것이다. 또한 우리가 이란의 사건을 종교간의 대화에 강조점을 둔 오바마의 카이로 연설의 그 진부함에 대한 논평으로 읽어야 하는 것도 그 때문이다. 우리에게 필요한 것은 종교간의(문명간의) 대화가 아니라 이슬람국가에서 정의를 위해 투쟁하는 자들과 다른 곳에서 동일한 투쟁에 참여하는 자들 사이의 연대의 고리인 것이다. 달리 말하면 우리는 여기에서, 저기에서, 도처에서 그러한 투쟁을 강화하는 정치화의 과정을 필요로 한다.

이상의 통찰에서 두가지 중요한 결론을 이끌어낼 수 있다. 첫째, 아흐마디네자드(Mahmoud Ahmadinejad)[62]는 이

---

62 1956~ . 이란의 현대통령. 테헤란 시장을 거쳐 2005년과 2009년에 대

슬람 빈민의 영웅이 아니라 진실로 부패한 이슬람 파시스트 포퓰리스트이며, 광대인 척하는 태도와 무자비한 강권정치의 혼합으로 대다수의 아야톨라(ayatollah)[63]들 사이에서조차 불안을 유발하는 이란의 베를루스꼬니라고 할 수 있다. 우리는 빈민들에게 선동적 방식으로 빵부스러기를 나눠주는 그의 모습에 속아서는 안된다. 그의 뒤에는 경찰의 억압기관과 대단히 서구화된 홍보기구뿐 아니라 새롭고 강력한 부유층이 존재하는데 후자는 그 정권이 부패한 결과다(이란 혁명수비대는 노동계급 민병대가 아니라 이 나라에서 부의 가장 강력한 중심인 거대기업이다). 둘째, 아흐마디네자드에 맞선 두명의 주요 후보 메흐디 카루비(Mehdi Karroubi)[64]와 무싸비는 명확히 구별되어야 한다. 카루비는 사실상 개량주의자로서 기본적으로 이란판 후견주의를 내세우면서 모든 특정 집단에 후원을 약속하고 있다. 무싸비는 그와 전혀 다른 인물로 그의 이름은 호메이니혁명을 뒷받침했던 민중적 꿈의 진정한 부활을 표상한다. 설사 이 꿈이 유토피아였다 하더라도 우리는 거기서 혁명 자체의 진정한 유토피아를 알아보아야 한다. 1979년의 호메이니혁명

통령으로 당선되었다. — 옮긴이

63 이란의 이슬람교 쉬아파 종교지도자를 일컫는 말. — 옮긴이

64 1937~ . 이란 의회 전 의장, 국민신뢰당(National Trust Party) 당수. 2005년과 2009년 대선에 출마했다. — 옮긴이

은 이슬람 강경노선의 정권장악으로 환원할 수 없기 때문이다 ─ 그 혁명은 이보다 훨씬 더 많은 것을 의미했다. 이제는 혁명 직후 첫 일년의 기간에 나타난 그 놀라운 활력을, 정치적·사회적 창조성의 숨막히는 폭발, 학생과 일반 민중들 가운데 벌어진 조직상의 실험과 논쟁들을 기억할 때다. 바로 이 폭발이 억압되어야 했다는 사실 자체가 호메이니 혁명은 진정한 정치적 사건이었으며 예전까지 상상할 수 없었던 사회변혁의 힘을 방출한 순간적 개방, '모든 것이 가능해보였던' 순간이었음을 증명한다. 그후에 전개된 것은 기득권을 지닌 신권정치 세력이 정치권력을 장악함으로써 서서히 상황이 종료되는 것(closing down)이었다. 프로이트의 용어를 쓰자면 최근의 항의운동은 호메이니혁명의 "억압된 것의 귀환"이다. 이란에서의 결과가 어떠했든 우리가 친서구 자유주의자와 반서구 근본주의자 사이의 투쟁이라는 틀에 맞지 않는 거대한 해방적 사건을 목도했음을 기억하는 것이 극히 중요하다. 만일 우리가 냉소적 실용주의로 인해 이러한 해방적 차원을 알아볼 능력을 잃게 된다면 우리 서구인들은 사실상 포스트민주주의 시대로 진입하여 우리 자신의 아흐마디네자드들을 맞을 준비를 하고 있는 셈이다. 이딸리아인들은 이미 자기네 아흐마디네자드의 이름을 알고 있으니 곧 베를루스꼬니다. 다른 이들도 줄을 서서 기다리고 있다.

그러면 아이띠혁명에 있어 칸트의 열광을 넘어선 것, 그리고 헤겔이 분명히 본 것은 무엇이었던가? 여기서 칸트를 넘어서는 것으로서 덧붙여야 할 것은 사회적 위계의 '사적' 질서 안에 딱히 정해진 자리가 없는 연유로 — 다시 말해 사회조직체의 "몫이 없는 부분"으로서 — 보편성을 직접 표상하는 사회집단들이 있다는 점이다. 엄밀하게 공산주의적인 혁명적 열광은 이 "몫이 없는 부분" 및 그것의 독특한 보편성의 입장과의 전면적 연대에 절대적으로 뿌리박고 있다. 아이띠혁명은 이러한 연대를 배반하고 현지의 새로운 흑인 엘리뜨가 착취과정을 이어가는 새로운 위계적-민족주의적 공동체로 발전한 순간 '실패했다'. 혁명이 실패한 이유는 아이띠의 '후진성'에 있지 않았다. 아이띠가 시대를 앞서갔기 때문에 혁명이 실패한 것이다 — (대부분 사탕수수를 재배하던) 아이띠의 노예농장은 전 근대사회의 잔재가 아니라 효율적인 자본주의적 생산의 모델이었다. 노예가 따라야 했던 규율은 후에 자본주의 대도시들에서 임금노동자가 따라야 했던 규율의 본보기가 되었다. 노예제 철폐 이후 새로 들어선 흑인 아이띠정부는 '농업 군국주의'를 강요했다 — 수출용 사탕수수 생산이 차질을 빚지 않도록 탈-노예들은 동일한 주인 밑에서, 다만 이제는 형식상 '자유로운' 임금노동자로서 자신들의 농장에서 노동을 계속해야 했다. 부르주아사회를 특징짓는 긴장, 즉 민주주의적 열광과 개인적 자유가 노예와 같은 노동규율과 공존하는 상황 — 이러한 평등 속의 노예제가 아이띠에서 가장 급진적인 형태로 나타났다. 자본을 예외적으로 만드는 것은 자유와 평등이라는 가치와 착취와 지배라는 사실의 자본에 의한 유일무이한 조합이다. 맑스가 행한 분석의 요체는 자유-평등의 법적-이데올로기적 매트릭스가 착취-지배를 은폐하기 위한 '가면'에 불과한 것이 아니라 후자가 행사되는 바로 그 **형식**이라는 점이다.

자본주의적 예외

우리는 여기서 다시 하나의 반복되는 문제와 마주친다. 아이띠혁명의 운명, (데쌀린느Jean-Jacques Dessalines[65] 사후의) 새로운 위계적 지배형태로의 그 퇴보는 근대의 혁명들을 특징짓는 일련의 반전(反轉)들 가운데 하나다 —

---

65 1758~1806. 아이띠의 혁명지도자. 애초에 프랑스 군대의 장교였으나 프랑스에 대항해 혁명군을 이끌었고 1804년 아이띠 독립과 더불어 초대 총통에 임명된 뒤 곧바로 자신을 황제로 칭했으며 1806년에 암살되었다. ─ 옮긴이

가령 자꼬뱅당에서 나뽈레옹으로의, 10월혁명에서 스딸린으로의, 마오 쩌뚱의 문화혁명에서 떵 샤오핑(鄧小平)의 자본주의로의 이행. 이러한 이행을 우리는 어떻게 읽을 것인가? 두번째 국면(떼르미도르)은 (맑스가 때로 주장하는 듯이 보이는 것처럼) 혁명적인 첫번째 국면의 '진리'인가, 아니면 그저 각각의 경우에 혁명적 사건계열(eventalseries)이 스스로 소진되었을 뿐인가?

여기서 나는 공산주의 **이념**은 끈질기게 존속한다고 주장하는 바다. 그 **이념**은 앞서 인용한 베케트의 『최악을 향하여』에 나오는 구절, "다시 시도하라. 또 실패하라. 더 낫게 실패하라"가 가장 훌륭하게 포착해낸 한없이 끈질긴 존속의 양상을 보이면서, 자꾸만 다시 귀환하는 유령으로서 현실화의 실패들을 넘어 생존한다. 지금까지 포스트모던 좌파의 주문(呪文, mantra) 가운데 하나는 우리가 이제는 중앙집권적 독재권력의 '자꼬뱅-레닌 식' 패러다임을 뒤로해야 한다는 것이었다. 그러나 아마도 이제 이 주문을 뒤집어서, 바로 그 '자꼬뱅-레닌 식' 패러다임의 상당부분(agood dose)이야말로 오늘날 좌파가 필요로 하는 것이라는 점을 인정할 때가 왔다. 이전 어느 때보다 지금 우리는 바디우가 '영원한' **공산주의 이념** 또는 공산주의적 '불변항'(invariants)이라고 부른 것[66]을 고집해야 한다. 그것은 플라톤에서 중세의 천년왕국주의적 반란들을 거쳐 자꼬뱅주의, 레닌주의, 마오주의로 이어지는 가운데 작동하는 '네가지 근본개념'으로, 곧 엄격한 **평등주의적 정의**(正義), 처벌적 테러, 정치적 **주의주의**(主意主義), 민중에 대한 **신뢰**다. 이 매트릭스는 포스트모던하거나 포스트산업적이거나 아무튼 '포스트'한 그 어떤 새로운 역학에 의해 '지양'되지 않는다. 그러나 현재의 역사적 순간에 이르기까지 이 영원한 **이념**은 끈질기게 존속하는, 패배 이후 매번 다시 귀환하는 하나의 플라톤적 **이념**으로 작동했다. 오늘날 결여된 것은 ─ 철학-신학적 표현을 쓰자면 ─ (기독교에서 영원한 신적 체계 전체가 그리스도의 탄생과 죽음이라는 우연한 사건과 존폐를 함께 하는 것과 동일한 방식으로) 공산주의 **이념**과 독특한 역사적 순간을 이어주는 특권적 고리다.

오늘날의 형세는 특이한 데가 있다. 많은 명민한 분석가들은 현시대 자본주의가 끈질기게 존속하는 저항의 이러

---

66 바디우의 『무한한 사유: 진리와 철학으로의 회귀』(*Infinite Thought: Truth and the Return to Philosophy*, ed. Justin Clemens and Oliver Feltham, London: Continuum 2003)의 한 대목에 따르면 그가 "공산주의적 불변항"을 처음 언급한 것은 『이데올로기에 관하여』(*De l'Idéologie*, Paris: Maspero 1976)에서다. 이후 그는 『뉴레프트리뷰』(*New Left Review*) 49호(2008년 1-2월)에 실린 「공산주의적 가설」(The Communist Hypothesis) 등에서 이를 다시 거론한다. ─ 옮긴이

한 논리에 문제를 제기한다고 지적해왔다. 가령 브라이언 마쑤미(Brian Massumi)[67]는 어떻게 현시대 자본주의가 전체화하는 정상성의 논리를 넘어 이상적(異常的) 과잉의 논리를 채택했는가를 분명하게 정식화했다.[68] 우리는 이러한 분석을 여러 방면으로 보완할 수 있다 ― 스스로를 빼내어(subtract) 국가영역 바깥에 '해방구'를 창조하는 바로 그 과정은 자본에 의해 재전유되어왔다. 세계자본주의 논리를 잘 보여주는 것은 소위 **'경제특구'**(Special Economic Zones)이다 ― 외국인 투자를 늘리기 위해 국가의 표준적 경제법보다 더 관대한 (예컨대 더 낮은 수출입관세, 자본의 자유로운 흐름, 노조의 규제 혹은 직접적 금지, 최저 노동시간의 부재 등을 허용하는) 경제법을 시행하는 (대개 제3세계) 국가 내부의 지리적 구역 말이다. 그 명칭 자체는 자유무역지구, 수출가공구(輸出加工區, Export Processing Zone), 자유지구, 산업단지, 자유항(港), 도시 기업유치지구 등 더 많은 유형의 특정 지구 전체를 포괄한다. (국가 주권에서 부분적으로 독립된 자유로운 공간으로서의) '개방성'과 더 강도 높은 착취를 가능케 하는 폐쇄성(법적으로 보장

---

67 캐나다의 정치철학자. 리오따르, 들뢰즈 등의 책을 영어로 번역했다. ― 옮긴이

68 Žižek, *In Defense of Lost Causes*, London: Verso 2008, 197면 참조.

된 자유에 방해받지 않는 노동조건의 강제)이 특이하게 결합된 이 지구들은 우리가 찬사를 보내는 '지적 노동' 공동체의 구조적 대응물이다 ― 그것은 고도기술의 '지적 노동', 출입이 통제되는 공동체, 슬럼과 더불어 사분자(四分子, tetrad)를 이루는 제4의 요소를 구성한다.

바디우 역시 자본주의의 예외적인 **존재론적** 지위를 인정하는데, 자본주의의 역학은 모든 안정된 재현/대의의 틀을 흔들어놓는바, 보통 비판-정치적 활동이 수행하는 과제(국가의 재현적/대의적 틀을 슬며시 허무는 것)를 자본주의 자체가 이미 수행하는 것이다. 그런데 이는 '사건적' 정치라는 바디우의 개념에 문제를 제기한다. 전 자본주의적 사회구성체에서는 모든 국가, 모든 재현적/대의적 전체화가 정초적(定礎的) 배제, "징후적 비틀림"의 지점, "몫이 없는 부분", 체제의 일부이나 그 내부에 고유한 자리가 없는 요소를 내포했으며, 이 경우 해방정치는 상황의 일부이나 그 상황의 용어로 **설명될 수 없는** 이런 과잉의('정원 외의'supernumerary) 요소의 입장에서 개입을 해야 했다. 그러나 체제가 더이상 그 과잉을 배제하지 않고 오히려 그것을 대놓고 자신의 추동력으로 정립할 때 ― 자본주의의 경우가 그러한데, 자본주의는 끊임없는 자기혁명화를 통해서만, 그 자신의 한계의 끊임없는 극복을 통해서만 자신을 재생산할 수 있다 ── 에는 어떻게 되는가? 달리 표현하자면, 만일 하나의 정치적 사건, 일정한 역사적 세계 속으로의 해방적 개입이 언제나 그 세계의 "징후적 비틀림"의 과잉된 지점에 연결되어 있다면, 만일 정치적 사건이 정의상 그 세계의 윤곽을 슬며시 허문다면, 그 자체로서 이미 세계 없는 (world-less) 우주, 자신의 재생산을 위해서 더이상 '세계'의 제약들에 봉쇄될 필요가 없는 우주 속으로의 정치적 개입은 어떻게 이루어낼 것인가? 알베르또 또스까노(Alberto Toscano)가 자신의 명민한 분석에서 지적하듯이 바디우가 '세계 없는' 우주(즉 오늘날의 세계자본주의 우주)에서 해방정치의 목표는 그 '전통적' 작동방식(modus operandi)과 정반대가 되어야 한다는 '논리적' 결론을 내릴 때 그는 모순에 사로잡힌다 ── 오늘날의 과제는 새로운 세계를 형성하는 것, '인식의 지도'를 제공할 새로운 주인 기표를 제안하는 것이라는 것이다.[69]

이처럼 딜레마의 윤곽은 분명하다. 우리의 출발점은 저항/빼기[70]의 논리였다 ── 공산주의는 끈질기게 존속하며

---

69 Alberto Toscano, "From the state to the world? Badiou and anti-capitalism," *Communication & Cognition*, Vol. 36 (2003), 1~2면.

70 '빼기'(soustraction; subtraction)는 앞에서 언급한 바 있는 바디우의 『조건들』(*Conditions*)을 위시하여 『지난 세기』(*Le Siècle*, Paris: Seuil 2005; 영역본은 *The Century*, Cambridge, UK: Polity 2007) 등 다른 저

때때로 폭발하는 영원한 **이념**이다…… 그러나 예컨대 중국 문화혁명이 국가-당 시대의 쇠망뿐 아니라 평등주의적-해방적 기획이 폭발하고 그 다음 '정상적' 상황으로 돌아가는 바로 그 과정의 종말을 표상했다면? 여기서 계열은 종결되는데 그 이유란 그저 이제 적이 혁명화의 역학을 인수했기 때문이다. 이제 우리는 더이상 "몫이 없는 부분"의 입장에서 **질서**를 전복하는 게임을 할 수 없는데 이는 그 **질서**가 이미 자기 자신의 영구전복을 수반하고 있기 때문이다. 자본주의의 완전한 전개와 더불어, 끊임없는 역전, 위기, 재발명을 동반하며 어떤 면에서 '축제화된' 것은 바로 '정상적' 삶자체이며, 오늘날 그 어느 때보다 예외로 보이는 것은 '안

서들에도 종종 등장하는 개념으로, 지젝은 『잃어버린 대의를 옹호하며』를 비롯한 선행 저작에서도 이 개념에 주목한 바 있다. 그것은 범박하게 말해 특정 상황의 본질 — 달리 표현하면 현실/실재, 존재자/존재 등의 극미한 '차이' — 을 드러내기 위하여 그 안의 어떤 요소를 빼내는 방법이다. 'soustraction'에 상응하는 우리말은 아직 통일되어 있지 않다. 『조건들』의 한국어본(새물결 2006)에서 역자 이종영은 그것을 '빠져나옴'으로 옮기는가 하면 김홍중은 그 개념의 미학적 함의를 간략히 논하는 대목(「행복의 예술, 그 희미한 메시아적 힘」, 『문학동네』 2009년 봄, 321~25면)에서 '공제(控除)'라는 표현을 쓴다. 두 번역어가 각기 나름의 장점이 있는 것으로 보이지만 'soustraction'이 지닌 수학적 함의와 (지젝의 맥락에서도 종종 드러나는) 타동의 의미를 살리려면 『잃어버린 대의를 옹호하며』의 한국어본 역자 박정수가 사용한 용어 '빼기'가 다소 밋밋하기는 해도 그 중 나은 선택이 아닐까 싶다. ─ 옮긴이

정된' 윤리적 입장에서의 자본주의 비판이다.

여기서 진정한 문제는 이것이다 ─ 어떻게 국가에 대한 외재성(externality)이 작동하게 만들 것인가? 문화혁명은 국가를 내부로부터 파괴하려는 시도, 국가를 철폐하려는 시도의 실패를 의미하므로 대안은 그저 국가를 주어진 사실로서, '물자조달'을 담당하는 장치로서 받아들이고 그것을 향해 얼마간의 거리를 취한 채 작전을 벌이는(그것에 규범적 선언과 요구를 퍼붓는) 것인가? 아니면 더욱 급진적으로, 헤게모니 장으로부터의 빼기 ─ 이는 동시에 헤게모니 장을 그것의 가려진 극소 차이(minimal difference)로 환원하면서 그 장 속으로 폭력적으로 개입해 들어가는 것이기도 하다 ─ 를 목표로 삼아야 하는 것인가? 그러한 빼기는 극도로 폭력적이며 심지어 파괴/정화보다 더욱 폭력적이다. 그것은 부분(들)/비-부분(part(s)/no-part), 1과 0, 집단들(groups)과 프롤레타리아의 극소 차이로의 환원이다. 그것은 헤게모니 장으로부터의 주체의 빼기일 뿐 아니라 이 장의 진정한 좌표를 드러내면서 그 장 자체에 폭력적으로 영향을 끼치는 빼기다. 그러한 빼기는 헤게모니 장을 특징짓는 긴장의 근원인 두가지 입장에 제3의 입장을 더하지 않는다(자유주의 및 근본주의와 더불어 이제 급진좌파 해방정치가 나란히 존재하게 되는 것이 아니다). 제3의 항은 오히려 헤게모니 장을 구성하는 대립하는 양극의 근본적 공모를 드러내면서 헤게모니 장 전체를 '탈자연화'한다. 여기에 빼기의 딜레마가 있다 ─ 그것은 자신이 물러나(withdraw) 나오는 그 장을 손상되지 않은 상태로 놓아두는 (혹은 심지어 뉴에이지 명상에서 제안하는, 사회적 현실로부터 자신의 진정한 **자아** 속으로의 '빼기' 또는 물러남withdrawal처럼 헤게모니 장에 내속하는 보충물로 기능하는) 빼기/물러남인가, 아니면 그것은 자신이 물러나 나오는 그 장을 폭력적으로 교란하는가? 이처럼 '빼기'는 칸트가 양서적(兩棲的, amphibious) 개념이라고 불렀던 것에 해당한다. 레닌의 말을 패러프레이즈해서 우리는 오늘날의 급진 해방운동의 운명까지 포함한 모든 것이 이 개념을 어떻게 읽는가에, 어떤 말이 그 개념에 달라붙거나 그로부터 떨어지는가에 달렸다고 말할 수 있다.

헤겔의 '지양'처럼 바디우의 '빼기' 역시 세가지 다른 층위의 의미를 담고 있다. (1)물러나다, 단절하다 (2)한 상황의 복잡성을 그 극소 차이로 환원하다 (3)기존 질서를 파괴하다. 헤겔의 경우에서처럼 해법은 세가지 의미를 구별하는 (그리고 각각의 의미에 대해 궁극적으로 특정 용어를 제안하는) 것이 아니라 빼기를 그것이 지닌 세가지 차원의 통일로 파악하는 것이다. 카드로 만든 집에서 카드 한장을 빼내면 구조물 전체가 무너지듯이 물러남이 상황의 다양성을 지탱하는 '극소 차이'를 가시적으로 만들고 그럼으로써 상황의 해체를 야기하는 그러한 방식으로 우리는 상황에 대한 몰두에서 물러나야 한다.

물론 평등주의적-해방적 '탈영토화'는 그 포스트모던-자본주의적 형태와 동일하지 않지만, 그럼에도 불구하고 해방적 투쟁의 조건(terms)을 근본적으로 변화시킨다. 특히 적은 더이상 한 국가의 위계적인 기성질서가 아니다. 그렇다면 그 원리 자체가 끊임없는 자기혁명화인 질서를 우리는 어떻게 혁명화할 것인가? 공산주의는 단순히 오늘날 우리가 직면하고 있는 문제의 해결책이라기보다 그 자체가 하나의 문제를 가리키는 이름이다 ── 그것은 '시장과 국가'라는 틀의 한계를 돌파해야 하는 어려운 과제, 그 해결을 위한 어떠한 신속한 절차도 마련되어 있지 않은 과제를 가리키는 이름인 것이다. 브레히트(B. Brecht)가 「공산주의를 찬양하며」(*In Praise of Communism*)에서 표현했듯이 "〔공산주의란 ── 옮긴이〕 간단하면서도 하기 어려운, 참으로 어려운 바로 그런 일일 뿐이다."[71]

---

[71] 「공산주의를 찬양하며」는 브레히트의 극 『어머니』(*Die Mutter*, 1930~31)에 나오는 합창곡 가운데 하나로 아이슬러(Hanns Eisler, 1898~1962)가 곡을 썼다. 지젝이 인용한 부분은 이 합창곡의 마지막 대목에 해당하는데 독자의 이해를 돕기 위해 영어로 번역된 가사 전

헤겔적인 답변은 문제나 교착상태가 곧 그 자신의 해결책이라는 것인데, 자본주의가 그 자체로 이미 공산주의이며 순전히 형식적인 전환만이 요구된다는 단순한 혹은 직접적인 의미에서 그러한 것은 아니다. 내가 말하려는 바는 오히려 이런 것이다 ─ 오늘날의 세계자본주의가 "세계 없는" 것으로서 모든 고정된 질서의 끊임없는 붕괴를 내포하는 바로 그러한 한에 있어, 그것이 반역과 그것의 재기입(reinscription)의 악순환을 깨뜨릴 혁명, 다시 말해 사건적 폭발에 정상성으로의 귀환이 뒤따르는 패턴을 더이상 따르

문을 옮겨 적는다. ─ 옮긴이

It's quite straightforward, you'll understand it. It's not hard.
Because you're not an exploiter, you'll grasp it quickly.
It's for your good, so find out all about it.
They're fools who describe it as foolish, and foul who describe it as foulness.
It's against all that's foul and against all that's foolish.
The exploiters will tell you that it's criminal,
But we know better:
It puts an end to all that's criminal.
It isn't madness, but puts
An end to all madness.
It doesn't mean chaos.
It just means order.
It's just the simple thing
That's hard, so hard to do.

지 않고 그 대신 세계자본주의적 무질서에 대항하는 새로운 '정돈'(ordering)의 과제를 떠맡을 혁명의 공간을 열어놓는다면 어떨까? 우리는 반역으로부터 새로운 질서를 강제하는 데로 뻔뻔스럽게 이행해야 한다. (이것이 현재의 금융붕괴가 주는 교훈의 하나가 아닌가?) 우리가 공산주의 **이념**을 재현실화(reactualize)하고자 한다면 자본주의에 관심을 집중하는 것이 대단히 중요해지는 이유가 바로 그것이다. 현시대의 "세계 없는" 자본주의는 공산주의적 투쟁의 좌표 자체를 근본적으로 변화시킨다. 적은 이제 징후적 비틀림의 지점으로부터 기반을 허물어나가야 하는 국가가 아니라 영구한 자기혁명화의 흐름(flux)인 것이다.

따라서 나는 국가와 정치의 관계에 관하여 두가지 공리를 제안하고자 한다. (1)공산주의적 국가-당 정치의 실패는 무엇보다 그리고 우선적으로 반국가적 정치의 실패, 국가의 제약들을 돌파하고 국가적 조직형태를 자기조직화의 '직접적', 비대의적(非代議的) 형태('평의회')로 대체하려는 노력의 실패다. (2)만일 당신이 국가를 무엇으로 대체하고 싶은지에 대한 명확한 생각이 없다면 당신은 국가에서 빠질/물러날 권리가 없다. 진정한 과제는 국가에 거리를 취하는 것이 아니라 국가 자체를 비국가적 방식으로 작동하도록 만드는 것이어야 한다. '국가권력을 위해 투쟁하느냐

(이는 우리를 우리가 맞서 싸우는 적과 동일하게 만든다) 아니면 국가에 거리를 둔 입장으로 물러남으로써 저항하느냐'의 양자택일은 허위다 ─ 두가지 항은 동일한 전제를 공유하는데 그것은 오늘날 우리가 알고 있는 바의 국가형태는 여기에 그대로 있을 것이며 따라서 우리가 할 수 있는 일이란 국가를 탈취하거나 그것에 거리를 취하는 것뿐이라는 것이다. 여기서 우리는 레닌의 『국가와 혁명』(*State and Revolution*)이 주는 교훈을 뻔뻔스럽게 반복해야 한다 ─ 혁명적 폭력의 목표는 국가권력을 탈취하는 것이 아니라 그것을 변형하는 것, 그것의 기능, 토대에 대한 그것의 관계 등등을 근본적으로 변화시키는 것이다.[72] 여기에 '프롤레타리아독재'의 핵심적 구성요소가 존재한다.

이러한 통찰에서 이끌어낼 수 있는 유일하게 알맞은 결

---

[72] 바디우 자신도 수년 전 『윤리학』(*Ethics*, New York: Verso 2002)에서 다음과 같이 적었을 때 바른 길에 들어서 있었다. "전지구적 시장으로서의 세계의 실현, 거대 금융기업의 독점적 지배 등 이 모든 것은 논란의 여지가 없는 현실이며 또한 본질적으로 맑스의 분석과 일치하는 현실이다. 문제는 이것이다 ─ 이 모든 것과 잘 들어맞는 정치의 자리는 어디인가? 어떤 종류의 정치가 자본의 요구에 대해 진정으로 이질적인가? 오늘날의 문제는 바로 그것이다." 이 말의 함의는, 오늘날 진정한(authentic) 해방정치는 자본의 우주에 대한 적극적 반대를 통해 자신을 정의해야 한다 ─ 그것은 '반자본주의적'이어야 한다 ─ 는 것이다.

론은 '프롤레타리아독재'가 일종의 (불가피한) 모순어법으로서, 프롤레타리아가 새로이 지배계급이 된 국가형태를 가리키지 않는다는 것이다. 국가 자체가 근본적으로 변화되어 민중참여의 새로운 형식들에 의존하게 될 때에야 비로소 우리는 '프롤레타리아독재'를 다루고 있는 셈이다. 스딸린주의의 정점에서 숙청으로 사회구조 전체가 박살났을 때 신헌법이 쏘비에뜨권력의 '계급적' 성격이 종결되었음을 선언하고(예전에 배제되었던 계급의 구성원들에게 선거권이 부활되었다) 사회주의정권들이 '인민 민주주의'(people's democracies)라 불렸던 — 실로 이는 그 정권들이 '프롤레타리아독재'가 아니라는 분명한 표시였다— 사실이 단순한 위선 이상을 의미했던 이유는 바로 그것이다. 그러나 다시 말하지만 어떻게 우리는 그러한 '독재'를 달성할 것인가?

아시아적 가치에 입각한 자본주의: 유럽의 경우

(우리 쪽 사람은 결코 아니지만 그렇다고 완전한 백치도 아닌) 페터 슬로터다이크(Peter Sloterdijk)[73]는, 만일 지금

---

[73] 1947~ . 독일의 철학자, 카를스루에(Karlsruhe) 예술·디자인 대학교

부터 100년 후에 사람들이 기념비를 세워줄 사람이 하나 있다면 그는 소위 '아시아적 가치에 입각한 자본주의'를 발명하고 실현한 싱가포르 지도자 리 꽝야오(李光耀)라고 말했다. 이 권위적 형태의 자본주의의 바이러스는 서서히 그러나 확실히 지구 전체로 퍼져나가고 있다. 떵 샤오핑은 개혁을 추진하기 전 싱가포르를 방문해서 그러한 자본주의를 중국 전체가 따라야 할 모델이라고 명시적으로 추켜세웠다. 이러한 사태전개는 세계사적 의미를 지닌다. 지금까지 자본주의는 민주주의와 뗄 수 없이 결합되어 있는 듯했다. 물론 이따금씩 노골적 독재로의 회귀가 있기는 했지만 10~20년 후에는 민주주의가 다시 밀고 들어왔다. (남한이나 칠레의 경우를 상기해보라.) 그러나 이제 민주주의와 자본주의 사이의 고리는 분명히 끊어졌다.

오늘날 중국에서 자본주의가 폭발적으로 전개되는 사태에 직면하여 분석가들은 종종 자본주의의 '자연스런' 정치적 동반자로서의 정치적 민주주의가 언제 자기 몫을 요구하고 나올지 묻곤 한다. 그러나 좀더 깊이 분석해보면 이러한 희망은 금방 날아가버린다 — 권위주의적인 눈물의 계

교수. 주저 『영역들』 3부작(*Sphären* I-III, Frankfurt: Suhrkamp 1998, 1999, 2004)에서 그리스 아고라에서부터 현대 도시의 아파트에 이르는 서구 공간의 역사를 자칭 '하이데거적인' 관점에서 분석하고 있다. — 옮긴이

곡에 따라오기로 약속된 민주주의적인 두번째 단계가 영영 오지 않는다면? 아마도 이것이 오늘날의 중국을 보면 그토록 심란해지는 이유일 것이다. 중국식 권위주의적 자본주의가 단순히 우리 과거의 잔재 ── 유럽에서 16세기부터 18세기까지에 걸쳐 진행된 자본주의적 축적과정의 반복 ── 만이 아니라 미래의 징후가 아닐까 하는 의구심이 생기는 것이다. "아시아의 채찍(knout)과 유럽 주식시장의 사악한 결합"(짜르체제 러시아에 대한 뜨로쯔끼의 묘사다)이 자유주의적 자본주의보다 경제적으로 더욱 효율적이라고 증명된다면? 그것이 우리가 알고 있는 바의 민주주의가 더이상 경제발전의 조건이자 원동력이 아니며 오히려 장애물이라는 점을 암시한다면?

몇몇 순진한 좌파 인사들은 고삐 풀린 자본주의에 대항하는 힘으로 작용하는 것, 그 최악의 방종을 막고 최소한의 사회적 결속을 유지시키는 것은 문화혁명과 마오주의의 유산이라고 주장한다. 그러나 사실이 그와 정반대라면? 일종의 의도치 않은, 그리고 그 때문에 훨씬 더 잔인하게 아이러니한 **이성의 간지**로, 과거의 전통을 난폭하게 지워버린 문화혁명이 그후에 찾아올 자본주의의 갑작스런 확산의 조건을 창출한 '충격'이었다면? 자연적, 군사적, 혹은 사회적 파국이 자본주의의 새로운 폭발적 전개를 위한 길을 닦은 국가들을 열거한 나오미 클라인의 목록에 중국이 추가되어야 한다면?[74]

그러므로 역사상 최고의 아이러니는 중국에서 전통사회 구조를 파괴함으로써 자본주의의 신속한 발전의 이데올로기적 조건을 창출한 사람이 다름 아닌 마오 자신이었다는 사실이다. 문화혁명에서 인민, 특히 젊은층을 향한 그의 외침이 무엇이었던가? 다른 사람이 네게 무엇을 하라고 말해주기를 기다리지 말라, 네게는 반역의 권리가 있다! 그러니 너 스스로 생각하고 행동하라, 문화적 유물을 파괴하라, 너의 연장자들뿐 아니라 정부와 당간부들까지 탄핵하고 공격하라! 억압적 국가기구를 쓸어버리고 인민공사 안에 편입되어라! 마오의 외침은 호응을 얻었다 — 이후로 나타난 것은 모든 형태의 권위를 실추시키려는 제어되지 않는 열정의 폭발이었으며, 종국에는 마오가 얼마간의 질서를 회복하기 위해 군대를 소집해야 했다. 이처럼 문화혁명의 핵심

---

74 자신의 책 『충격원리』의 중국에 관한 장에서 클라인은 자본주의적 발전을 촉발한 충격을 문화혁명이 아니라 톈안먼시위와 그 시위의 폭력적 억압에서 찾는다. 이러한 연관에 담긴 절묘한 아이러니는 자본주의가 중국인들에게 그들의 요구에 대한 응답으로서 주어졌다는 것이다. "민주주의를 원하는가? 여기 그 진정한 토대가 있으니 가져가도록!" 그러나 톈안먼사건이 정말로 중국 전체에 심오한 충격을 주었는지는 의심스럽다.

적 전투가 공산당 기구와 그것의 전통주의적인 적들 사이에서가 아니라 한편으로 군대와 당, 다른 편으로 마오 자신이 탄생시킨 세력 사이에서 벌어졌다는 것은 역설적이다.[75]

이것이 의미하는 바는 물론 우리가 자본주의적 진보를 위해 민주주의를 단념해야 한다는 것이 아니라 의회민주주의의 한계들과 대면해야 한다는 것이다. 그 한계들은 "민중 참여의 위협이 극복된 시점에서야 비로소 민주주의적 형식들은 안전하게 숙고될 수 있다"[76]는 노엄 촘스키(Noam Chomsky)의 말로 훌륭하게 정식화된 바 있다. 여기서 그는 의회민주주의를 민중의 직접적인 정치적 자기조직화와 양립 불가능하게 만드는, 의회민주주의의 '수동화하는'(passivizing) 핵심을 밝혀냈다.

---

75 중국의 폭발적인 자본주의적 발전에 따른 주체적 충격을 집중조명해 온 영화감독 지아 장커(賈樟柯)는 다음 작품에 관해 질문을 받고 이렇게 답했다. "1970년에서 75년까지의 시간을 배경으로 한 이야기지요. 문화혁명 기간에 두 집단의 젊은이들이 어느 도시의 지배권을 장악하기 위해 싸웁니다. (⋯) 저는 정말로 오늘날 중국에서 제기되는 문제, 즉 발전과의 관계 전체에 대한 답의 깊은 뿌리가 문화혁명 속에, 그 당시 일어났던 일 속에 있다는 생각이 듭니다"(「스틸 라이프」Still Life의 BFI DVD판에 동봉된 책자 16면). 여기서 지아 장커는 문화혁명과 현재 진행중인 자본주의적 혁명 사이의 연관에 대해 섬세한 통찰을 제공한다.

76 Noam Chomsky, *Necessary Illusions*, Cambridge: South End Press 1999, 69면.

20세기 미국 언론계의 아이콘 월터 리프먼(Walter Lippmann)은 미국 민주주의의 자기이해에 있어 핵심적 역할을 담당했다. (소련에 대한 공정한 정책을 옹호하는 등) 정치적으로는 진보적이지만 그는 그에 담긴 진실로 대중의 사기를 꺾어놓는 공중매체 이론을 제안했다. 그는 후에 촘스키에 의해 유명해진 '**동의 조작**'(Manufacturing Consent)[77]이라는 신조어를 제시했는데 리프먼 자신으로서는 긍정적 의미를 담은 말이었다. 『여론』(*Public Opinion*, 1922)에서 그는 '통치계급'(governing class)이 궐기하여 도전에 맞서야 한다고 썼다. 플라톤이 그랬듯이 그는 공중을 '국지적 의견의 혼돈' 속에 허우적대는 거대한 짐승이나 갈팡질팡하는 무리로 보았던 것이다.[78] 그러니 시민의 무리는 '국지성을 넘어서는 관심을 지닌 전문화된 계급'의 통치를 받아야 하고, 이 엘리뜨 계급은 민주주의의 주요한 결함, 곧 '전능한 시민'(omni-competent citizen)이라는 불가능한 이상을 피해가는 지식의 기계장치로서 행동해야 한다.

---

77 촘스키는 허먼(Edward S. Herman)과 공동으로 『동의 조작: 대중매체의 정치경제학』(*Manufacturing Consent: The Political Economy of the Mass Media*, New York: Pantheon 1988)이라는 책을 펴낸 바 있다. 국내에 『여론 조작: 매스미디어의 정치경제학』이라는 제하의 번역서가 있다(정경옥 역, 에코리브르 2006). — 옮긴이

78 Walter Lippman, *Public Opinion*, Charleston: BiblioLife 2008.

실로 이것이 우리의 민주주의가 기능하는 방식이며 게다가 그것은 우리의 동의하에 진행된다. 리프먼이 했던 말에 불가사의한 점은 없다. 그것은 명백한 사실인 것이다. 불가사의한 점은 그런 것을 알고 있으면서 우리가 게임을 계속한다는 것이다. 우리는 마치 자유롭게 선택할 수 있는 듯이 행동하는데 그러면서도 속으로는 ('자유언론'에 대한 우리의 집념commitment이라는 바로 그 형식에 새겨져 있는) 어떤 보이지 않는 명령이 우리에게 무엇을 하고 무엇을 생각할지 말해주는 것을 용인할 뿐 아니라 심지어 요구하기까지 한다. 오래전 맑스가 말했듯이 비밀은 형식 자체에 있다.

이러한 의미에서 민주주의 내의 모든 평범한 시민은 사실상 왕이다 — 하지만 입헌민주주의 안에 있는 왕, 행정부에서 제안한 법안을 승인하는 데 기능이 국한되는, 형식상으로만 결정을 내리는 군주다. 민주주의적 의식(儀式)과 관련한 문제가 입헌군주제의 커다란 문제와 상동적인 이유는 그것이다 — 어떻게 왕의 위엄을 지켜낼 것인가? 사실이 아님을 우리 모두가 알고 있지만 그래도 어떻게 왕이 실질적으로 결정을 내린다는 인상을 유지해나갈 것인가? 따라서 기본적으로 의회민주주의를 비난한 뜨로쓰끼는 옳았는데 그 비난은 의회민주주의가 무식한 대중에게 너무 많은 권력을 준다는 것이 아니라 역설적으로 (노동계급이 직접

자신을 동원하며 권력을 행사하는 '쏘비에뜨'와 대조적으로) 의회
민주주의가 대중을 수동화하며 주도권을 국가권력장치의 손에 쥐
어준다는 것이었다.[79] 그러므로 우리가 '민주주의의 위기'로
칭하는 것은 민중이 자기 자신의 권력을 더이상 믿지 않을
때 발생하는 것이 아니라 반대로 민중이 엘리뜨들, 즉 그들
을 대신하여 안다고 가정되며 지침을 제공하는 자들을 더
이상 신뢰하지 않을 때, '(진정한) 권좌는 비어 있다'는, 이
제 결정은 **정말로** 엘리뜨들 몫이라는 인식에 수반되는 불안
을 민중이 경험할 때 발생한다. '자유선거'에 항상 공손함
의 최소한의 외양이 존재하는 것은 그 때문이다. 권력을 쥔
자들은 공손히, 자기들은 실제로 권력을 쥐고 있지 않은 척
하면서 우리가 그들에게 권력을 주고 싶은지를 자유롭게
결정하도록 우리에게 요청한다 — 그 방식이란 거절되도
록 의도된 제스처의 논리와 흡사하다.

이를 **의지**(Will)의 견지에서 말해보면, 바로 그 개념에
있어 대의민주주의는 민중**의지**의 수동화, 그것의 비-의욕
(non-willing)으로의 변화를 내포한다 — 의욕은 국민을
재현/대의하고(re-presents) 그를 위해 의지를 발휘하는
어떤 행위자(agent)에게 양도된다. 그러므로 우리가 민주

---

79 Leon Trotsky, *Terrorism and Communism*, London: Verso Books
2007 참조.

주의를 훼손한다는 비난을 받을 때 우리의 대답은『공산당 선언』에서 맑스와 엥겔스가 유사한 비난(공산주의가 가족, 소유권, 자유 등을 훼손한다는 비난)에 제시했던 대답의 패러프레이즈가 되어야 한다 ── 지배질서는 그 자체가 이미 필요한 모든 훼손작업을 수행하고 있다. (시장의) 자유가 자기 노동력을 파는 자들에게는 비자유인 것과 같은 방식으로, 가족이 합법화된 매춘으로서의 부르주아 가족에 의해 훼손되는 것과 같은 방식으로, 민주주의는 국민 대다수의 수동화를 동반하는 의회 형식에 의해, 그리고 또한 점차 영향력이 커지고 있는 비상사태의 논리가 암시하는, 점차 증대하고 있는 행정권력에 의해 훼손된다.

바디우는 민주주의 안에서 이루어지는 타락의 두가지 유형(혹은 차라리 두가지 차원)을 구별할 것을 제안한 바 있다 ── 사실상의(*de facto*) 경험적 타락과, 정치를 사적 이해관계들간의 협상으로 축소시키는 민주주의의 바로 그 형식에 속하는 타락. 이들 사이의 간극은 경험적 타락에 맞서 싸우면서도 타락의 형식적 공간은 정당하다고 인정하는 정직한 '민주주의적' 정치인의 드문 경우에 가시화된다. (물론 덕성virtue의 독재를 위해 행동하면서 경험적으로 타락한 정치인이라는 정반대의 경우도 있다.) 정립된(constituted, 법으로써 정립된) 폭력과 정립적(constituent, 법 정립적) 폭력에 대한 벤야민적 구별을 따라서 우리는 '정립된' 타락(법을 어기는 경험적인 경우)과 통치의 민주주의적 형식 자체의 '정립적' 타락 사이의 차이를 다루고 있다고 말할 수도 있을 것이다.

민주주의가 대의(代議, representation)를 의미한다면 그것은 무엇보다 그 형식들을 담지하는 일반적 체제의 대의다. 다시 말해 선거민주주의는 그것이 무엇보다 자본주의, 혹은 오늘날 '시장경제'로 재명명된 것에 대한, 합의에 의한 대의인 한에 있어서만 대의적이다. 이것이 선거민주주의의 근본적 타락이다. (…)[80]

우리는 이 말을 아주 엄밀한 초월론적 의미로 받아들여야 한다. 경험적 차원에서 다당제 자유민주주의는 물론 상이한 의견들의 양적 분포, 곧 각 당이 제출하는 강령과 그들의 후보자 등에 관해 사람들이 지니는 생각의 양적 분포를 '대의/재현한다'(represents) ─ 즉 반사하고, 기록하고, 가늠케 한다(mirrors, registers, measures). 그러나 이 경험적 차원 이전에, 그리고 그보다 훨씬 더 근본적인 '초월론적' 의미에서, 다당제 자유민주주의는 **사회, 정치, 그리고 자**

---

80 Badiou, *The Meaning of Sarkozy*, 91면.

유민주주의 내부의 개인들의 역할에 관한 하나의 특정한 시각을 '대의/표상한다'(represents) —— 즉 예시한다(instantiates). 자유민주주의는 국가의 입법·행정 기구 등등에 지배력을 행사하기 위해 선거를 통해 경쟁하는 당들에 의해 정치가 조직되는, 사회적 삶에 대한 하나의 아주 엄밀한 시각을 '표상한다'. 이 '초월론적 틀'은 결코 중립적이지 않다는 점을 우리는 항상 인식하고 있어야 한다 —— 그것은 특정 가치와 실천들에 특권을 부여하는 것이다. 이러한 비중립성은 위기 혹은 무관심의 순간, 즉 민주주의 체제가 사람들의 실제적 바람이나 생각을 표현하는 데에 무능함을 우리가 경험할 때 분명히 감지할 수 있게 된다. 이 무능함을 보여주는 것은 영국의 2005년 총선과 같은 이례적 현상들인데, 그 당시 토니 블레어(Tony Blair)의 인기는 점점 추락하고 있었지만 (그는 투표결과 언제나 영국에서 가장 인기없는 인물로 뽑혔다) 이러한 불만은 정치적으로 효과적인 표현을 어떤 식으로도 찾지 못했다. 뭔가 심히 잘못된 것이 분명했다 —— 사람들이 '자신이 무엇을 원하는지를 알지 못했던' 것은 아니며, 그보다는 냉소적 체념이 그들로 하여금 자신들이 원하는 바를 따라 행동하지 못하도록 막았던 것이다. 그 결과 사람들이 생각하는 바와 행동하는(투표하는) 방식 사이에 묘한 간극이 생겨났다.

민주주의를 비판함에 있어 플라톤은 이러한 타락의 두번째 형식을 완벽하게 이해하고 있었다. **덕성**에 대한 자꼬뱅의 특권부여에서도 플라톤의 비판은 뚜렷이 식별될 수 있다 ─ 다수의 사적 이해들의 대의이자 그들간의 협상이라는 의미에서의 민주주의에는 **덕성**을 위한 자리가 없다. 프롤레타리아혁명에서 민주주의가 프롤레타리아**독재**로 대체되어야 하는 이유는 그것이다.

민주주의적 선거를 경멸할 이유는 없다. 요는 다만 그 선거가 그 자체로 **진리**의 표지는 아님을 주장하는 것이다. 그렇기는커녕 대개 민주주의적 선거는 주도적 이데올로기에 의해 결정되는 지배적 억견(doxa)을 반영하는 경향이 있다. 결코 논쟁의 여지가 없는 예를 하나 들어보자 ─ 1940년 프랑스다. 프랑스공산당의 제2인자인 자끄 뒤끌로(Jacques Duclos)[81]조차, 만일 그 시점에 프랑스에서 자유선거가 열렸더라면 뻬땡 원수가 90%의 지지율로 당선되었을 것이라고 사석에서 인정했다. 드골이 독일에 대한 항복

---

81 1896~1975. 1920년에 프랑스 공산당에 가입, 당중앙위원, 선전국장, 코민테른 집행위원을 지냈으며 프랑스가 나찌독일에 점령당한 1940~44년의 기간 동안 프랑스 공산당 비밀조직을 이끌었다. 해방 후에는 당서기장 또레즈(Maurice Thorez)에 이은 제2인자의 자리를 굳혔으며 1969년 프랑스 대선에 출마해 공산당 후보로서는 역대 최고인 21.27%의 표를 얻어 후보들 가운데 3위를 기록하기도 했다. ─ 옮긴이

을 거부하는 역사적 행동을 하면서 비시정권이 아니라 자신만이 (단지 '대다수 프랑스인'을 대변할 뿐 아니라!) 진정한 프랑스를 대변한다고 주장했을 때, 비록 '민주주의적으로' 말해 그의 말은 정당성이 없었을 뿐 아니라 대다수 프랑스인의 의견에 명백히 배치되었다 해도 그것은 깊은 진실을 담고 있었다. **진리** 사건을 실연하는 민주주의적 선거, 국민 대다수가 회의적-냉소적 무기력을 떨치고 순간적으로 '깨어나' 이데올로기적 견해의 헤게모니를 거슬러 투표하는 선거가 분명 있을 수 있다. 하지만 그런 일이 본디 아주 예외적이라는 사실은 선거 자체가 **진리**의 매개체가 아니라는 것을 입증한다.

현재 서구를 향해 점점 더 가까이 촉수를 뻗치고 있는 권위주의적 자본주의의 발흥에 입지를 잃어가는 것은 바로 이것, 민주주의의 진정한 잠재력이다. 물론 이는 각 나라마다 자기네 '가치'에 어울리는 방식으로 진행된다 — '러시아적 가치'(권력의 난폭한 과시)를 수반한 뿌띤의 자본주의가 있고, '이딸리아적 가치'(우스꽝스런 자세)를 수반한 베를루스꼬니의 자본주의가 있다. 뿌띤과 베를루스꼬니 모두 점점 더 공허한 의례의 껍데기로 화해가는 민주주의 내에서 지배력을 행사하고 있고 빠르게 악화되고 있는 경제상황에도 불구하고 대중들 사이에서 높은 지지율(60% 이상의 득표율)을 누리고 있다. 그러니 그들이 개인적으로 친구 사이인 것도 놀라운 일이 아니다. 두사람 모두에게는 이따금씩 '자연발생적' 감정폭발로 추문을 일으키는 경향이 있다. (그런데 적어도 뿌띤의 경우에는 그 감정폭발이 러시아인의 '민족성'과 맞아 떨어지도록 미리 잘 계획된다.) 때때로 뿌띤은 저속하고 야비한 말을 사용하거나 추악한 협박을 해대기를 즐긴다. 두해 전 어느 서방 기자가 그에게 체첸에 관해 불쾌한 질문을 던졌는데 이때 뿌띤은 그 기자에게 쏘아붙이기를, 만일 아직 포경수술을 받지 않았다면 모스끄바로 성심껏 모시겠다, 거기에 있는 뛰어난 의사들이 신이 나서 시술에 나설 것이라고 했다······

이윤에서 세(貰)로

노골적인 비민주적 권위의 이러한 부활은 어떻게 설명할 수 있을까? 그에 연관된 문화적 요인들 외에도, 현시대 자본주의의 논리 자체에 이러한 부활의 내적 필연성이 있다. 다시 말해 오늘날 우리가 마주하고 있는 핵심적 문제는 후기 자본주의 내의 '지적 노동'의 우위(혹은 심지어 주도적 역할)가 노동의 객관적 조건으로부터의 노동의 분리, 그리고 이러한 조건의 주체적 재전유로서의 혁명이라는 맑스의 기본적 구도에 어떻게 영향을 미치는가 하는 것이다. 월드와이드웹과 같은 영역에서 생산, 교환, 소비는 뗄 수 없이 서로 결합되며 잠재적으로는 심지어 동일화된다. 나의 생산물은 곧장 다른 이에게 전달되고 그에 의해 소비되는 것이다. '사람들간의 관계'가 '사물들간의 관계'의 형태를 띠는 상품물신주의라는 맑스의 고전적 관념은 따라서 근본적으로 다시 사유되어야 한다. '비물질 노동'에서 '사람들간의 관계'는 "객체성의 막 뒤에 숨는다기보다 그 자체로 우리의 일상적 착취의 바로 그 소재이며",[82] 따라서 우리는 더이상 고전적인 루카치적 의미에서의 '물화'에 대해 말할 수 없다. 사회적 관계성은 비가시적이기는커녕 바로 그 유동성 속에서 직접 마케팅과 교환의 대상이 된다. '문화적 자본주의'에서 우리는 더이상 문화적 또는 감정적 경험을 '초래하는' 대상을 팔지 (그리고 사지) 않고 직접 그러한 경험을 파는 (그리고 사는) 것이다.

여기에서 네그리의 의식이 핵심적 문제에 닿아 있음은 부인할 수 없지만 그의 답은 부적절한 듯이 보인다. 그의 출발점은 『요강』에 나오는, '고정자본'의 지위의 근본적 변화에 관한 맑스의 명제다.

---

82 Nina Power, "Dissing," *Radical Philosophy* 154, 55면.

고정자본의 발전은 일반적인 사회적 지식이 어느정도까지 직접적 생산력이 되었는지, 따라서 사회적 삶의 과정 자체의 조건이 어느정도까지 일반지성의 통제하에 놓이게 되고 그에 부합하게 변화되었는지를 나타내준다. 사회적 생산력이 어느정도까지 지식의 형태로뿐만 아니라 또한 사회적 실천의 직접적 기관, 실제적 삶의 과정의 직접적 기관으로서 생산되었는지를 말이다.[83]

일반적인 사회적 지식의 발달과 더불어 "노동의 생산력"은 "그 자체로 가장 거대한 생산력〔이 된다 ── 옮긴이〕. 직접적 생산과정의 관점에서 그것은 고정자본의 생산으로 간주될 수 있는데 이 고정자본은 인간 자신이다".[84] 게다가 자본은 살아있는 노동에 반하는 '고정자본'으로 현상함으로써 착취를 조직화하기 때문에, 고정자본의 핵심적 구성요소가 '인간 자신', '일반적인 사회적 지식'이 되는 순간 자본주의적 착취의 사회적 기초 자체가 훼손되며 자본의 역할은 순전히 기생적이게 된다. 네그리적 시각에 따르면 세계

---

83 Karl Marx, *Grundrisse*, translated with a foreword by Martin Nicolaus, Harmondsworth: Penguin 1973, 706면.
84 같은 면.

적인 쌍방향 미디어가 작동하는 오늘날 창의적 발명의 재능은 더이상 개인적인 것이 아니며, 그것은 곧바로 집단화되어 '공통적인 것'의 일부가 되고, 그리하여 저작권을 통해 그것을 사유화하려는 어떠한 시도도 문제적이 된다 — 점점 더 말 그대로 '소유는 절도'[85]가 되어가는 것이다. 그러면 마이크로쏘프트(Microsoft)사처럼 바로 이런 짓 — 창의적인 인지적 독특성들의 집단적 씨너지를 조직하고 착취하는 것 — 을 행하는 기업의 경우는 어떤가? "인지노동에 대한 산업적 통제는 완전히 시대에 뒤진 것이므로"이제 남아 있는 유일한 과제는 어떻게 인지노동자들이 "사장을 제거"할 것인가를 상상하는 일이다.[86] 새로운 사회운동이 의미하는 바는 "임금(賃金)의 시대는 갔다는 것, 그리고 우리는 임금을 둘러싼 노동과 자본 간의 대립에서 시민소득의 복구(instauration)를 둘러싼 다중과 국가 간의 대립으로 이행했다는 것이다".[87] 여기에 "오늘날의 사회혁명적 이행"의 기본적 특성이 있다. "우리는 자본으로 하여금 공동선의 무

---

85 쁘루동(Pierre-Joseph Proudhon, 1809~65)의 유명한 단언으로, 그의 1840년 저서 『소유란 무엇인가? 법과 통치의 원리에 대한 탐구』(Qu'est-ce que la propriété? Recherche sur le principe du droit et du gouvernement)에 나오는 구절이다. ― 옮긴이

86 Toni Negri, *Goodbye Mr. Socialism*, Rome: Feltrinelli 2006, 234면.

87 같은 책 204면.

게와 중요성을 인식하게 만들어야 하며 만일 자본이 그럴 태세가 되어 있지 않다면 그렇게 하도록 그것을 강요해야 한다."[88] 네그리의 정식화를 엄밀하게 살펴보라 ── 자본을 '철폐'하는 것이 아니라 공동선을 인식하도록 '그것을 강요'하는 것, 다시 말하면 우리가 자본주의 내부에 머물러 있는 것이다. 이는 분명 유토피아적 관념이라는 범주에 딱 들어맞는 것이다. 네그리는 현시대의 생체정치적 자본주의가 다중의 생산성에 대한 직접적 주장에 근접함을 다음과 같이 묘사한다.

우리가 보는 것은 상품들의 순환, 정보망들, 끊임없는 운동들, 노동의 급진적 노마디즘, 이러한 역동성의 맹렬한 착취, (⋯) 그러나 또한 항상적이고 소진할 수 없는 과잉, 즉 다중의 삶정치적 역량과, 지배적 제도의 구조적 통제 능력을 벗어나는 그 역량의 과잉이다. 모든 가용 에너지가 일에 투입되고 사회가 일에 투입된다. (⋯) 이러한 착취당하는 전체와 일하라는 명령의 내부에 자동사형(intransitive) 자유가 존재하는데 이 자유는 그것을 억누르려는 통제력에 굴복시킬 수 없다. 비록 자유는 그 자신과 충돌할 수 있지만 (⋯) 이 양면성 속에 여전히 도주선

---

88 같은 책 235면.

들이 열린다. 고통은 종종 생산적이지만 결코 혁명적이지는 않다. 혁명적인 것은 과잉, 흘러넘침, 그리고 역량이다.[89]

여기에 나타나 있는 것은 그것을 억누르고 통제하려하는 구조적 전체에 관련하여 언제나 과잉상태에 있는 생산적 흐름이라는 표준적인 포스트-헤겔적 매트릭스다…… 그러나 시차적(視差的) 전환을 통해 우리가 **자본주의적 네트워크 자체를 생산적 다중의 흐름을 넘어서는 진정한 과잉**으로 본다면? 오늘날 다중의 생산이 직접적으로 삶을 생산하면서 거기에 그치지 않고 (기능상으로도 잉여적인) 어떤 과잉, 곧 **자본**이라는 과잉을 생산한다면? 직접적으로(immediately, 비매개적으로) 생산된 관계는 왜 여전히 자본주의적 관계의 매개적 역할을 필요로 하는가? 끊임없는 유목민적, '분자적' 운동은 왜 그 자유분방한 생산성의 장애물로 (기만적으로) 현상하는 기생적인 '그램분자적'(molar) 구조를 필요로 하는지가 진짜 수수께끼라면? 왜 우리는 이 장애물/과잉을 제거하는 순간 그 기생적 과잉에 의해 제약되었던 생산적 흐름을 잃게 되는가? 이는 또한 우리가 '사람들간의 관계가 사물들간의 관계로 현상한다'는 물신주의 논제를 전

---

89 Toni Negri, "On Rem Koolhaas," *Radical Philosophy* 154, 49면.

도시켜야 함을 의미한다 — 하트와 네그리가 찬사를 보내는 직접적인 '삶의 생산'이 허위적으로 투명하다면? 그 안에서 '(**자본**의 비물질적) 사물들간의 관계가 사람들간의 직접적 관계로 현상한다'면?

바로 이 대목에서야말로 물신화의 맑스주의적 변증법의 교훈을 기억하는 것이 필수적이다. 사람들간의 관계의 '물화'(그 관계가 환영幻影 같은phantasmagorical '사물들간의 관계'라는 형태를 띤다는 사실)는 언제나 일견 정반대되는 과정, 즉 실제로는 객관적인 사회적 과정인 것의 허위적 '인격화'('심리화')로 인해 가중된다. 1930년대에 이미 프랑크푸르트학파 이론가의 첫 세대는 어떻게 — 세계적 시장관계들이 완전한 지배력을 행사하기 시작하여 개별생산자의 성패를 그가 전혀 통제할 수 없는 시장의 순환에 좌우되게 만든 바로 그 시점에 — '자연발생적 자본주의 이데올로기'에서 카리스마있는 '사업 천재'의 관념이 다시 부상하여 사업가의 성패를 그가 지닌 뭔지 모를(*je ne sais quoi*) 어떤 신비한 자질에 달린 것으로 제시했는지에 관해 사람들의 주의를 환기시켰다. 이러한 분석은 우리 삶을 지배하는 시장관계의 추상성이 극에 달한 오늘날 더욱 적실하게 들어맞지 않는가? 서점은 우리가 어떻게 하면 성공할지, 어떻게 하면 동료나 경쟁상대를 제칠 수 있는지에 관해 조언하는, 즉 성공을 적절한 '태도'에 의존하는 것으로 다루는 심리적 지침서들로 넘쳐난다. 그리하여 우리는 어떤 면에서 맑스의 정식을 거꾸로 세우고 싶은 유혹을 느낀다. 현시대 자본주의하에서 '사물들간의 〔객관적인 시장〕 관계'는 의사(擬似)–인격화된 '사람들간의 관계'의 환영 같은 형태를 띠는 경향이 있다. 하트와 네그리는 이 덫에 걸린 듯이 보인다. 그들이 직접적인 '삶의 생산'으로 칭송하는 것은 이런 유형의 구조적 환상이다.

그러나 '개인들간의 관계'가 '사물들간의 관계'로 대체된다는 사실의 '소외' 효과를 한탄하는 데로 빠지기 전에 우리는 그 반대의 효과, 즉 해방 효과를 기억해야 한다. 그 물신주의의 '사물들간의 관계'로의 전치는 '개인들간의 관계'를 탈물신화하고 그들로 하여금 '형식적' 자유와 자율성을 획득할 수 있게 한다. 시장경제에서 나는 사실상(de facto) 내내 의존적이지만 그래도 이 의존성은 '문명화되어' 있어서 직접적인 예속 혹은 물리적 강제의 형태 대신 나와 다른 개인들 사이의 '자유로운' 시장 교환의 형태로 실연된다. 아인 랜드를 조롱하기는 쉽지만 『아틀라스가 어깨를 으쓱했다』에 나오는 저 유명한 '돈의 찬가'에는 일말의 진실이 있다.

돈이 모든 선의 근원이라는 것을 당신이 발견하기 전까지는 그리고 발견하지 못한다면 당신은 파멸을 자초하게 된다. 돈이 인간들이 서로를 다루는 수단이 되기를 멈출 때 인간은 다른 인간의 도구가 된다. 피와 채찍과 총이냐 아니면 달러냐. 이 가운데서 선택하라 ― 다른 선택은 없다.[90]

어떻게 상품경제에서 '사람들간의 관계가 사물들간의 관계로 가장'하는지에 관한 맑스의 정식은 이와 유사한 내용을 전하지 않는가? 시장경제에서 사람들간의 관계는 상호인식된 자유와 평등의 관계로 현상할 수 있다. 지배는 이제 직접적으로 실연되지 않으며 지배로 가시화되지도 않는다. 문제적인 것은 랜드의 저변의 가정이다 ― 직접적인 지배·착취 관계와 간접적인 지배·착취 관계 사이의 선택만이 있다는 가정 말이다.

그러면 '형식적 자유'에 대한 표준적 비판, 즉 형식적 자유는 자신이 자유롭다고 생각하도록 우리를 기만하는 가면이기 때문에 노골적 예속보다 어떤 면에서 더 나쁘다는 비판은 어떻게 되는가? 이 비판에 대한 응답은 '자유는 해방의 조건이다'라는 허버트 마르쿠제의 옛 모토가 제공한다.

---

90 Ayn Rand, *Atlas Shrugged*, London: Penguin Books 2007, 871면.

'실제의(actual) 자유'를 요구하기 위해서는 내가 이미 나자신을 기본적으로 그리고 본질적으로 자유로운 존재로 경험했어야 하는 것이다 ─ 자유로운 존재로서만 나는 나의 실제의 예속을 나의 인간적 조건의 타락으로 경험할 수 있다. 헌데 나의 자유와 나의 예속의 실제성 사이의 이러한 적대를 경험하기 위해서는 내가 형식적으로 자유로운 존재로 인식되어야 한다. 나의 실제의 자유에 대한 요구는 나의 '형식적' 자유로부터만 생겨날 수 있다. 다시 말하면 자본주의의 발전에 있어 생산과정의 **자본** 아래로의 형식적 포섭이 물질적 포섭에 선행하듯이 형식적 자유는 실제의 자유에 선행하며 후자의 조건을 창출한다. 유기적 생활세계를 붕괴시키는 추상의 바로 그 힘은 동시에 해방정치의 원천이다. 추상이 지닌 이러한 현실적(real) 지위의 철학적 결과는 대단히 중요하다. 그 결과는 우리로 하여금 주체성의 상이한 양식들에 대한 역사주의적 상대화와 맥락화를 거부하도록, 그리고 '추상적인' 데까르뜨적 주체(꼬기또)를 오늘날 모든 상이한 형태의 문화적 자기 경험을 내부로부터 부식시키는 어떤 것으로 주장하도록 강요한다. 우리가 아무리 자신을 어떤 특수한 문화 속에 뿌리박은 존재로 지각한다고 해도 우리가 세계자본주의에 참여하는 순간 이 문화는 항상 이미 탈자연화되며, 사실상 추상적인 데까르뜨적 주체성의 하나의 특정하고 우연적인 '생활방식'으로서 기능하게 된다.

우리는 어떻게 추상의 통치의 이러한 새로운 국면에 도달하게 된 것일까? 1968년의 항거는 자본주의의 세가지 기둥(으로 지각된 것)에 싸움을 집중하였으니 곧 공장, 학교, 가족이다. 그 결과 각 영역은 이후로 포스트산업적 변화를 겪게 되었다. 공장노동은 갈수록 아웃쏘씽되거나 적어도 선진국들에서는 포스트포드적이고 비위계적인 대화형 팀워크 방식으로 재조직되고 있으며, 유연한 평생교육-사교육이 갈수록 보편적인 공교육을 대체해가고 있고, 다채로운 성관계의 여러 형식들이 전통적 가족을 대체해가고 있다.[91] 좌파는 승리의 바로 그 순간 길을 잃었다. 바로 앞의 적은 물리쳤으나 새로운 형식의 한층 더 노골적인 자본주의적 지배가 대신 들어섰다. '포스트모던' 자본주의에서 시장은 교육에서 감옥과 법질서에 이르기까지 종래 국가의 특권영역으로 간주되었던 분야에 새로이 침입해들어갔다. '비물질 노동'(교육, 치료 등)이 사회적 관계를 직접 생산하는 종류의 노동으로 칭송될 때 우리는 이것이 상품경제 내에서 의미하는 바를 잊지 말아야 한다 — 지금까지 시장에

---

91 Daniel Cohen, *Trois lecons sur la societe post-industrielle*, Paris: Editions du Seuil 2006 참조.

서 배제되었던 새로운 영역들이 이제는 상품화된다는 것 말이다. 우리는 문제가 생겼을 때 더이상 친구와 의논하지 않고 정신과 의사나 상담사에게 문제를 처리해달라고 돈을 지불하며 아이들은 갈수록 부모가 아니라 유료탁아소나 육아도우미의 손에 맡겨지는 그런 식이다. 이렇게 우리는 한창 사회적인 것의 사유화를 새롭게 진행하는, 즉 새로운 울타리들(enclosures)을 세우는 와중에 있다.

사유화의 이러한 새로운 형태들을 파악하기 위해서는 맑스의 개념적 장치를 비판적으로 변형시킬 필요가 있다. 맑스는 '일반지성'의 사회적 차원을 경시했기 때문에 '일반지성' 자체의 사유화의 가능성을 상상하지 못했다 ─ 그런데 이러한 사유화가 '지적재산권'을 둘러싼 투쟁의 핵심에 있는 문제다. 이 점에 있어 네그리는 옳다. 이 틀 내에서 고전 맑스주의적 의미에서의 착취는 더이상 가능하지 않으며, 그렇기 때문에 그러한 착취는 점점 더 직접적인 법적 조치, 즉 비경제적 수단에 의해 강제되어야 하는 것이다. 오늘날 착취가 갈수록 세(賃, rent)의 형태를 취하는 것은 그 때문이다. 까를로 베르첼로네(Carlo Vercellone)가 말했듯이 포스트산업적 자본주의는 "이윤의 세-되기"(becoming-rent of the profit)로 특징지어진다.[92] 직접적 권위가 요구

---

92 *Capitalismo cognitivo*, edited by Carlo Vercellone, Rome:

되는 것은 이 때문이다. 즉 세를 받아내기 위한 (자의적인) 법적 조건 — 더이상 시장에 의해 '자연발생적으로' 생성되지 않는 조건 — 을 부과하기 위함인 것이다. 어쩌면 여기에 오늘날의 '포스트모던' 자본주의의 근본 '모순'이 존재한다. 그 논리는 탈규제적이며 '반국가적'이며 유목민적이며 탈영토화하는 등의 특성을 띠지만 '이윤의 세-되기'를 향한 그 핵심적 경향은 규제적 기능을 점점 더 보편적으로 발휘하는 국가의 역할 강화를 암시한다. 역동적 탈영토화가 국가와 그 법적 및 여타 장치의 갈수록 권위주의적으로 되어가는 개입과 공존하며 그에 의존한다. 그리하여 우리의 역사적 되기의 지평에서 식별할 수 있는 것은 개인적 자유의지론과 쾌락주의가 규제적 국가 메커니즘의 복잡한 망과 공존하는 (그리고 그에 의해 지탱되는) 사회다. 오늘날 국가는 사라지기는커녕 점점 더 강화되고 있다.

이를 다른 식으로 표현하면, 부의 창조에 있어서의 '일반지성'(지식과 사회적 협동)의 핵심적 역할로 인해 부의 형식들이 갈수록 '그것의 생산에 소요되는 직접적 노동시간과 전혀 균형을 이루지 않게' 되는 경우, 그 결과는 맑스가 예상했던 듯한 자본주의의 자체 붕괴가 아니라, 노동력의 착취에 의해 생산되는 이윤이 바로 이 '일반지성'의 사유화

Manifestolibri 2006 참조.

에 의해 전유되는 세로 서서히 상대적으로 변화해가는 것이다. 빌 게이츠의 경우를 보라. 그는 어떻게 세계 최고의 갑부가 되었는가? 그의 부는 마이크로쏘프트사가 판매하는 상품의 생산비용과 아무 관련이 없다(심지어는 마이크로쏘프트사가 자신의 지적 노동자에게 상대적으로 높은 봉급을 지급한다는 주장도 가능하다). 그의 부는 그가 양질의 쏘프트웨어를 경쟁자들보다 더 낮은 가격에 생산한 결과도, 자신이 고용한 노동자들을 더 강도 높게 '착취'한 결과도 아니다. 만약 그랬다면 마이크로쏘프트사는 오래전에 망했을 것이다. 수많은 사람들이 무료인데다 전문가들에 따르면 마이크로쏘프트사의 프로그램보다 낫다고 하는 '리눅스' 같은 프로그램을 선택했을 테니까. 그러면 왜 수백만의 사람들이 여전히 '마이크로쏘프트'를 구매하고 있는가? 왜냐하면 '마이크로쏘프트'가 어느 면에서 '일반지성'을 직접 구현하는 가운데 이 분야를 (사실상〔virtually, 가상적으로〕) 독점하면서 자신을 거의 보편적인 표준으로 부과하는 데 성공했기 때문이다. 게이츠는 자신이 성공적으로 사유화했으며 여전히 지배하고 있는 '일반지성'의 그 특수한 형식에 수백만의 지적 노동자들이 참여할 수 있도록 허용함으로써 받는 세를 전유하여 20년 만에 지구상 최고의 갑부가 되었다. 그러면 오늘날의 지적 노동자들은 (자신의 PC 등등을 소유하고 있으니) 더이상 자기 노동의 객관적 조건에서 분리되지 않는다 — 이러한 분리가 맑스가 설명한 자본주의적 '소외'인데 — 는 것이 사실인가? 피상적 차원에서 우리는 '그렇다'고 대답하고 싶은 유혹을 느낄 수도 있다. 그러나 더 근본적인 차원에서 생각하면 지적 노동자들은 여전히 자신의 노동의 사회적 영역, 곧 '일반지성'에서 차단되어 있는데 그것은 '일반지성'이 사적 자본에 의해 매개되기 때문이다.

자연자원의 경우도 마찬가지다. 그것의 착취는 오늘날 세의 거대한 원천 가운데 하나로서 제3세계 국민들과 서구 기업들 중 어느 쪽이 이 세를 받아야 하느냐를 두고 끝없는 투쟁이 벌어지는 양상이다. 최고의 아이러니는 (일에 투입되면 그 자신의 가치를 뛰어넘는 잉여가치를 생산하는) 노동력과 (그 가치가 사용중에 소진되며 따라서 착취를 포함하지 않는) 다른 상품들간의 차이를 설명하기 위해 맑스가 '보통'(ordinary) 상품의 예로 석유, 즉 오늘날 비범한 (extraordinary) '이윤'의 원천이 된 바로 그 상품을 언급하는 점이다. 여기서 역시 석유가의 오르내림을 올라가거나 내려가는 생산비용 또는 착취된 노동의 가격과 연관짓는 것은 무의미하다. 생산비용은 미미하며, 우리가 석유를 위해 지불하는 댓가는 그것의 부족과 제한된 공급 때문에 이

자연자원의 소유자이자 지배자에게 지불하는 세인 것이다.

생산과정의 세가지 구성요소 ── 지적 입안과 마케팅, 물질적 생산, 물질적 자원의 공급 ── 는 갈수록 자율화되어 각기 별개의 영역으로 출현하는 듯싶다. 그 사회적 결과에 있어 이러한 분리는 오늘날의 선진사회들에서 '세가지 주요 계급'의 외양을 하고 나타나는데 그것은 정확히 말해 세 계급이 아니라 노동계급의 세 분파(fraction, 파편)로서 곧 지적 노동자, 구래의 육체노동자, 그리고 추방자(outcasts, 실업자, 슬럼가 거주민, 그밖의 공적 영역의 틈새들)이다. 노동계급은 이처럼 세 분파로 갈라졌고 각 분파는 자신의 '생활방식'과 이데올로기를 지니는바, 지적 계급은 계몽된 쾌락주의와 자유주의적 다문화주의를, 구래의 노동계급은 포퓰리즘적 근본주의를, 추방자 분파는 더욱 극단적이고 독특한 형태들을 지닌다. 헤겔 식으로 말하면 이 삼자는 명백히 보편자(지적 노동자), 특수자(육체노동자), 개별자(추방자)의 삼자다. 이 과정의 귀결은 본래의 사회적 삶, 세 분파가 함께 만날 수 있는 공적 공간의 점차적 붕괴이며 온갖 형태의 '정체성' 정치는 그러한 상실에 대한 보충물이다. 정체성 정치는 각각의 분파 내에서 특정한 형태를 띠는바, 지적 계급에서는 다문화주의적 정체성 정치로, 노동계급에서는 퇴행적인 포퓰리즘적 근본주의로, 추방자들에서는 반

(半)비합법 집단화(범죄조직, 종교 분파 등)로 나타난다. 이들 모두가 공유하는 것은 결여된 보편적 공적 공간에 대한 대용물로서의 특수한 정체성에 대한 의존이다.

이렇듯 프롤레타리아는 세부분으로 분열되어 각 부분이 서로 반목하게 되었다. 지적 노동자들은 '촌무지렁이'(redneck) 노동자들에 대한 문화적 편견으로 가득 차 있으며, 육체노동자들은 지식인과 추방자들에 대한 포퓰리즘적 증오를 드러내고, 추방자들은 사회 그 자체에 대해 적대적이다. 그리하여 "프롤레타리아여, 단결하라!"라는 옛 외침은 그 어느 때보다 적실하다. '포스트산업' 자본주의의 새로운 조건 속에서 노동계급 세 분파들의 단결은 그 자체로 이미 승리를 뜻한다. 그러나 이 단결을, 그것을 역사적 과정 자체의 '객관적 경향'으로 규정하는 무슨 '대타자'(the big Other)의 형상이 보증하는 일은 없을 것이다. 상황은 헤겔주의의 두 판본 사이에서 완전히 열려 있다.

'우리가 기다리던 사람들은 바로 우리다'

미래는 헤겔적일 것이며, 푸쿠야마가 생각하는 것보다 훨씬 더 급진적으로 그러할 것이다. 우리를 기다리고 있는 유일하고 진정한 양자택일 ─ 사회주의와 공산주의 사이의 양자택일 ─ 은 두 헤겔 사이의 양자택일이다. 이미 우리는 헤겔의 '보수적' 시각이 어떻게 기이하게도 '아시아적 가치에 입각한 자본주의' ─ 신분들(estates)로 조직되어, 관리자형 '공무원'[93]과 전통적 가치를 수반한 강력한 권위주의적 국가의 통제를 받는 자본주의적 시민사회 ─ 의 방향을 가리키는지를 보았다. (현시대의 일본이 이 모델에 가깝다.) 선택지는 이 헤겔이거나 ─ 아니면 아이띠의 헤겔이다. 노년 헤겔주의자들과 청년 헤겔주의자들 간의 분열은 다시 한번 실연되어야 할 듯싶다.

그러나 오늘날 헤겔주의 좌파에게는 어느정도의 승산이 있는가? 우리는 **역사**의 주궤도로부터의 짧은 우회에 불과할 운명을 지니고서 잔혹한 외적 탄압이나 내적 결함으로 인해 붕괴되어버리는 ─ 빠리꼬뮌, 브라질의 까누도스 정착촌, 또는 상하이 인민공사(Commune)와 같은 ─ 순간적인 유토피아적 폭발에 기대를 걸 수 있을 뿐인가? 그렇다면 공산주의는 또다른 가능한 세계에 대한 유토피아적 **이념**, 그 실현이 필연적으로 실패나 자멸적 공포정치로 끝나는

---

93 공무원을 뜻하는 영어 'public servants'는 본디 '공공의 종복'을 의미하므로 '관리자형(managerial) 공무원'은 아이러니컬하게 들린다. ─ 옮긴이

이념으로 머물러 있을 운명인가? 아니면 우리는 과거의 모든 패배들을 반복할−통해−구속(救贖)할 최종적 **혁명**, 최종 **결산**(full Reckoning, 최후 심판)의 날에 관한 벤야민적 기획에 계속하여 영웅적으로 충실해야 하는가? 그도 아니면 더욱 급진적으로, 방금 제시한 양자택일이 그저 동일한 동전의 양면, 그러니까 목적론적−구속적(救贖的) 역사 관념의 양면을 대표할 뿐임을 인식하면서 장을 완전히 변화시켜야 하는가?

어쩌면 해답은 과거의 모든 셈이 청산되는 상징적 **최후 심판**(Last Judgment)의 환상을 포함하지 **않는** 말세론적 종말주의(eschatological apocalypticism)에 있다. 벤야민의 또다른 은유를 빌리자면, 과제는 '다만' 자기 선로를 따라 가도록 놓아두면 낭떠러지에 이르게 될 역사의 기차를 멈추는 것이다(그러므로 공산주의는 터널 끝의 불빛, 즉 길고 지난한 투쟁의 행복한 최종 결과가 아니다 ─ 터널 끝의 불빛이 있다면 차라리 그것은 최고 속력으로 우리를 향해 달려오는 또다른 기차의 불빛이다). 오늘날 진정한 정치적 행위란 그런 것일 것이다 ─ 새로운 운동을 시작하는 것이라기보다 현재의 지배적 운동을 **가로막는** 것. 그렇다면 '신적 폭력'의 행위란 **역사의 진보**라는 기차에 달린 비상줄을 잡아당김을 의미할 것이다. 달리 표현하면 우리는 대타자란 없

다는 것을 전면적으로 받아들이는 법을 배워야 한다. 또는 바디우가 간결하게 말하는 대로,

> (…) 신과 종교에 대한 가장 간단한 정의는 진리와 의미가 하나의 동일한 것이라는 발상에 있다. 신의 죽음은 진리와 의미를 동일한 것으로 정립하는 발상의 종언이다. 그리고 나는 **공산주의**의 죽음 역시 역사에 관한 한 의미와 진리 사이의 분리를 함축한다고 덧붙이고자 한다. '역사의 의미'는 두가지 의미를 지닌다. 한가지는 '정향'으로서, 역사가 어딘가로 향해 간다는 것, 다른 한가지는 역사가 의미를 지닌다는 것으로서 그 의미는 프롤레타리아를 통한 인간해방의 역사 등이라는 것이다. 사실 **공산주의**의 시대 전체는 올바른 정치적 결정을 내리는 것이 가능하다는 확신이 존재하던 시기였다. 그 순간에 우리는 역사의 의미에 이끌렸던 것이다. (…) 그렇다면 **공산주의**의 죽음은 신의 두번째 죽음이로되 역사의 영역 내에서의 죽음이다.[94]

따라서 우리는 진화의 선적(線的) 시간이 '우리 편'이라는 편견, **이성의 간지**의 일을 수행하며 땅 속에서 흙을 파고

---

[94] "A conversation with Alain Badiou," *lacanian ink* 23(2004) 100~01면.

있는 저 유명한 늙은 두더지처럼 **역사**가 '우리를 위해 일하고' 있다는 편견을 가차 없이 버려야 한다. 그렇다면 우리는 역사를 선택의 기회가 주어지는 열린 과정이라고 생각해야 하는가? 이 논리에 따르면 역사는 단지 우리가 직면하는 양자택일들, 선택항들만을 결정하지 선택 자체를 결정하지는 않는다. 시간의 매순간마다 다수의 가능성들이 실현되기를 기다리며, 이 중 하나가 현실화되는 순간 다른 것들은 무효화된다. 역사적 시간의 그러한 행위자(agent)에 대한 최고의 예는 가능한 최상의 세계를 창조한 라이프니츠적 신이다. 창조 이전에 그 신은 모든 가능한 세계들의 집합을 염두에 두고 있었으며 그의 결정은 그러한 선택항들 가운데 최상의 것을 고르는 데 있었다. 여기서 가능성은 선택에 선행한다 — 선택은 가능한 것들 가운데서의 선택인 것이다.

하지만 이러한 '열린' 역사의 관념조차도 충분치 않다. 역사의 선적 진보라는 이러한 지평 속에서 생각할 수 없는 것은 소급적으로 그 자신의 가능성을 여는 선택 혹은 행위라는 관념이다. 즉 근본적으로 **새로운** 것의 출현이 소급적으로 과거를 변화시킨다는 발상인데, 물론 이 과거는 실제의 과거가 아니라 (우리가 있는 곳은 공상과학소설 속이 아니다) 과거의 가능성들을 (더 형식적인 표현을 쓰자면 과거에 관한 양상명제들modal propositions[95]의 가치를) 가리킨다. 다른 곳에서[96] 나는, 만일 우리가 (사회적 혹은 환경적) 파국의 위협과 적절히 대면하고자 한다면 시간에 대한 이 '역사적' 관념을 벗어날 필요가 있다는 장 삐에르 뒤 삐(Jean-Pierre Dupuy)[97]의 주장을 언급한 바 있다. 우리는 시간의 새로운 관념을 도입할 필요가 있는 것이다. 뒤삐는 그 시간을 '기획의 시간'(the time of a project), 과거와 미래 간의 폐회로의 시간이라고 부른다. 미래는 과거에 있었던 우리의 행위에 의해 인과적으로 생산되며 우리의 행위 방식은 미래에 대한 우리의 예견과 그 예견에 대한 우리의 반응에 의해 결정된다.

파국적 사건은 분명 미래 안에 운명으로서 새겨지지만 또한 우연적 사건으로서 새겨지기도 한다 —— 비록 그것이 전미래(前未來, futur antérieur)에 있어 필연적인 것

---

95 아리스토텔레스의 양상논리(modal logic)에서 다루는 것으로 가능성(possibility), 개연성(probability), 혹은 필연성(necessity)이라는 '양상'에 관계된 명제. 가령 '오늘 그가 올 것이 분명하다' '그 일은 일어나지 않았을 수도 있다' 등은 양상명제다. —— 옮긴이

96 『잃어버린 대의를 옹호하며』(국역본) 473~74면 및 687~88면 참조. —— 옮긴이

97 1941~ . 빠리의 에꼴 뽈리떼끄닉(École Polytechnique, 공과대학) 사회철학·정치철학 교수. —— 옮긴이

으로 나타나더라도 그것은 일어나지 않았을 수도 있는 것이다. (…) 어떤 현저한 사건, 예컨대 파국이 일어난다면 그것은 일어나지 않았을 수는 없으나, 그럼에도 불구하고 그것이 〔현실화하기 전까지는 ── 옮긴이〕 일어나지 않았던 한에 있어 파국은 불가피하지 않다. 그러므로 사건의 필연성을 소급적으로 창조하는 것은 사건의 현실화(actualization) ── 그것이 일어난다는 사실 ── 이다.[98]

어떤 사건이 ── 우발적으로 ── 일어난다면 그 사건은 그것을 불가피하게 보이도록 만드는 선행하는 연쇄를 창조한다. (어떻게 저변의 필연성이 현상의 우발적 작용 안에서 그리고 그 작용을 통해서 자신을 표현하는지에 관한 진부한 생각들이 아니라) 이것이야말로 우연과 필연에 관한 헤겔 변증법의 요체다. 이러한 의미에서 비록 우리는 운명에 의해 결정되지만 그럼에도 불구하고 **우리의 운명을 자유롭게 선택할 수 있다.** 뒤퓌에 따르면 생태적 위기에 접근하는 방식도 이러해야 한다. 파국의 가능성들을 '현실주의적으로' 따져보는 것이 아니라 파국을 엄밀한 헤겔적 의미에서의 **운명**으로서 받아들여야 하는 것이다 ── 만일 파국이 일어난다

98 Jean-Pierre Dupuy, *Petite metaphysique des tsunami*, Paris: Seuil 2005, 19면.

면 그 발생은 그것이 실제로 일어나기도 전에 결정되었다고 말할 수 있다. **운명**과 자유로운 행동('만약'을 저지하기)은 그처럼 서로 손을 맞잡고 나아간다. 가장 근본적인 차원에서 자유는 자신의 **운명**을 변화시킬 수 있는 자유다.

이것이 재난과 대면하는 방식으로 뒤삑가 제안하는 것이다. 먼저 우리는 재난을 우리의 숙명으로서, 불가피한 것으로서 지각해야 하며, 다음으로는 그 재난 속에 우리 자신을 투사(project)하여 그것의 관점을 취해서 그 재난의 과거(미래의 과거) 속에 현재 행위의 바탕이 될 반사실적 가능성들("우리가 이러저러한 일을 했더라면 지금 경험하고 있는 재앙은 일어나지 않았을 텐데!")을 소급적으로 삽입해야 한다. 우리는 가능성의 차원에서 우리의 미래가 끝장나게 되어 있다는 것, 파국이 일어나리라는 것, 파국이 우리 운명이라는 것을 받아들여야 한다. 그런 연후에 이러한 인정을 바탕으로 운명 자체를 변화시킬 행위를 수행하는 데 나서야 하며, 그럼으로써 과거 속에 하나의 새로운 가능성을 삽입해야 한다. 역설적이지만 재난을 막는 유일한 방법은 재난을 불가피한 것으로 받아들이는 것이다. 바디우에 있어 역시 사건에 대한 충실성의 시간은 전미래다 ─ 미래를 마주보고 우리 자신을 추월하여, 마치 우리가 앞당기기를 바라는 미래가 이미 여기에 와 있는 듯이 현재에 행동하는 것이다.

이것이 의미하는 바는 '테러와의 전쟁'에서 심히 악용된 바 있는 예방행동('선제공격')의 발상을 과감하게 복원해야 한다는 것이다. 파국에 대한 완벽한 지식을 갖출 때까지 행동을 미룬다면 그러한 지식을 획득했을 때에는 이미 너무 늦을 것이다. 다시 말해 어떤 행위가 의존하는 확실성은 지식의 문제가 아니라 **신념**의 문제다. 참된 행위는 그에 관해 완벽한 지식을 가지고 있는 어떤 투명한 상황 속의 전략적 개입이 결코 아니며, 오히려 참된 행위가 지식의 틈새를 메우는 것이다. 물론 이러한 통찰은 '과학적 사회주의', 과학적 지식의 인도를 받는 해방과정이라는 관념의 바로 그 기초를 허물어뜨린다. 최근에 바디우는 도시에서 시인을 추방한 플라톤의 조치를 철회하고 시와 사유 간의 화해를 실연할 때가 왔다고 제안했다. 그러나 최근 일군의 시인들이 '인종 청소'를 지지하고 나선 것을 보면(라도반 까라지찌 Radovan Karadžić[99]의 경우), 아마도 시에 관한 플라톤의

---

99 1945~ . 스르쁘스까 공화국 초대 대통령, 의사, 시인. 구유고슬라비아 연방에서 태어나 의학을 공부하고 미국에서 정신과 수련과정을 거친 후 귀국, 정치에 입문하여 쎄르비아 민족주의를 주도하는 인물이 되었다. 보스니아 내전(1992~95)을 일으키고 '인종청소'를 자행하여 종전 후 전범으로 수배되었으며 2008년에 체포되었다. 시인으로 활동하면서 몇권의 시집을 내기도 했다. ── 옮긴이

염려는 그대로 유지하거나 심지어 강화하고 차라리 플라톤과의 다른 종류의 단절을 승인해야 하지 않을까 싶다 ─ 즉 그의 철인왕(哲人王) 개념을 포기하는 것이다. 이렇게 해야 하는 것은 보통사람들에게 무엇이 좋은지를 그들 자신보다 더 잘 아는 '전체주의적' **지도자**에 대한 표준적인 자유주의적 경고 때문이 아니라 더 형식적인 이유 때문이다. 대타자에 대한 참조는 "안다고 가정되는 주체", ('역사의 법칙' 등에 관한) 완벽한 지식에 입각해 활동하는 주체의 자리에 **지도자**를 위치시키며, 그에 따라 예컨대 스딸린을 가장 위대한 언어학자, 경제학자, 철학자 등으로 칭송하는 광기로의 길이 열린다. '대타자'가 몰락하는 순간 **지도자**는 더이상 **지식**에 대한 특권화된 관계를 주장하지 못한다 ─ 다른 모든 이들처럼 그는 한 사람의 바보가 되는 것이다.

어쩌면 이것이 20세기의 트라우마들에서 배워야 할 교훈일지 모른다 ─ **지식**과 **주인**의 역할을 서로 가급적 멀리 떨어뜨려 두는 것. 지도자로서 최상의 '자질을 갖춘' 사람들을 선출한다는 자유주의적 관념조차 여기서 충분치 않다. 우리는 이를 끝까지 몰고가 고대 민주주의의 기본적 통찰을 승인해야 한다 ─ 제비뽑기에 의한 선택이 진정으로 민주적인 유일한 선택이라는 것. 누가 다스릴지를 정하는 데 있어 선거와 추첨을 결합하자는 카라따니 코오진(柄谷行人)

의 제안은 처음 보기보다 전통적인데(카라따니 자신이 고대 그리스를 언급하기도 한다), 역설적으로 그것은 헤겔의 군주제 이론과 동일한 기능을 수행한다. 여기서 카라따니는 부르주아독재와 프롤레타리아독재 사이의 차이에 대해 미친 소리로 들리는 정의를 제안하는 영웅적 모험을 감행한다. "무기명 투표에 의한 보통선거, 즉 의회민주주의가 부르주아독재라면 추첨의 도입은 프롤레타리아독재로 간주되어야 한다."[100]

그럼 우리는 무엇에 기대를 걸 수 있는가? 1950년대 내내 공산주의 동조자들(fellow-travellers)은 두가지 공리를 준수했는데 하나는 명시적이며 다른 하나는 암시적이었다. 첫번째 공리는 그에 관한 싸르뜨르의 정식, "반공산주의자는 개다"로 가장 잘 알려져 있다. 두번째 공리는 지식인은 어떤 상황하에서도 결코 공산당에 가입해서는 안된다는 것이다. 장 끌로드 밀네는 이러한 태도를 '제논주의'로 규정하는데[101] 아킬레스와 거북이에 관한 제논의 역설을 염두에 둔 말이다 — 동조자는 아킬레스요 공산당은 거북이에 해당하는데, 왜냐하면 동조자는 역동적이며 당보다 빠르

---

100 Kojin Karatani, *Transcritique: On Kant and Marx*, Cambridge, MA: MIT Press 2003, 183면.

101 Jean-Claude Milner, *L'arrogance du present: Regards sur une decennie, 1965-1975*, Paris: Grasset 2009 참조.

며 당을 따라잡을 수 있지만 그래도 항상 뒤처지며 결코 그 것을 실제로 따라잡지 않기 때문이다. 1968년의 사건들과 더불어 이 게임은 끝났다. 68년이라는 사건은 '지금 여기' 의 기치하에 일어났고 그 주역들은 지연 없는 **당장의 혁명** 을 원했다 — 당에 가입하거나 (마오주의자들처럼) 반대하 거나 둘 중 하나였다. 다시 말하면 68인들('68ers)은 대중의 순수한 급진적 활동을 풀어놓기를 원했다(이러한 의미에서 마오주의적인 '역사를 만드는 대중'은 수동적인 파시스트 '군중'과 대립되어야 한다) — 이러한 활동을 양도할 수 있 는 어떠한 대**타자**, 어떠한 **다른 곳**(Elsewhere)도 없다. 그러 나 오늘날 동조자가 된다는 것은 사실상 무의미한데 왜냐하 면 동조할 만한 어떠한 실질적 운동, 자신의 아킬레스 역할 을 하도록 우리를 권하는 어떠한 거북이도 없기 때문이다.

우리가 포기해야 할 1968년의 논제들 중 하나는 사태를 호도하는 능동성 대 수동성의 이러한 대립이다. 즉, 참으로 '진정성을 지닌'(authentic) 정치적 입장은 어쨌거나 영구 한 능동적 참여의 입장뿐이며, '소외'의 원초적 형식은 나 를 대의한다고 가정된 행위자에게 활동을 양도하는 수동 적 입장이라는 발상이다. 이러한 발상 뒤에 숨어 있는 것 은 단순한 '대의'와 대조되는 '직접적' 참여민주주의 — '쏘비에뜨' 평의회 — 에 대한 좌파의 그 오래된 매료다.

철학에서는 싸르트르가 『변증법적 이성 비판』(*Critique of Dialectical Reason*)에서 능동적 집단참여가 어떻게 **실용적이며 활력 없는** 제도적 구조 속에서 경직되는지를 분석한 바 있다. 이와 반대로 모든 급진 해방운동에 대한 검증의 핵심은 투쟁의 열정이 사라지고 사람들이 일상사로 돌아가자마자 우위를 점하게 되는 **실용적이며 활력 없는** 제도적 실천을 그 해방운동이 나날이 어느정도까지 변화시키는가 하는 데 있다. 혁명의 성공은 그 황홀한 순간들의 숭고한 경외감으로 평가될 일이 아니라 그 거대한 **사건**이 반란 후에 찾아오는 일상의 차원에 남기는 변화들로 평가되어야 한다.

오랜 갈망의 대상인 급진적 사회변혁을 촉발할 수 있는 새로운 혁명적 행위자의 도래를 애타게 기다리는 좌파 지식인들에게는 단 하나의 올바른 답변이 있다. 그것은 호피(Hopi)족의 옛 속담인데 거기에는 실체에서 주체로의 멋진 헤겔적 뒤틀림이 있다 —— "우리가 기다리던 사람들은 바로 우리다." (이는 "그대 자신이 그대가 세계에서 보기를 원하는 그 변화가 되어라"라는 간디의 모토의 한 변주다.) 우리를 위해 일을 대신해줄 누군가를 기다리는 것은 우리의 비활동성을 합리화하는 한 방법이다. 그러나 여기서 피해야 할 덫은 도착적 자기수단화다. "우리가 기다리던 사람들은 바로 우리다"라는 것은 과제를 수행하도록 운명(역사적 필연)에 의해 예정된 행위자가 어째서 우리인가를 발견해야 한다는 뜻이 아니다. 그것은 그와 정반대, 즉 우리가 의존할 대타자는 없다는 것을 의미한다. '역사가 우리 편에 있다'(프롤레타리아는 보편적 해방이라는 예정된 과업을 완수한다)는 고전 맑스주의의 믿음과 달리 현시대의 형세를 보면 대타자는 우리에게 **적대적**이다. 우리의 역사적 발전의 내적 추동력은 그대로 놓아두면 우리를 파국으로, 세계의 종말로 이끈다. 그렇다면 그러한 재앙을 막을 수 있는 유일한 것은 **순수한 주의주의**(主意主義), 다시 말해 역사적 필연을 거슬러 행동하려는 우리의 자유로운 결정이다. 어떤 면에서 볼셰비끼는 1921년 내전의 종료시점에 우리와 유사한 곤경에 처해 있었다. 레닌은 죽음을 맞기 두해 전, 유럽 전역의 임박한 혁명은 없을 것이고 일국 내에 사회주의를 건설한다는 발상은 터무니없는 생각이라는 점이 명확해졌을 때 다음과 같은 글을 썼다.

상황이 완전히 절망적이라는 사실이 노동자와 농민으로 하여금 노력을 열배나 기울이도록 자극하여 서유럽국가들과는 다른 방식으로 문명의 근본적인 필수요소들을 창조할 기회를 우리에게 제공한다면?[102]

---

[102] V. I. Lenin, *Collected Works*, Vol. 33, Moscow: Progress Publishers

이는 볼리비아의 모랄레스정부, 아이띠의 구(舊)아리스
띠드(Jean-Bertrand Aristide)[103]정부, 네팔의 마오주의정
부들의 곤경이 아닌가? 이들은 반란이 아니라 '공정한' 민
주주의적 선거를 통해 권력을 잡았지만 일단 권력을 손에
쥐자 (적어도 부분적으로) '비국가적인' 방식으로 그 권력
을 행사했다. 즉 당-국가의 대의 네트워크는 무시하고 자신
들의 풀뿌리 지지자들을 직접 동원한 것이다. 그들의 상황
은 '객관적으로' 절망적이다. 역사의 조류 전체가 기본적으
로 그들에게 적대적이며 그들은 '객관적 경향'에 의존할 수
없고 그들이 할 수 있는 일이란 기껏해야 즉흥적으로 대처
하는 것, 절박한 상황에서 그나마 할 수 있는 일을 하는 것
뿐이다. 그럼에도 불구하고 이것은 그들에게 독특한 자유
를 선사하지 않는가? 우리는 '무엇으로부터의 자유'와 '무
엇을 위한 자유' 사이의 저 오래된 구별을 여기에 적용하고
싶은 유혹을 느낀다. (자신의 법칙과 객관적 경향을 지닌)
역사로부터의 그들의 자유는 창조적 실험을 위한 그들의

1966, 479면.

103 1953~ . 아이띠의 전 대통령. 1990년 대선에서 승리한 후 이듬해 쿠
데타가 일어나 해외로 망명했다가 1994년 미군의 도움으로 재집권
했으며 2001년에 두번째로 대통령직에 올랐다가 2004년 반란세력에
의해 축출되어 남아프리카에 정착했다. ─ 옮긴이

자유를 뒷받침하지 않는가? 자신들의 활동에서 그들은 오로지 지지자들의 집단적 의지에 의존할 수 있을 뿐이다.

이러한 투쟁에서 우리는 기대하지 않은 동맹군에 의지할 수 있다. 빅또르 끄랍쩬꼬(Victor A. Kravchenko)[104]—1944년 뉴욕에 있다가 망명하여 베스트쎌러 회고록 『나는 자유를 선택했다』(*I Chose Freedom*)를 쓴 쏘비에뜨 외교관—의 운명은 여기서 언급할 가치가 있다.[105] 그의 책은 스딸린주의의 참상을 처음으로 실답게 알린 일인칭 보고서로서, 1930년대 초반에는 아직 체제의 진실한 신봉자였던 끄랍쩬꼬 자신이 집단화를 강요하는 데 참여했었던 우끄라이나에서의 강제집단화와 대규모 기아사태에 대한 자세한 설명으로 글이 시작되었다. 그에 관해 더 널리 알려진 이야기는 1949년에 끝을 맺는데 이 해에 그는 빠리에서 열린 중요한 재판에서 그의 타락과 알코올중독, 가정폭력의 전력을 증명하기 위해 그의 전처까지 증인으로 동원한 쏘비에뜨 측 비판자들에 대항해 승리했다. 이보다 훨씬 덜 알려진 사실은 이 승리 직후 끄랍쩬꼬가 전세계에 걸쳐 냉전영웅으로 일컬어지고 있는 사이 그는 매카시적 반공산주의

---

104 1905~66. 지젝이 언급하는 『나는 자유를 선택했다』는 1946년에, 『나는 정의를 선택했다』는 1950년에 발간되었다. — 옮긴이
105 끄랍쩬꼬에 관한 해리스(Mark Jonathan Harris)의 다큐멘터리 수작 「망명자」(The Defector, 2008)를 보라.

마녀사냥에 깊은 우려를 품게 되었으며 스딸린주의와 싸우는 데 그러한 방법을 사용함으로써 미국이 자신의 적수와 더 닮아갈 위험이 있음을 경고했다는 것이다. 또한 그는 자유민주주의의 부정(不正)한 점들을 점점 더 분명하게 깨닫게 되었으며 서구사회의 변화를 목도하고 싶은 바람은 거의 집착으로 발전했다.『나는 자유를 선택했다』의 후속편으로 그보다 훨씬 인기가 덜했던『나는 정의를 선택했다』(*I Chose Justice*)는 의미심장한 제목의 책을 집필한 후 끄랍쩬꼬는 착취가 덜한 새로운 생산조직 양식을 모색하는 성전(聖戰)에 나섰다. 이는 그를 볼리비아로 인도했는데 거기서 그는 빈농들을 새로운 농경집단들로 조직하는 데 자기 돈을 쏟아넣었다. 이러한 노력들의 실패에 낙담하여 그는 고독 속으로 침잠했고 마침내 뉴욕의 자기 집에서 자신을 향해 방아쇠를 당겼다. 그의 자살은 절망의 소산이지 어떤 KGB의 협박의 결과가 아니었는데 이는 소련에 대한 그의 맹비난이 부정에 항거하는 순수한 행동이었음을 증명한다.

오늘날 새로운 *끄랍쩬꼬*들이 미국에서 인도와 중국과 일본에 이르기까지, 라틴아메리카에서 아프리카에 이르기까지, 중동에서 서유럽과 동유럽에 이르기까지 도처에서 출현하고 있다. 그들은 서로 이질적이며 각기 다른 언어를 말하지만 보기보다 수가 적지 않다 — 그리고 지배자들의 가장 커다란 두려움은 이 목소리들이 서로 공명하여 연대감 속에 서로를 강화하기 시작하는 것이다. 우리가 파국을 맞을 가망성이 크다는 것을 알고 있는 이 행위자들(actors)은 모든 가망성을 거슬러(against all odds, 역경을 뚫고) 행동할 준비가 되어 있다. 20세기 **공산주의**에 실망한 그들은 '처음부터 시작'하여 새 기초 위에 공산주의를 재발명할 준비가 되어 있다. 적들에게서 위험한 유토피아주의자라는 비난을 듣는 그들은 우리 대다수를 좌지우지하는 유토피아적 몽상에서 진정으로 깨어난 유일한 사람들이다. 20세기의 '**현실 사회주의**'에 대한 향수를 지닌 자들이 아니라 그들이 우리의 유일한 희망이다.

들뢰즈가 죽기 직전에 맑스에 관한 책을 집필하고 있었다는 사실은 더 폭넓은 어떤 경향을 암시해준다. 기독교의 과거 역사에서, 방탕한 삶을 살았던 사람들이 신과 화해한 상태로 죽음을 맞기 위해 나이 들어 교회의 안전한 피난처로 돌아오는 것은 흔한 일이었다. 오늘날 많은 반공산주의 좌파에게 이와 유사한 일이 일어나고 있다. 마치 타락한 변절의 삶을 살고 난 후 공산주의 **이념**과 화해한 상태로 죽기를 원하는 듯이 그들은 말년에 공산주의로 돌아온다. 이 말년의 전향자들은 옛 기독교도들과 기본적으로 동일한 메씨지를 전한다. 즉 우리는 마음 깊숙한 곳에서 내내 진리임을 알고 있던 그것에 헛되이 반발하는 가운데 생을 보냈다는 것이다. 자, 끄랩쪤꼬 같은 대단한 반공산주의자조차 어떤 의미에서 자신의 신념으로 돌아올 수 있는 터에, 우리가 오늘날 전할 메씨지는 다음과 같은 것이어야 한다. 두려워하지 말라, 우리와 함께하라, 돌아오라! 그대는 지금까지 나름대로 반공산주의적 놀이를 즐겼고, 그에 대해 용서함을 받았다 ─ 이제는 다시 진지해질 때다!

공산주의의 재발명을 향한 모험

지젝만큼 '도발적'이라는 술어가 잘 어울리는 논객이 우리 시대에 또 있을까? 데리다와 들뢰즈가 아직 살아있던 시절, 한 손에는 라깡의 RSI를, 다른 손에는 헤겔 변증법을 들고 가슴에는 혁명가 맑스의 문신을 새긴 채 나타난 그는 온갖 종류의 정보와 지식을 버무려 '지젝 식' 폭탄을 양산해서는 바로 그 정보와 지식의 공급처를 향해 가차 없이 쏘아대는 '말썽꾼' 역할을 자처해왔다. 그의 표적은 극우에서 극좌까지 넓은 스펙트럼에 걸쳐 있는데 진보진영을 향할 때의 비판은 보수 쪽을 향할 때 못지않게 흥미롭게 느껴진다. 여기서 흥미가 지젝의 '급진주의적' 면모에서 비롯됨은 두말할 필요가 없지만 중요한 것은 '급진주의'를 소위 '좌파 근본주의'와 혼동하지 않는 것이다. 항간의 지적대로 그가 (좌파) '근본주의자', 즉 '원리에 충실한' 사람인지는 논란이 되겠지만 어쨌거나 근본주의 혹은 원리주의는, 적어도 좌파의 경우, 도발의 능력을 상실한 지 오래다. 반면 '급진주의자', 다시 말해 '근본을 다시 사유하려는' 사람으로서의 지젝은 현실 사회주의의 몰락 이후 전지구적 차원에서 우리의 보편적·근본적 현실이 된 자본주의체제를 향해 도발적 메씨지를 보낼 뿐 아니라 그 체제의 대안을 고민해온 좌파와 그들의 이념을 향해 '처음부터 다시 시작할 것', 그러나 예전과는 다르게 시작할 것을 외쳐댐으로써 68년 이후, 특히 89년 이후 다소간 안정적으로 구축되어온 신좌파와 우파 사이의 대립적 공생관계를 교란하고 있는 중이다. 급진민주주의, 정체성 정치, 다문화주의와 '정치적 올바름', 다중 정치 등과 그가 벌여온 모든 대결들, 그리고 로베스삐에르와 레닌을 복권시키고 프롤레타리아와 프롤레타리아독재의 개념을 복원하려는 근래의 시도들은 그러한 맥락, 즉 '헐벗은 반복'이 아닌 것으로서의 '다시 시작하기'의 맥락에서 이해되어야 한다. 지젝의 사유에 대한 도전과 비판이 가능하다면 그것 역시 그가 근본주의적이냐 아니냐 하는—다원주의적 입장에서 손쉽게 제기할 수 있는—질문 자체보다, 그가 진정한 의미에서 얼마나 급진적이냐, 얼마나 근본적으로 새로운 출발의 가능성을 보여주느냐 하는 질문을 중심에 두고 이루어져야 마땅하다.

지젝이 2009년에 이 번역서의 원본 *First As Tragedy, Then As Farce*를 집필할 때 직접적 계기가 된 것은 2007년의 써브프라임 사태로 시작되어 이후 세계경제를 뒤흔들어 놓은 미국의 금융위기와 이에 대처하기 위한 미 정부의 구제금융 조치다. 그러나 이 책은 미국의 경제적 상황 자체에 대한 분석이라기보다 그 상황에 대한 정치적 반응에 대한 분석이다. 다시 말해 그것은 위기의 본질을 이해함에 있어, 그리고 전면적 붕괴를 막기 위한 미 정부의 조치들을 대함에 있어 우파와 좌파가 취하는 같고도 다른─그냥 다른 것이 아니라 묘하게 뒤바뀐 듯한─입장들에 대한 재치있고 날카로운 분석인 것이다. 그런데 지젝은 우리의 기대를 저버리지 않고 금융위기의 문제에서 (서론에 쓴 그 자신의 표현대로) "연관된 문제들", 더 폭넓은 문제들로 논점을 옮겨간다. 이는 크게 두가지인데 하나는 변화하고 있는 자본주의와 자본주의적 이데올로기, 다른 하나는 재주장될 뿐 아니라 재발명되어야 할 이념으로서의 공산주의다. 책의 본론은 이 두가지 주제에 대충 상응하는 두개의 장으로 나뉘어져 있지만 주제와 형식이 정확하게 일치하는 것은 아니다. '포스트모던 자본주의'를 포함한 현대 자본주의에 관한 논의는 금융위기의 문제와 더불어 본론 첫번째 장에 주로 등장하지만 두번째 장에서도 심심찮게 찾아볼 수 있다. 공산주의 이념의 문제는 서론에도 등장하고 좌파 정치의 변화와 곤경이라는 문제 역시 본론 두번째 장에서만이 아니라 첫번째 장에서도 폭넓게 다루어진다.

금융붕괴 사태와 후속조치를 두고 좌우가 함께 '가진자'를 비난하며 좌파보다 오히려 우파 정치인들이 '가진자'를 도우려는 부시/오바마 정부를—'사회주의적'이라고!—비난했던 것은 지적이 그냥 지나칠 수 없는, 이데올로기적으로 매우 흥미로운 상황이었다. 잠시 그때를 돌아보자. 2007년 봄에 써브프라임 모기지 손실이 공식화됐고 이후 2008년 9월까지 베어스스턴, 리먼브라더스 등 투자금융회사들이 연쇄 도산했으며 메릴린치는 뱅크오브아메리카(BOA)에 인수되었다. 헨리 폴슨 미 재무장관과 벤 버냉키 연방준비제도이사회(FRB) 의장이 7천억달러 규모의 구제금융안을 들고 상원 금융위원회에 출석했다가 짐 버닝을 위시한 공화당 인사들의 집중포화를 맞은 것이 2008년 9월이며(여기서도 '사회주의' 운운하는 이야기가 나왔는데 이번이 처음은 아니었다), 같은 해 12월에는 공화당전국위원회(RNC)가 국민 세금으로 금융권 및 자동차업계를 구조하려는 부시의 '사회주의' 정책을 비난하는 결의안을 채택하려 한다는 소식이 들렸다. 그럼에도 불구하고 오바마의 대통령 취임(2009년 1월)에 즈음한 시점에 이미 2천억달러에 가까운 금융지원이 이루어졌으며 취임 이후로도 지원은 (이미 지원을 받은 기업 CEO들의 소위 '도덕적 해이'에 대한 경고와 더불어) 계속되었다. 이러한 일련의 과정에서 버닝 같은 공화당의 보수주의적 포퓰리스트가 보여준 태도에 대해 지젝은 저변에 깔린 논리의 비일관성과 바로 그러한 모순적 논리의 필연성을 동시에 간파해낸다. 무엇이 모순적인가? 부자가 망하지 않게 돕는 조치에 '사회주의'라는 명칭을 가져다 쓰는 것, 마치 자본주의체제를 유지하기 위해 광범위한 국가개입이 이루어져오지 않았던 양 국가의 개입을 비난하는 것, 월스트리트의 붕괴는 거기서 그치지 않고 서민경제의 파탄으로 이어질 것이 분명한데 월스트리트와 '메인스트리트'(중산층)를, 가상경제와 실물경제를 분리시키는 것 등이다. 이것이 왜 필연적인가? "맑스주의의 구식 어법으로 표현하자면, 현재의 위기에 있어 지배이데올로기의 중심과제는 붕괴의 책임을 세계자본주의 체제 자체가 아니라 부차적이며 우연적인 일탈들(지나치게 느슨한 법적 규제들, 거대 금융기관들의 타락 등등)에 돌리는 서사를 강요하는 것"이기 때문이다. 그러므로 월가를 비난하고 구제금융안을 저지하려는 포퓰리즘적 보수파들은 그저 위선적인 것이 아니다.

이들에 비해 좌파와 진보진영의 반응은 더 혼란스러웠다. 충분히 예상 가능하듯이 그들 가운데 구제금융안을 극렬히 비난하는 이들이 상당수 생겨나고 "좌파의 관점과 보수적 공화당원의 관점 사이의 이런 예기치 못한 중첩"에 사람들이 어리둥절해하는 상황이 벌어졌는가 하면, 다른 한편에서는 당선자/대통령 오바마에게 힘을 실어줘야 했던 민주당원들은 물론 은행국유화를 해법으로 믿는 일부 진보인사들이 은행에 대한 금융지원을 적극적으로 지지하는 상황이 연출되었던 것이다. (지젝의 책이 출판된 이후의 일이지만, 스티글리츠는 2009년 말 어느 인터뷰에서 미국 정부가 금융위기 당시 은행권에 수천억달러를 지원하고도 국유화에 실패해서 재정적자를 늘리고 경제를 어렵게 만들고 있다고 성토한 바 있다.) 지젝의 입장은 어떤가? 그는 구제금융안이 마이클 무어의 표현대로 '강도짓'이고 사회주의와는 아무 상관도 없지만 월스트리트의 파멸이 평범한 노동자에게 입힐 타격을 고려하면 이유야 어찌 됐든 결국 구제금융안을 발의하고 지지한 쪽이 옳았다고 본다. 그리하여 "구제금융에 저항하는 공화당 포퓰리스트들은 올바른 이유로 그릇된 일을 행하고 있고 구제금융의 제안자들은 그릇된 이유로 올바른 일을 행하고 있다"는 것이 그의 판단이다.

그러나 지젝의 시각에서 볼 때 미국 내의 좌파가 제대로 수행하지 못한 것─이는 지젝 자신이 이 책을 통해 수행하려는 일의 일부이기도 한데─은 금융위기에 관해 앞서 언급한 지배이데올로기의 서사와 다른 종류의 서사를 확산시키는 것이다. 즉 금융위기를 자본주의체제의 '오작동'에 의한 현상, 부차적이며 주변적인 '일탈'의 문제로 묘사함으로써 자본주의를 '정상화' 혹은 '자연화'하는 대신 "그러한 위기와 붕괴의 가능성을 열어놓는 체제 자체 내의 '결함'은 무엇인가?"라는 "핵심적 질문을 고집스럽게 제기"하고 답하는 것이다. 이러한 작업의 자임은 현재의 위기─그렇다. 그리스의 경우가 보여주듯이 금융붕괴는 세계적 차원에서 아직도 진행중인 현재의 위협이다─가 좌파적 선전의 호기라고 보는 것과는 아무 상관이 없다. 오히려 지젝은 이번 위기가 보수적 질서를 강화하는 계기로 작용할 가능성이 크다고 본다. "위기들은 사람들을 뒤흔들어 자족성에서 벗어나게 하고 그들로 하여금 자기 삶의 근본원리에 의문을 제기하도록 강제하는 게 사실이나 가장 자발적인 최초의 반응은 패닉이며 이는 '기본으로 돌아가기'로 이어진다. 지배이데올로기의 기본적 전제들은 의문에 붙여지기는커녕 훨씬 더 극렬하게 재언명된다. 그러므로 위험스러운 점은 현재 진행되는 붕괴가 나오미 클라인이 말한 '충격 원리'(shock doctrine)와 비슷한 방식으로 이용될 것이라는 데 있다." 금융위기가 발휘하는 일차적 효과는 자본주의에 대한 의문이라기보다 더 심도있는 '구조조정'을 강제하기 위한 이데올로기적 초석을 닦는 것이 될 것이라는 말이다. 이런 효과는 정치의 영역에서도 나타난다. 경제위기가 '자본주의 원리에 충실한' 인물을 대통령 자리에 들어앉힌 예를 지난 2007년 12월 선거에서 우리 자신이 경험했거니와, 최근 국가분할(부유한 플랑드르 지역의 분리)을 주장하는 세력이 급부상하여 총선에서 제1당으로 올라선 벨기에의 경우도 사태의 언어적·문화적 요인 아래에 경제에 대한 위기의식으로 인해 한층 강화된 반분배·반이민의 보수적 이데올로기가 작용하고 있는 것이다. 이러한 상황에서 자본주의체제 '자체'의 문제점을 거론한다는 것, 즉 좌파로 처신한다는 것은 지젝이 본문에서 누차 강조하듯이 역사의 '객관적 경향'을 따르는 것, 역사적 필연성의 기차에 올라타는 것이 아니라 오히려 필연을 거부하는 것, "역사가 '우리를 위해 일하고' 있다는 편견을 가차 없이 버〔리는〕" 것을 의미한다. 다시 말해 그것은 "순수한 주의주의"(主意主義, voluntarism), 즉 "역사적 필연을 거슬러 행동하려는 우리의 자유로운 결정"이다.

맑스의 변증법과 사회주의운동의 역사를 공부한 사람의 귀에 '주의주의' — 게다가 '순수한'이라는 형용사까지 붙었다 — 는 상당히 불길하게 들리는 것이 사실이다. 지젝이 '순수한 주의주의'를 공산주의 이념의 '새로운 출발'에 핵심적인 사항 중 하나로 여긴다면 문제는 더 심각해진다. 앞서 언급했듯이 그는 현대 자본주의와 자본주의 이데올로기에 관한 흥미로운 분석들 — 여기서 상론하지는 않겠지만 징후와 물신의 구별, 포퓰리즘의 물신주의적 차원에 대한 지적, 네그리 비판의 맥락에서 등장하는, 물화의 전도된 형식으로서의 인간화에 대한 논의 등은 특히 지젝다운 발상이 돋보이는 대목이다 — 과 더불어, 그 분석들 사이사이와 이후에, 재발명되어야 할 공산주의 이념에 대하여 몇가지 단초들을 제시한다. 이들을 종합해보면 지젝은 결국 하나의 문제에, 그리고 그 속에서 다시 두가지 과제에 집중하고 있는 것이 아닌가 생각된다. 그 문제란 바로 주체의 문제이며, 두가지 과제란 첫째, 주체가 역사와 맺는 관계의 개념적 재정립, 둘째, 프롤레타리아와 프롤레타리아독재 개념의 재구성이다.

왜 '주체'일까? "서구 맑스주의를 특징짓는 커다란 문제는 혁명주체 혹은 행위자(agent)의 결여였던 것이다"라는 말 속에 답이 있을 것이다. 지젝은 주체의 결여가 서구 맑스주의의 근본적 한계이자 곤경임을 지적하고 있는데 이러한 문제점은 객관주의 혹은 '과학적 사회주의' 아래 은폐되어 있다고 보는 듯하다. 그리하여, "어떤 행위가 의존하는 확실성은 지식의 문제가 아니라 신념의 문제다. 참된 행위는 그에 관해 완벽한 지식을 가지고 있는 어떤 투명한 상황 속의 전략적 개입이 결코 아니며, 오히려 참된 행위가 지식의 틈새를 메우는 것이다. 물론 이러한 통찰은 '과학적 사회주의', 과학적 지식의 인도를 받는 해방과정이라는 관념의 바로 그 기초를 허물어뜨린다." 이 말을 알뛰쎄르가 행한 '맑스주의의 전화(轉化)'를 다시 뒤집는 것으로 읽어도 좋을까? (이 경우 라깡의 흔적은 흥미롭게도 두 대척점에서 동시에 발견되는 셈이다.) 그런데 만일 뒤집어서 얻은 것이 낯익은 실천주의나 결의주의라면 그 뒤집기는 혁명 주체의 결여라는 서구 맑스주의의 곤경을 해결하기보다 재확인하고 마는 꼴이 될 것이며 정치를 윤리로 치환한다는 비판까지 덤으로 얻을 것이다. 그러나 그렇게 간단치 않을 수도 있다. 주체의 행위 혹은 '주의주의'가 '구조적 인과성'의 일부를 구성하는 것일 수는 없을까? 행위를 통해 소급적으로 구성되는 필연, 지배적 경향을 거슬러 '자유롭게' 행동하는 주체에 의해 바뀌게 되는 역사적 필연을 (지젝의 의도와 무관하게) 다름 아닌 '부재하는 원인'으로 본다면 어떨까? 이러한 질문은 알뛰쎄르가 연루되지 않은 다른 질문들로 대체될 수 있는데 어떤 경우든 정치한 논의를 필요로 한다.

행위 혹은 '자유로운 결정'의 주체와 관련하여 두가지만 짚고 넘어가자. 첫째, 지젝이 행위와 필연을 대립시킬 때, 혹은 필연의 개념을 근본적으로 바꾸려 할 때, 바디우의 '빼기'(soustraction)에 이끌릴 때와 마찬가지로 그는 단지 서구 좌파의 곤경만이 아니라 세계 모든 좌파의 곤경이 된 '출구 없음'의 문제, 달리 표현하면 자본주의체제의 전지구적 패권이라는 문제와 마주하고 있음이 틀림없다. "오늘날 진정한 정치적 행위란 그런 것일 것이다──새로운 운동을 시작하는 것이라기보다 현재의 지배적 운동을 가로막는 것"이라는 주장은 그 패권과 그것의 치명적 성격에 대한, 따라서 순수한 반전('그럼에도 불구하고')의 절박한 필요에 대한 이해에서 나온다. 둘째, (바로 그렇기 때문에) 주체의 '자유로운 결정'이라는 관념은 환경에 대한 주체의 우위를 암시하지 않는다. 그것은 주체를 결정하고 형성하며 보증하는 '대타자'의 부재를, 이에 따른 모든 주체의 근원적 평등을 함축한다. 그것은 특정 주체의 특권화의 폐기를 뜻하며, 여기에는 지난 세기에 등장한 공산주의 이념의 현실태들에 대한 반성이 내포되어 있다. "우리는 대타자란 없다는 것을 전면적으로 받아들이는 법을 배워야 한다." "대타자에 대한 참조는 '안다고 가정되는 주체', ('역사의 법칙' 등에 관한) 완벽한 지식에 입각해 활동하는 주체의 자리에 **지도자**를 위치시키며, 그에 따라 예컨대 스딸린을 가장 위대한 언어학자, 경제학자, 철학자 등으로 칭송하는 광기로의 길이 열린다. (…) 어쩌면 이것이 20세기의 트라우마들에서 배워야 할 교훈일지 모른다──지식과 주인의 역할을 서로 가급적 멀리 떨어뜨려 두는 것."(물론 지식과 주인의 역할의 분리, 그 극단적 형태로서의 제비뽑기에 의한 지도자 선택이라는 발상은 또다른 논제로 우리를 인도한다. 그런 방식의 선택이 20세기의 광기를 막는 최선의 방법일까? 고대 민주주의에서의 제비뽑기는 지식에서 분리된 주체들이 아니라 다수의 '안다고 가정되는 주체'들을 전제한 것 아닌가?)

'프롤레타리아'는 주체의 다른 이름이다. 여기서 우리는 세가지의 연관된 개념을 다루어야 한다. 프롤레타리아 자체, 민중의 프롤레타리아화, 프롤레타리아독재가 그것이다. 지젝은 프롤레타리아와 프롤레타리아적 입장의 개념을 "결코 폐기해서는 안된다"고 하면서 "이 개념을 맑스의 상상력을 훌쩍 뛰어넘어 실존적 차원으로 급진화할 것"을 제안한다. 프롤레타리아의 "급진적" 개념은 "데까르뜨적 꼬기또가 사라지는 지점으로 영락한 주체"이다. 지젝은 맑스의 표현을 빌려 그것을 다시 "실체 없는 주체성", 즉 사회적 존재로서 지녀야 할 실체를 박탈당한 주체로 정의하는가 하면, 랑씨에르가 말하는 "몫이 없는 부분", 즉 사회의 일부이나 그 안에서 자신의 '몫'(역할, 권리)이 없는 '부분 아닌 부분'에 견주기도 한다. 요컨대 프롤레타리아는 사회적 박탈에 의해 부정적(비실체적) 존재로 영락한 주체다. 중요한 것은 이 주체가 표상하는 '독특한(단독의)' 보편성이다. 사회적으로 배제됨으로써만 사회에 속하게 되는, 배제가 포함의 형식인 자들은 사회적 매개 없이 곧바로 인류의 보편성을 체현한다. "사회적 위계의 '사적' 질서 안에 딱히 정해진 자리가 없는 연유로 보편성을 직접 표상하는 사회집단들"이 있으며, "공산주의적인 혁명적 열광은 이 '몫이 없는 부분' 및 그것의 독특한 보편성의 입장과의 전면적 연대에 절대적으로 뿌리박고 있다". 이 "독특한 보편성의 입장"이 곧 프롤레타리아적 입장이다. 그런데 (윤리적 결단 외에) 무엇이 사람들로 하여금 이 입장과의 연대에 나서게 하는가? 다름 아닌 모든 민중들의 '프롤레타리아화'다. 지젝은 네그리와 하트가 언급하는 '공통적인 것'(사회적 존재의 공유된 실체)의 세가지 형태, 즉 문화(인지적 자본), 외적 자연(개발의 대상), 내적 자연(유전공학의 대상)이 현재의 자본주의체제 안에서 새로운 '인클로저'(둘러막기, 즉 사유화)

의 대상이 되는데 이러한 사유화 과정은 "자기 자신의 실체에서 배제되는 자들의 프롤레타리아화 과정"과 같다고 말한다. "우리의 상징적 실체를 빼앗기고, 유전자 염기는 심하게 조작되고, 살 수 없는 환경에서 비실대며 지내는, 모든 실체적 내용이 결여된 추상적 주체로 우리가 영락하리라는 데에 위협이 존재한다. 우리 존재 전체에 대한 이러한 삼중의 위협은 (…) 우리 모두를 '실체 없는 주체성'으로 영락한 프롤레타리아로 만든다." "3+1의 구조"는 그래서 생겨난다. 3은 프롤레타리아화의 위협에 직면한 민중을, 1은 "주체와 실체 간의 외적 긴장(실체를 박탈당한 '인간')이 인간집단 내부에 반영된" 것으로서의 프롤레타리아, 즉 (동어반복적 규정이지만) "인간집단 내부에서 실체 없는 주체성의 프롤레타리아적 위치를 직접 체현하는 주체들"을 가리킨다. 공산주의란 무엇보다 공통적인 것에 대한 인간의 공동관리 능력의 회복, 그에 따른 인간의 자기 실체의 회복을 의미한다. 그리고 지젝에 따르면 이 회복을 달성할 주체는 하나의 계급이 아니다. "새로운 해방정치는 이제 하나의 특수한 사회적 행위자로부터가 아니라 다양한 행위자들의 폭발적 결합으로부터 자라나게 될 것이다."

문제는 다양한 행위자들이 해방정치의 주체로 나설 정도로 얼마나 심각하게 자신들의 '프롤레타리아화'를 실감하느냐 하는 것만이 아니다. "실존적 차원"에서 재규정된 프롤레타리아는 구체적으로 누구인가? 여전히, 생산수단을 가지지 못한 임금노동자인가? 아니면 시민권이 없는 불법 이주민('쌍빠삐에'), 철거민, 혹은 노숙자 등의 집단인가? 혹은 그것은 민중이 자신과 동일시할 수 있는 어떤 추상적인 보편적 '입장'일 뿐인가? 어떻든지간에 앞서 논한 '자유로운 결정' 행위의 주체와 '실체 없는 주체성'으로서의 프롤레타리아 사이에는 불가피한 간극이 있고(물론 언제나 간극은 있었다), 어쩌면 공산주의가 진정으로 새로운 출발을 할 수 있을 것인가는 프롤레타리아 개념의 실존적 재규정 이상으로 그 간극을 채우는 새로운 방식에 대한 고민에 달려 있을지 모른다.

'프롤레타리아독재'의 개념에도 유사한 종류의 애매함이 있다. 이 주제의 교과서라고 할 레닌의 『국가와 혁명』을 언급하면서 지젝은 "혁명적 폭력의 목표는 국가권력을 탈취하는 것이 아니라 그것을 변형하는 것, 그것의 기능, 토대에 대한 그것의 관계 등등을 근본적으로 변화시키는 것"임을 확인한다. 그런데 그는 이로부터 도출되는 "유일하게 알맞은 결론"으로 다음과 같은 주장을 개진한다. "'프롤레타리아독재'가 일종의 (불가피한) 모순어법으로서, 프롤레타리아가 새로이 지배계급이 된 국가형태를 가리키지 않는다는 것이다. 국가 자체가 근본적으로 변화되어 민중참여의 새로운 형식들에 의존하게 될 때에야 비로소 우리는 '프롤레타리아독재'를 다루고 있는 셈이다."*"프롤레타리아가 새로이 지배계급이 된 국가형태"는 물론 레닌이 궁극적으로 원한 바가 아니었다. 잘 알려진 대로 그의 전망은 계급적 억압장치로서의 국가의 (점진적) '사멸'이었고 의당 이는 "민중참여의 새로운 형식들"을 전제하는 것이었다. 프롤레타리아독재는 어법으로서라기보다 실천으로서 자기모순적인데 이는 그것이 국가의 사멸을 위한 국가, 권력의 민중 전체로의 이양을 위한 권력, (그 자신을 포함한) 계급의 소멸을 위한 계급의 존재를 함축하기 때문이다. 적어도 그것이 '교과서적' 프롤레타리아독재다. 지젝의 새로운 점은 레닌이 프롤레타리아독재의 '결과'로 전망한 것을 프롤레타리아독재 '자체'로 내세운 것이다. 별것 아닌 것 같지만, 지젝의 표현을 가져다 쓰면 "말은 결코 '그냥 말'이 아니다." 레닌에 대한 지젝의 수정에는 레닌의 의도를 살린 면과 죽인 면이 동시에 존재한다. 역사적 관점에서, 그러니까 현실 사회주의에 대해 "공산주의적 국가-당 정치의 실패는 무엇보다 그리고 우선적으로 반국가적 정치의 실패, 국가의 제약들을 돌파하고 국가적 조직형태를 자기조직화의 '직접적', 비대의적(非代議的) 형태('평의회')로 대체하려는 노력의 실패"

라고 파악하는 관점에서 보면, 국가의 성격이 근본적 변화를 겪고 직접적인 민중참여 형식들이 뿌리를 내리는 것과 프롤레타리아독재는 동일하다는 지젝의 주장은 구공산권 지도자들의 독단을 거슬러 레닌의 의도를 살려낸 것이라고 할 수 있다. 다른 한편 현실적 관점에서 볼 때 우리는 다시 정치적 주체의 문제와 마주치게 된다. 민중참여의 새로운 형식들을 뿌리내리게 하는, 다시 말해 국가를 민중의 것으로 만드는 주체는 누구인가? 물론 민중 자신이다. 그러면 왜 '민중 독재'라고 하지 않고 '프롤레타리아독재'라는 '모순어법'을 '불가피'하다고 고집하는가? 그것은 앞서 본 것처럼 전체로서의 민중이 '3+1'의 구조를 지니고 있기 때문이다. 지젝도 레닌처럼 '1' 즉 프롤레타리아의 '보편적' 입장만이 '3'의 문제를 해결할 수 있다고 생각한다. 그러나 레닌이 '1'을 구체적 존재로 적시하고 그 존재에 (적어도 이념적으로는) 국가와 계급의 '사멸'을 주도할, 다시 말해 새로운 민중참여 형식들로 하여금 기존의 국가체제를 대신하게 만들 과도기적 역할을 부여한 데 비해, 지젝은 프롤레타리아독재의 과도기적 성격을 애매하게 남겨두면서 '독재' 즉 기존의 억압적 권력에 대한 억압을 주도할 주체 역시 애매하게 ("다양한 행위자들의 폭발적 결합"으로) 놓아둔다. 이러한 차이가 지젝의 지적 태만에서 비롯된 것은 아닐 것이다. 한마디로 시대가 다른 것이다. 그런데 이 객관적 차이를 지젝은 얼마나 진지하게 받아들이고 있을까? 다른 방식으로 질문을 던지면, 그는 해방정치의 주체로서 민중이 지니는 관심의 '다양함' 자체를 얼마나 진지하게 고려하고 있을까? 그는 프롤레타리아독재가 요구하는 지도력——보편적 입장을 알아볼 수 있고, 그 입장을 온갖 사적 이해관계를 뚫고 관철시킬 수 있는 이중적 의미의 '힘'——과 다양한 민중적 요구의 관계를 어떻게 설정하고 있을까? 이와 연관되면서 조금 다른 종류의 질문이 하나 있다. 대의민주주의에 대한 지젝의 비판은 흥미롭다. 그런데 민중의 자기조직화를 통한 '직접적' 참여는 어떻게 하면 궁극적으로 대의제로 귀착되지 않고 실현될 수 있을까? 레닌에 있어 국가의 '사멸'과 동시적인 프롤레타리아 국제주의의 전망, 칸트의 용어로는 세계시민사회의 전망 속에서 직접적 민중참여는 어떤 형식을 띠게 될 것인가?

언제나 그렇듯이 지젝은 이 책에서 해답을 준다기보다 문제를 던지는——도발하는——인물로 비춰진다. 번역하는 입장에서는 때로 인용이 부정확하거나 다른 책에서 썼던 말을 맥락을 조금 바꿔서 다시 쓰는 등 '학적 규범'에 어긋나는 그의 글쓰기 방식에 다소 곤혹스럽기도 했지만, 이만큼 중차대한 생각거리를 (그것도 그로서는 획기적으로 짧은 지면 안에) 던지는데 그 정도가 뭐가 대수랴 싶었다. 같은 이유에서, 이 책을 출판하기로 결정하고 훌륭한 볼거리를 만드는 데 노력을 아끼지 않은 창비 편집진에게 감사의 말을 전한다.

2010년 6월

김성호

처음에는 비극으로, 다음에는 희극으로
세계금융위기와 자본주의

초판 1쇄 발행/2010년 6월 28일
초판 5쇄 발행/2017년 1월 3일

지은이/슬라보예 지젝
옮긴이/김성호
펴낸이/강일우
책임편집/박영신 박대우
펴낸곳/(주)창비
등록/1986년 8월 5일 제85호
주소/10881 경기도 파주시 회동길 184
전화/031-955-3333
팩시밀리/영업 031-955-3399 편집 031-955-3400
홈페이지/www.changbi.com
전자우편/human@changbi.com

한국어판 ⓒ (주)창비 2010
ISBN 978-89-364-8566-5 03300